Table of Contents

Preface 2

   Parts of Speech 2

   Romanized Japanese Pronunciation Guide .. 3

A 4

B 14

C 21

D 35

E 43

F 50

G 56

H 60

I 65

J 70

K 71

L 72

M ....

N 84

O 87

P 91

Q 102

R 103

S 111

T 127

U 135

V 138

W 140

X 145

Y 145

Z 146

Preface

This book lists approximately 9,000 core Japanese words that can be searched with English equivalents. It's ideal for learners of Japanese as a second language who want to communicate more effectively and also for learners of English who know Japanese.

Japanese is written with three different scripts: **Hiragana**, **Katakana**, and **Kanji**. Typical Japanese words are written with Hiragana and Kanji. Katakana is usually used to write foreign words other than Chinese.

English main entries are in alphabetical order and **stressed syllables** of them are in boldface type for clear communication in English.
(The contrast between stressed and unstressed syllables is very important because it helps to create the rhythm of English.)

Each main entry is followed by parts of speech label and the entry's Japanese equivalents. All Japanese equivalent for main entries are written in both **Rōmaji** (Roman letters) and Japanese writing: **Kana** and **Kanji** (Chinese characters) if applicable.

example:
ab**bre**viate   [v.] shōryaku suru 省略する,
   tanshuku suru 短縮する

Learners can select to learn Chinese characters according to their needs and levels. For those who know Chinese characters, it might be easier to learn Japanese since almost 90% of the language derives from Chinese characters.

Since many Japanese prefer to use foreign words in daily conversation, Japanese pronunciation of foreign words are romanized in this book for better communication with Japanese.

example:
ad**vice**   [n.] adobaisu アドバイス,
   chūkoku 忠告, jogen 助言

Parts of Speech

[n.] noun   [a.] adjective   [v.] verb   [ad.] adverb
[pron.] pronoun   [prep.] preposition
[interj.] interjection   [aux.v.] auxiliary verb
[conj.] conjunction   [art.] article

Romanized Japanese Pronunciation Guide

(1) Vowels

a	[a]	d**o**ctor	あ, ア
i	[i]	b**i**g	い, イ
u	[u]	c**oo**k	う, ウ
e	[e]	g**e**t	え, エ
o	[ɔ]	shorter than "**a**ll"	お, オ
ya	[yɑ]	**y**acht	や, ヤ
yu	[yu]		ゆ, ユ
yo	[yɔ]		よ, ヨ
ā	[a:]	**ah**	あ-, ア-
ī	[i:]	ch**ee**se	い-, イ-
ū	[u:]	c**oo**l	う-, ウ-
ē	[e]		え-, エ-
ō	[ɔ:]	**a**ll	お-, オ-
yā	[yɑ:]	**y**ard	や-, ヤ-
yū	[yu:]	**you**	ゆ-, ユ-
yō	[yɔ:]	**yaw**n	よ-, ヨ-

(2) Consonants

b	[b]	**b**ind	ば, バ
ch	[tʃ]	**ch**air	ち, チ
d	[d]	**d**ine	だ, ダ
f	[f]	**f**ood	ふ, フ
g	[g]	**g**uide	が, ガ
h	[h]	**h**ouse	は, ハ
j	[dʒ]	**j**ob	じ, ジ
k	[k]	**k**ind	か, カ
m	[m]	**m**ind	ま, マ
n	[n]	**n**ine	な, ナ
p	[p]	**p**ine	ぱ, パ
r	[r]	**r**ain	れ, レ
s	[s]	**s**ign	さ, サ
t	[t]	**t**ime	た, タ
ts	[ts]	spor**ts**	つ, ツ
w	[w]	**w**ine	わ, ワ
z	[z]	**z**oo	ざ, ザ

(3) Double Consonants*

cc	so**cc**hoku	frank
kk	ni**kk**i	diary
nn	ko**nn**an	difficulty
pp	shu**pp**an	publication
ss	ha**ss**ei	occurrence
tt	ke**tt**ei	decision

*Double consonants: two consonants are pronounced separately with a break between them

A

a [art.] hitotsu 一つ, aru ある
abandon [v.] akirameru 諦める, suteru 捨てる
abandoned [a.] sute rareta 捨てられた
abandonment [n.] akirame 諦め, hōki 放棄
abbot [n.] shūdōin chō 修道院長
abbreviate [v.] shōryaku suru 省略する,
　tanshuku suru 短縮する
abbreviated [a.] shōryaku sareta 省略された,
　tanshuku sareta 短縮された
abbreviation [n.] shōryaku 省略, tanshuku 短縮
abide [v.] tomaru 留まる, eizoku suru 永続する
abiding [a.] eien no 永遠の
ability [n.] nōryoku 能力, sainō 才能
able [a.] yūnō na 有能な,
　suru koto ga dekiru することができる
abnormal [a.] kimyō na 奇妙な, hensoku no 変則の
abnormality [n.] ijō 異常, hentai 変態
abnormally [ad.] hi seijō tekini 非正常的に
aboard [ad.] ~ ni notte ~に乗って
　[prep.] fune no naka de 船の中で
abode [n.] jūkyo 住居, taizai 滞在
abolish [v.] haishi suru 廃止する
abolishment [n.] haishi 廃止
abolition [n.] haishi 廃止
A-bomb [n.] genshi bakudan 原子爆弾
abominable [a.] nikumu beki 憎むべき
abominably [ad.] ken'o ni omotte 嫌悪に思って
abominate [v.] ken'o suru 嫌悪する, zō'o suru 憎悪する
abomination [n.] ken'o 嫌悪
abound [v.] hōfu de aru 豊富である
abounding [a.] hōfu na 豊富な
about [prep.] ~ ni tsuite ~について
　[ad.] gairyaku 概略, yaku 約
above [prep.] ~ no ue ni ~の上に [a.] jōki no 上記の
　[ad.] ue ni 上に
abroad [ad.] gaikoku ni 外国に
　[n.] gaikoku 外国, soto 外
abrupt [a.] totsuzen no 突然の
abruptly [ad.] totsuzen 突然
absence [n.] kesseki 欠席, fuzai 不在
absent [a.] kesseki shita 欠席した
　[v.] kesseki suru 欠席する, kekkin suru 欠勤する
absolute [n.] zettai 絶対 [a.] zettai tekina 絶対的な
absolutely [ad.] zettai ni 絶対に
absorb [v.] kyūshū suru 吸収する, heigō suru 併合する
absorbed [a.] bottō shita 没頭した,
　necchū shita 熱中した
abstract [a.] chūshō tekina 抽象的な
abstract [n.] gaiyō 概要, tekiyō 摘要
abstracted [a.] yudan shita 油断した
abstraction [n.] chūshō 抽象,
　chūshō tekina gainen 抽象的な概念
abstractly [ad.] chūshō tekini 抽象的に
absurd [a.] fugōri na 不合理な, oroka na 愚かな
absurdly [ad.] fugōri ni 不合理に, oroka ni 愚かに
abundance [n.] hōfu 豊富
abundant [a.] hōfu na 豊富な
abundantly [ad.] yutaka ni 豊かに
abuse [n.] ranyō 濫用
abuse [v.] ranyō suru 濫用する
academy [n.] gaku in 学院
accelerate [v.] kasoku suru 加速する,
　sokushin suru 促進する
acceleration [n.] kasoku 加速, sokushin 促進
accent [n.] kyōsei 強勢, kyō'on 強音, kyōchō 強調,
　kotoba zukai 言葉遣い

accept　[v.] ukeireru 受け入れる, shūyō suru 収容する
acceptable　[a.] judaku dekiru 受諾できる,
　juyō dekiru 受容できる
acceptance　[n.] judaku 受諾, juyō 受容,
　hikiuke 引き受け
accepted　[a.] kōnin sareta 公認された
access　[n.] sekkin 接近, sekkin hōhō 接近方法
accident　[n.] jiko 事故, gūhatsu jiken 偶発事件
accommodate　[v.] bengi o hakaru 便宜を図る,
　shūyō suru 収容する
accommodation　[n.] bengi 便宜,
　bengi shisetsu 便宜施設, tekiō 適応
accompany　[v.] dōkō suru 同行する,
　bansō suru 伴奏する
accomplish　[v.] nashi togeru 成し遂げる,
　kansei suru 完成する
accomplished　[a.] jōju shita 成就した, sugure ta 優れた
accomplishment　[n.] jōju 成就, gyōseki 業績
accord　[n.] itchi 一致, chōwa 調和, kyōtei 協定
　[v.] itchi suru 一致する
accordance　[n.] itchi 一致, chōwa 調和
according　[ad.] ~ niyotte ~によって,
　~ ni yoruto ~によると
accordingly　[ad.] sore yueni それ故に,
　shita gatte したがって
account　[n.] keisan 計算, kōza 口座, riyū 理由
　[v.] setsumei suru 説明する
accountable　[a.] sekinin ga aru 責任がある,
　setsumei dekiru 説明できる
accumulate　[v.] chikuseki suru 蓄積する
accumulation　[n.] chikuseki 蓄積
accuracy　[n.] seikaku sei 正確性
accurate　[a.] seikaku na 正確な
accurately　[ad.] seikaku ni 正確に

accusation　[n.] hinan 非難, kokuhatsu 告発
accuse　[v.] hinan suru 非難する,
　kokuhatsu suru 告發する
accused　[n.] hikoku 被告, higi sha 被疑者
accuser　[n.] kokuhatsu sha 告発者
accusing　[a.] hinan suru yōna 非難するような
accustom　[v.] nareru 慣れる
accustomed　[a.] nareta 慣れた,
　shūkan ni natta 習慣になった
ache　[n.] itami 痛み [v.] itamu 痛む
achieve　[v.] tassei suru 達成する
achievement　[n.] tassei 達成, gyōseki 業績
acid　[a.] すっぱい
acknowledge　[v.] mitomeru 認める
acknowledged　[a.] shōnin sareta 承認された
acknowledgment　[n.] shōnin 承認, zenin 是認
acorn　[n.] donguri どんぐり
acquaint　[v.] shiraseru 知らせる
acquaintance　[n.] menshiki 面識, chijin 知人
acquire　[v.] kakutoku suru 獲得する
acquired　[a.] kakutoku shita 獲得した
acquirement　[n.] kakutoku 獲得した
acre　[n.] ēkā エーカー
across　[ad.] ~ o watatte ~を渡って
act　[v.] okonau 行なう [n.] kōi 行為
acting　[n.] engi 演技 [a.] dairi no 代理の
action　[n.] kōdō 行動
active　[a.] sekkyoku tekina 積極的な,
　katsudō tekina 活動的な
activity　[n.] katsudō 活動, undō 運動
actor　[n.] haiyū 俳優
actress　[n.] joyū 女優
actual　[a.] jissai no 実際の
actually　[ad.] jissai ni 実際に

acute [a.] surudoi 鋭い
A.D. [n.] seiki 西紀 (Anno Domini)
adapt [v.] tekiō saseru 適応させる
add [v.] kuwaeru 加える, tsuika suru 追加する
addition [n.] tsuika 追加
additional [a.] tsuika tekina 追加的な
additionally [ad.] tsuika tekini 追加的に
address [n.] enzetsu 演説 [v.] enzetsu suru 演説する
address [n.] jūsho 住所
adequate [a.] tekisetsu na 適切な
adequately [ad.] tekisetsu ni 適切に
adhere [v.] kuttsuku くっつく, shūchaku suru 執着する
adjective [n.] keiyōshi 形容詞
adjoin [v.] sessuru 接する
adjoining [a.] rinsetsu suru 隣接する, tonari no 隣の
adjourn [v.] enki suru 延期する, kyūkai suru 休会する
adjust [v.] chōsetsu suru 調節する
adjustable [a.] chōsetsu dekiru 調節できる
adjusted [a.] chōsetsu sareta 調節された
adjustment [n.] chōsetsu 調節, seiri 整理
administer [v.] kanri suru 管理する, shikō suru 施行する
administration [n.] kanri 管理, shikō 施行, keiei 経営, gyōsei 行政
admirable [a.] subarashii 素晴らしい
admirably [ad.] migoto ni 見事に
admiral [n.] kaigun gensui 海軍元帥
admiration [n.] kantan 感嘆, shōsan 賞賛
admire [v.] kantan suru 感嘆する, homeru 褒める
admirer [n.] sūhai sha 崇拝者
admiring [a.] kantan suru 感嘆する, shōsan suru 賞賛する
admiringly [ad.] kantan shite 感嘆して
admission [n.] nyūgaku 入学, nyūjō kyoka 入場許可
admit [v.] nyūgaku o kyoka suru 入学を許可する, nyūjō o kyoka suru 入場を許可する
admitted [a.] nintei sareta 認定された, akiraka na 明らかな
admittedly [ad.] akiraka ni 明らかに, machigai naku 間違いなく
adopt [v.] saitaku suru 採択する, yōshi ni suru 養子にする, yōjo ni suru 養女にする
adopted [a.] saitaku sareta 採択された, yōshi ni natta 養子になった, yōjo ni natta 養女になった
adoption [n.] saitaku 採択, yōshi engumi 養子縁組
adore [v.] netsuai suru 熱愛する, sūhai suru 崇拝する
adorn [v.] kazaru 飾る, sōshoku suru 装飾する
adornment [n.] sōshoku 装飾
adult [n.] seijin 成人, otona 大人
advance [v.] susumeru 進める, zenshin suru 前進する, shōshin suru 昇進する
advanced [a.] susun da 進んだ, jōkyū no 上級の
advancement [n.] zenshin 前進, shinpo 進歩, shōshin 昇進
advantage [n.] rieki 利益, tsuyomi 強み
advantaged [a.] onkei o uketa 恩恵を受けた
advent [n.] tōrai 到来, shutsugen 出現
adventure [n.] bōken 冒険
adventurer [n.] bōken ka 冒険家
adverb [n.] fukushi 副詞
adversary [n.] teki 敵, kyōsō aite 競争相手
advertise [v.] kōkoku suru 広告する, senden suru 宣伝する
advertisement [n.] kōkoku 広告, senden 宣伝
advertiser [n.] kōkoku sha 広告者
advertising [n.] kōkoku gyō 広告業
advice [n.] adobaisu アドバイス, chūkoku 忠告, jogen 助言
advise [v.] chūkoku suru 忠告する, jogen suru 助言する

advised [a.] shinchō na 慎重な, jōhō o eta 情報を得た
adviser [n.] chūkoku sha 忠告者, jogen sha 助言者
advocate [v.] shiji suru 支持する, yōgo suru 擁護する
advocate [n.] shiji sha 支持者, yōgo sha 擁護者
aerial [a.] kūchū no 空中の
affair [n.] goto 事, jiken 事件, jōji 情事
affect [v.] eikyō o ataeru 影響を与える
affected [a.] eikyō o uketa 影響を受けた
affection [n.] aichaku 愛着, aijō 愛着
affectionate [a.] aijō bukai 愛情深い
affectionately [ad.] aijō bukaku 愛情深く
affective [a.] kanjō tekina 感情的な
affirm [v.] kōtei suru 肯定する, dangen suru 断言する
affirmation [n.] kōtei 肯定, dangen 断言
affirmative [n.] kōtei bun 肯定文
   [a.] kōtei tekina 肯定的な
afford [v.] yoyū ga aru 余裕がある, ataeru 与える
Afghanistan [n.] afuganisutan アフガニスタン
afraid [a.] osorete 恐れて, shinpai shite 心配して
Africa [n.] afurika アフリカ
African [n.] afurika jin アフリカ人
   [a.] afurika no アフリカの
after [ad.] sono go その後 [prep.] nochi ni 後に
afternoon [n.] gogo 午後
afterward [ad.] so nogo その後
again [ad.] mata また, mō ichido もう一度
against [prep.] 〜 ni hantai shite 〜に反対して
age [n.] toshi 年, nenrei 年齢, jidai 時代
aged [a.] fuketa 老けた, furui 古い
agency [n.] dairi ten 代理店, sayō 作用
agent [n.] dairi nin 代理人, dōin 動因
agitate [v.] dōyō suru 動揺する, sendō suru 扇動する, kakimawasu かき回す
agitated [a.] kōfun shita 興奮した, dōyō shita 動揺した

agitation [n.] dōyō 動揺, sendō 煽動
ago [a.] izen 以前 [ad.] izen ni 以前に
agony [n.] kunō 苦悩, kutsū 苦痛
agree [v.] dōi suru 同意する, sansei suru 賛成する
agreeable [a.] kimochi yoi 気持ち良い
agreed [a.] dōi shita 同意した, gōi shita 合意した
agreement [n.] dōi 同意, sansei 賛成, icchi 一致
agricultural [a.] nōgyō no 農業の
agriculture [n.] nōgyō 農業
ah [interj.] aa ああ
ahead [ad.] mae ni 前に
aid [n.] enjo 援助 [v.] tasukeru 助ける
aim [n.] mokuteki 目的, hyōteki 標的 [v.] nerau 狙う
air [n.] kūki 空気, kūchū 空中
aircraft [n.] kōkūki 航空機
airfield [n.] hikōjō 飛行場
airline [n.] kōkū kaisha 航空会社
airliner [n.] teiki kōkūki 定期航空機
airmail [n.] kōkū yūbin 航空郵便
airplane [n.] hikōki 飛行機
airport [n.] kūkō 空港
airship [n.] hikōsen 飛行船
aisle [n.] tsūro 通路
alarm [n.] keihō 警報, keihō ki 警報器
   [v.] odoroka seru 驚ろかせる
alarm clock [n.] mezamashi tokei 目覚し時計
alas [interj.] aa ああ, kawaisō ni 可哀想に
album [n.] arubamu アルバム
alchemist [n.] renkinjutsu shi 錬金術師
alcohol [n.] arukōru アルコール
ale [n.] bīru no isshu ビールの一種
alert [n.] keikai 警戒 [a.] hima ga nai 隙が無い
algebra [n.] daisū gaku 代数学
Algeria [n.] arujeria アルジェリア

alien [n.] gaikoku jin 外国人 [a.] gaikoku no 外国の
alight [v.] oriru 降りる, chakuriku suru 着陸する
alike [a.] nita 似た [ad.] onaji yōni 同じように
alive [a.] ikite iru 生きている
all [n.] zenbu 全部 [a.] subete no すべての
allege [v.] dangen suru 断言する, shuchō suru 主張する
alleged [a.] dantei sareta 断定された, fushin na 不審な
alliance [n.] dōmei 同盟
allied [a.] dōmei shita 同盟した
allot [v.] wariateru 割り当てる, bunpai suru 分配する
allotment [n.] wariate 割り当て, bunpai 分配
allow [v.] yurusu 許す, kyoka suru 許可する,
　mitomeru 認める
allowance [n.] teate 手当て, wariate 割り当て,
　kyoka 許可, hiyō 費用
all right [a.] yoroshii よろしい
ally [n.] dōmei koku 同盟國
　[v.] dōmei o musubu 同盟を結ぶ
almighty [n.] zen'nō sha 全能者 [a.] zen'nō na 全能な
almost [a.] hotondo ほとんど
alms [n.] gienkin 義援金
alone [a.] hitori 一人 [ad.] hitori de 一人で
along [ad.] issho ni 一緒に, ~ ni sotte ~に沿って
alongside [ad.] yoko ni 横に, naran de 並んで
aloud [ad.] ōgoe de 大声で
alphabet [n.] arufabetto アルファベット
already [ad.] sude ni すでに
also [ad.] yahari やはり, mata また
altar [n.] saidan 祭壇
alter [v.] kaeru 変える, aratameru 改める
alternate [a.] kōgo no 交互の
alternate [v.] kōtai suru 交替する
alternative [n.] sentakushi 選択肢 [a.] daian no 代案の
although [conj.] tatoe ~ da keredomo

たとえ~だけれども
altitude [n.] kōdo 高度
altogether [ad.] kanzen ni 完全に, daitai 大体
aluminum [n.] aruminiumu アルミニウム
always [ad.] itsumo いつも
a.m. [n.] gozen 午前
amateur [n.] amachua アマチュア,
　hi senmon ka 非専門家
amaze [v.] odorokaseru 驚かせる
amazed [a.] bikkuri shita びっくりした
amazement [n.] odoroki 驚き, kyōgaku 驚愕
amazing [a.] odoroku beki 驚くべき
ambassador [n.] taishi 大使
ambition [n.] yashin 野心, iyoku 意欲
ambitious [a.] yashin ni michita 野心に満ちた,
　iyoku tekina 意欲的な
ambitiously [ad.] iyoku tekini 意欲的に
ambush [n.] machi buse 待ち伏せ
　[v.] machi buse suru 待ち伏せする
amend [v.] aratameru 改める, shūsei suru 修正する
amendment [n.] kaisei 改正, shūsei 修正
America [n.] beikoku 米国
American [n.] beikoku jin 米国人
　[a.] beikoku no 米国の
amid [prep.] ~ naka ~中
among [prep.] ~ no aida de ~の間で,
　~ no naka de ~の中で
amount [n.] gōkei 合計 [v.] tassuru 達する
ample [a.] jūbun na 十分な
amuse [v.] tano shimaseru 楽しませる
amused [a.] omoshiro garu 面白がる
amusement [n.] tano shimi 楽しみ
amusing [a.] tano shii 楽しい
an [art.] hitotsu no 一つの, aru ある

analogy [n.] ruiji 類似, ruisui 類推
analysis [n.] bunseki 分析
analyze [v.] bunseki suru 分析する
anatomy [n.] kaibō 解剖
ancestor [n.] sosen 祖先
anchor [n.] fune no ikari 船の錨
ancient [a.] kodai no 古代の
and [conj.] soshite そして
anew [ad.] arata ni 新たに
angel [n.] tenshi 天使
anger [n.] ikari 怒り
angle [n.] kakudo 角度
Anglo-Saxon [n.] angurosakuson jin アングロサクソン人
angrily [ad.] okotte 怒って
angry [a.] okotta 怒った
animal [n.] dōbutsu 動物
ankle [n.] kurubushi くるぶし, ashikubi 足首
anniversary [n.] kinen bi 記念日
announce [v.] happyō suru 発表する,
  kōhyō suru 公表する
announcement [n.] happyō 発表, kōhyō 公表
announcer [n.] anaunsā アナウンサー
annoy [v.] iraira saseru いらいらさせる
annual [a.] ichi nen no 一年の, maitoshi no 毎年の
  [n.] nenkan 年鑑
annually [ad.] maitoshi 毎年
anon [ad.] sugu ni すぐに
another [a.] mō hitotsu no もう一つの
answer [n.] kotae 答え [v.] kotaeru 答える
ant [n.] ari 蟻
Antarctic [n.] nan kyoku 南極 [a.] nan kyoku no 南極の
anticipate [v.] kitai suru 期待する
anticipation [n.] kitai 期待
anxiety [n.] shinpai 心配

anxious [a.] shinpai na 心配な,
  netsubō shite iru 熱望している
anxiously [ad.] shinpai shite 心配して
any [a.] ikutsu ka no いくつかの, subete no すべての
anybody [pron.] dare demo 誰でも
anyhow [ad.] tonikaku とにかく
anymore [ad.] saikin wa 最近は
anyone [pron.] dare demo 誰でも
anything [pron.] nan demo 何でも
anyway [ad.] tonikaku とにかく
anywhere [ad.] doko ni demo どこにでも
apart [ad.] barabara ni ばらばらに, hanarete 離れて
apartment [n.] apāto アパート
apologize [v.] ayamaru 謝る, shazai suru 謝罪する
apology [n.] wabi わび, shazai 謝罪
apparatus [n.] kigu 器具, sōchi 装置
apparent [a.] meikaku na 明確な
apparently [ad.] meikaku ni 明確に
appeal [n.] kongan 懇願, uttae 訴え
  [v.] uttaeru 訴える
appealing [a.] kandō tekina 感動的な,
  uttaeru yōna 訴えるような
appear [v.] arawareru 現れる
appearance [n.] shutsugen 出現, tōjō 登場
appetite [n.] shoku yoku 食欲
applaud [v.] hakushu kassai suru 拍手喝采する,
  seien suru 声援する
applause [n.] hakushu kassai 拍手喝采, seien 声援
apple [n.] ringo リンゴ
application [n.] mōshikomi 申し込み, tekiyō 適用,
  ōyō 応用
applied [a.] tekiyō sareta 適用された,
  ōyō sareta 応用された
apply [v.] tekiyō suru 適用する, ōyō suru 応用する,

tsukeru 付ける
appoint [v.] ninmei suru 任命する,
　shimei suru 指名する
appointed [a.] shitei sareta 指定された,
　yakusoku sareta 約束された
appointment [n.] ninmei 任命, shitei 指定,
　yakusoku 約束
apposition [n.] dōkaku 同格
appreciate [v.] kansha suru 感謝する,
　hyōka suru 評価する
appreciation [n.] kansha 感謝, hyōka 評価
apprentice [n.] deshi 弟子, minarai sei 見習生
approach [n.] sekkin 接近, hōhō 方法
　[v.] chikazuku 近づく
appropriate [v.] ryūyō suru 流用する,
　tōyō suru 盗用する
appropriate [a.] tekisetsu na 適切な
appropriation [n.] tōyō 盗用, jūtō 充当, ryūyō 流用
approval [n.] shōnin 承認, sansei 賛成
approve [v.] shōnin suru 承認する,
　sansei suru 賛成する
approved [a.] shōnin sareta 承認された,
　risshō sareta 立証された
approximately [ad.] daitai 大体
April [n.] shi gatsu 四月
apron [n.] epuron エプロン, maekake 前掛け
apt [a.] ～ shi yasui ～しやすい
Arab [n.] arabu jin アラブ人
Arabian [a.] arabia no アラビアの
Arabic [n.] arabia go アラビア語
arc [n.] ko 弧, enko 円弧
arch [n.] āchi アーチ
archbishop [n.] daishikyō 大司教
architect [n.] kenchiku ka 建築家, kōsō sha 構想者

architecture [n.] kenchiku 建築, kenchiku gaku 建築学,
　kenchiku yōshiki 建築様式
Arctic [n.] hokkyoku 北極
area [n.] menseki 面積, chiiki 地域, bunya 分野
area code [n.] chiiki bangō 地域番号
arena [n.] kyōgi jō 競技場
Argentina [n.] aruzenchin アルゼンチン
argue [v.] ronsō suru 論争する, shuchō suru 主張する
argument [n.] ronsō 論争, shuchō 主張, yōshi 要旨
arise [v.] okoru 起こる, hassei suru 発生する
arithmetic [n.] sansū 算数, keisan 計算
arithmetical [a.] sansū no 算数の
arm [n.] ude 腕, buki 武器 [v.] busō suru 武装する
armchair [n.] āmuchea アームチェア,
　anraku isu 安楽椅子
armor [n.] yoroi to kabuto 鎧と兜, kacchū 甲冑
armored [a.] yoroi o kita 鎧を着た, sōkō shita 装甲した
army [n.] rikugun 陸軍, guntai 軍隊
around [ad.] mawari ni 周りに, fukin ni 付近に
arouse [v.] yuri okosu 揺り起こす,
　shigeki suru 刺激する
arrange [v.] seiri suru 整理する, yōi suru 用意する,
　junbi suru 準備する
arrangement [n.] seiri 整理, yōi 用意, junbi 準備
array [n.] hairetsu 配列 [v.] hairetsu suru 配列する
arrest [n.] taiho 逮捕, soshi 阻止
　[v.] taiho suru 逮捕する
arrested [a.] taiho sareta 逮捕された,
　soshi sareta 阻止された
arrival [n.] tōchaku 到着
arrive [v.] tōchaku suru 到着する
arrow [n.] ya 矢
art [n.] geijutsu 芸術, bijutsu 美術
article [n.] kiji 記事, buppin 物品, kanshi 冠詞

articulate [v.] hakkiri hatsuon suru はっきり発音する
articulate [a.] hatsuon ga meiryō na 発音が明瞭な,
　meikaku na 明確な
artificial [a.] jinkō no 人工の, jinkō tekina 人工的な,
　nise no 偽の
artillery [n.] taihō 大砲
artist [n.] geijutsu ka 芸術家
artistic [a.] geijutsu tekina 芸術的な
as [ad.] ~ dake ～だけ [conj.] ~ no yōni ～のように
　[prep.] ~ to shite ～として
ascend [v.] noboru 上る
ascent [n.] jōshō 上昇, nobori zaka 上り坂
ascertain [v.] kakunin suru 確認する,
　kyūmei suru 糾明する
ascribe [v.] ~ no seini suru ～のせいにする
ash [n.] hai 灰
ashamed [a.] hazukashii 恥ずかしい
ashore [ad.] mizube ni 水辺に
Asia [n.] ajia アジア
Asian [n.] ajia jin アジア人 [a.] ajia no アジアの
aside [ad.] yoko de 横で
ask [v.] shitsumon suru 質問する, tanomu 頼む
asleep [a.] nemutte iru 眠っている
aspect [n.] kaotsuki 顔付き, kenkai 見解,
　kyokumen 局面
ass [n.] roba ロバ
assail [v.] kōgeki suru 攻撃する, hinan suru 非難する
assault [n.] kishū 奇襲, bōkō 暴行, gōkan 強姦
assemble [v.] atsumeru 強姦, kumitateru 組み立てる
assembled [a.] shūgō sareta 集合された,
　kesshū sareta 結集された
assembly [n.] shūkai 集会, kumitate 組立
assent [n.] dōi 同意 [v.] dōi suru 同意する
assert [v.] dangen suru 断言する,
　shuchō suru 主張する
assertion [n.] dangen 断言, shuchō 主張
assign [v.] wariateru 割り当てる, shitei suru 指定する,
　ninmei suru 任命する
assignment [n.] ninmu 任務, ninmei 任命,
　shukudai 宿題
assist [v.] tasukeru 助ける, enjo suru 援助する
assistance [n.] enjo 援助
assistant [n.] joshu 助手
associate [v.] rensō suru 連想する, rengō suru 連合する,
　kōsai suru 交際する
associate [n.] dōryō 同僚 [a.] dōryō no 同僚の
association [n.] kyōkai 協会, dantai 団体, teikei 提携
assume [v.] katei suru 仮定する, kasō suru 仮装する
assumed [a.] katei shita 仮定した, kasō shita 仮装した
assumption [n.] katei 仮定, kasō 仮装
assurance [n.] hoshō 保証, kakushin 確信
assure [v.] hoshō suru 保証する,
　kakushin suru 確信する
assured [a.] hoshō sareta 保証された,
　kakujitsu na 確実な
assuredly [ad.] kakujitsu ni 確実に
astonish [v.] odorokaseru 驚かせる
astonished [a.] odoroita 驚いた
astonishing [a.] odoroku beki 驚くべき
astonishingly [ad.] odoroita koto ni 驚いたことに
astonishment [n.] odoroki 驚き
at [prep.] ~ kara ～から, ~ ji ～時
athletic [a.] undō no 運動の
athletics [n.] undō kyōgi 運動競技
Atlantic [n.] taiseiyō 大西洋 [a.] taiseiyō no 大西洋の
atlas [n.] chizu chō 地図帳
atmosphere [n.] taiki 大気, fun'iki 雰囲気
atom [n.] genshi 原子

atomic [a.] genshi no 原子の
attach [v.] tsukeru 付ける, tenpu suru 添付する
attached [a.] tenpu sareta 添付された,
　fuzoku no 付属の, aichaku o motsu 愛着を持つ
attachment [n.] tenpu butsu 添付物,
　fuzoku butsu 付属物, aichaku 愛着
attack [n.] kōgeki 攻撃, hossa 発作
　[v.] kōgeki suru 攻撃する
attain [v.] tōchaku suru 到着する, tassei suru 達成する
attempt [n.] kokoromi 試み [v.] kokoro miru 試みる
attempted [a.] kokoromi ta 試みた, misui no 未遂の
attend [v.] shusseki suru 出席する, sewa suru 世話する
attendance [n.] shusseki 出席, shusseki sha 出席者
attendant [n.] tsukisoi nin 付添い人,
　shusseki sha 出席者 [a.] fuzui tekina 付随的な
attention [n.] chūi 注意, chūmoku 注目, hairyo 配慮
attentive [a.] chūibukai 注意深い, teichō na 丁重な
attentively [ad.] chūi bukaku 注意深く
attest [v.] shōgen suru 証言する, shōmei suru 証明する
attic [n.] yaneura beya 屋根裏部屋
attire [n.] fukusō 服装 [v.] fuku o kiseru 服を着せる
attitude [n.] taido 態度, shisei 姿勢
attorney [n.] bengoshi 弁護士
attract [v.] miryō suru 魅了する, hiku 引く
attraction [n.] miryoku 魅力, inryoku 引力
attractive [a.] miryoku aru 魅力ある
attractively [ad.] miryoku tekini 魅力的に
attribute [v.] ~ no sei dato omou 〜のせいだと思う
attribute [n.] zokusei 属性, tokushitsu 特質
audience [n.] chōshū 聴衆, kankyaku 観客,
　kanshū 観衆
audio [n.] ōdio オーディオ, onsei sōjushin 音声送受信
August [n.] hachi gatsu 8月
aunt [n.] obasan おばさん

Australia [n.] ōsutoraria オーストラリア
Austria [n.] ōsutoria オーストリア
authentic [a.] shinrai dekiru 信頼できる,
　kakujitsu na 確実な, honmono no 本物の
author [n.] sakka 作家, chosha 著者
authoritative [a.] ken'i tekina 権威的な
authoritatively [ad.] ken'i tekini 権威的に
authority [n.] ken'i 権威, ken'i sha 権威者,
　tōkyoku 当局
authorize [v.] kengen o ataeru 権限を与える,
　kōnin suru 公認する
authorized [a.] kōnin sareta 公認された
auto [n.] jidōsha 自動車
automatic [a.] jidō no 自動の
automatically [ad.] jidō tekini 自動的に
automobile [n.] jidōsha 自動車
autumn [n.] aki 秋
avail [v.] yaku ni tatsu 役に立つ
　[n.] rieki 利益, kōka 効果
availability [n.] yūyō sei 有用性, yūkō sei 有効性
available [a.] tsukaeru 使える, yūkō na 有効な
avenue [n.] gairo ju no michi 街路樹の道,
　sekkin shudan 接近手段
average [n.] heikin 平均, hyōjun 標準
　[a.] heikin no 平均の
avoid [v.] sakeru 避ける
await [v.] matsu 待つ
awake [v.] okosu 起こす, mezameru 目覚める
awaken [v.] wakaraseru 分からせる, wakaru 分かる
award [n.] shō 賞 [v.] juyo suru 授与する
aware [a.] shitte iru 知っている, kanchi shita 感知した
awareness [n.] jikaku 自覚, ishiki 意識
away [ad.] hanarete 離れて,
　hoka no hōkō ni 他の方向に

awe　[n.] ikei 畏敬　[v.] ikei suru 畏敬する

awful　[a.] osoroshii 恐ろしい, hidoi ひどい

awfully　[ad.] osoroshiku 恐ろしく

a**while**　[ad.] shibaraku しばらく

awkward　[a.] gikochi nai ぎこちない

ax　[n.] ono おの

ay　[n.] sansei 賛成　[ad.] sō そう

B

babe [n.] akachan 赤ちゃん
baby [n.] akachan 赤ちゃん, yōji 幼児
bachelor [n.] dokushin dansei 独身男性
back [a.] ushiro no 後ろの [ad.] ushiro ni 後ろに
　[n.] senaka 背中
background [n.] haikei 背景, keireki 経歴
backward [a.] ushiro no 後ろの [ad.] ushiro ni 後ろに
bacon [n.] bēkon ベーコン
bad [a.] warui 悪い, machigatta 間違った
badge [n.] kishō 記章, bajji バッジ
badger [v.] ijimeru いじめる [n.] ana guma アナグマ
badly [ad.] waruku 悪く, hijō ni 非常に
badminton [n.] badominton バドミントン
bag [n.] baggu バッグ, fukuro 袋
　[v.] fukuro ni ireru 袋に入れる
baggage [n.] te nimotsu 手荷物
bait [n.] esa 餌 [v.] esa o tsukeru 餌をつける
bake [v.] yaku 焼く
baker [n.] pan ya パン屋
bakery [n.] pan ya san パン屋さん
balance [n.] kinkō 均衡
　[v.] kinkō o awaseteru 均衡を合わせてる
balanced [a.] kinkō no toreta 均衡の取れた
balcony [n.] barukonī バルコニー
bald [a.] hage no はげの, tanchō na 単調な,
　rokotsu tekina 露骨的な
ball [n.] bōru ボール
ballad [n.] min'yō 民謡
balloon [n.] fūsen 風船
ballot [v.] tōhyō suru 投票する
　[n.] tōhyō yōshi 投票用紙
bamboo [n.] take 竹

banana [n.] banana バナナ
band [n.] bando バンド, gurūpu グループ
bandage [n.] hōtai 包帯 [v.] hōtai o maku 包帯を巻く
bang [n.] bakuhatsu on 爆発音
　[v.] tsuyoku utsu 強く打つ
Bangladesh [n.] banguradeshu バングラデシュ
banish [v.] tsuihō suru 追放する, oidasu 追い出す
banishment [n.] tsuihō 追放
bank [n.] ginkō 銀行, teibō 堤防
　[v.] yokin suru 預金する
banker [n.] ginkō ka 銀行家
banner [n.] hata 旗
banquet [n.] enkai 宴会
bar [n.] bō 棒, sakaya 酒屋
barber [n.] rihatsu shi 理髪師
bare [a.] hadaka no 裸の [v.] roshutsu suru 露出する
barely [ad.] yatto やっと
bargain [n.] baibai keiyaku 売買契約,
　yasuku katta mono 安く買った物
barge [n.] bāji sen バージ船
　[v.] bāji sen de hakobu バージ船で運ぶ
bark [v.] hoeru 吠える [n.] ki no kawa 木の皮
barley [n.] mugi 麦
barn [n.] naya 納屋
baron [n.] danshaku 男爵
barrel [n.] taru 樽
barreled [a.] taru ni tsumeta 樽に詰めた,
　entō no 円筒の
barren [a.] fumō no 不毛の, funin no 不妊の
barrier [n.] shōgai 障害, shōgai butsu 障害物
base [n.] kiso 基礎 [v.] kiso o oku 基礎を置く
baseball [n.] yakyū 野球
basement [n.] chika shitsu 地下室
basic [a.] kihon tekina 基本的な

basically [ad.] kihon tekini 基本的に	**beau**tifully [ad.] utsukushiku 美しく
basin [n.] tarai たらい, mizu tamari 水たまり	**beau**ty [n.] utsukushi sa 美しさ, bi 美
basis [n.] kiso 基礎, kihon 基本	**bea**ver [n.] bībā ビーバー
basket [n.] basuketto バスケット	be**cause** [conj.] naze naraba 何故ならば
basketball [n.] basuketto bōru バスケットボール	be**come** [v.] naru なる, niau 似合う
bat [n.] batto バット, yakyū batto 野球バット	bed [n.] beddo ベッド
bath [n.] nyūyoku 入浴, yokusō 浴槽	**bed**room [n.] shin shitsu 寝室
bathe [v.] nyūyoku saseru 入浴させる, nyūyoku suru 入浴する	bee [n.] mitsu bachi 蜜蜂
bathing [n.] o furo お風呂	beef [n.] gyū niku 牛肉
bathroom [n.] toire トイレ, yoku shitsu 浴室	**beef**steak [n.] bīfu sutēki ビーフステーキ
batter [v.] renda suru 連打する, buchi kowasu ぶち壊す	beer [n.] bīru ビール
battery [n.] batterī バッテリー, denchi 電池	**bee**tle [n. kogane mushi コガネムシ, ōkina hanmā 大きなハンマー
batting [n.] dageki 打撃	be**fore** [prep.] ~ no mae ni 〜の前に [ad.] mae ni 前に
battle [n.] sentō 戦闘 [v.] tatakau 戦う	be**fore**hand [ad.] arakajime あらかじめ
bay [n.] wan 湾	beg [v.] monogoi o suru 物乞いをする, tanomu 頼む
bayonet [n.] jūken 銃剣	**beg**gar [n.] ko jiki こじき
B.C. [n.] kigenzen 紀元前	be**gin** [v.] hajimeru 始める
beach [n.] bīchi ビーチ	be**gin**ner [n.] shoshin sha 初心者
bead [n.] juzu dama じゅず玉	be**gin**ning [n.] sutāto スタート
beak [n.] tori no kuchi bashi 鳥のくちばし	be**half** [n.] enjo 援助, rieki 利益
beam [n.] chūseki 柱石, kōsen 光線	be**have** [v.] kōdō suru 行動する
beamed [a.] kagayaku 輝く	be**hav**ior [n.] taido 態度, kōi 行為
bean [n.] mame 豆	be**hind** [ad.] ushiro ni 後ろに
bear [n.] kuma 熊 [v.] taeru 耐える, hakobu 運ぶ	be**hold** [v.] miru 見る, chūmoku suru 注目する
beard [n.] ago hige あごひげ	**Bei**jing [n.] pekin 北京
bearded [a.] ago hige no aru あごひげのある	**be**ing [n.] sonzai 存在, seimei 生命
bearing [n.] taido 態度, kankei 関係, nintai 忍耐	**Bel**gium [n.] berugī ベルギー
beast [n.] kemono 獣	be**lief** [n.] shin'nen 信念, shinkō 信仰
beastly [a.] kemono no yōna 獣のような	be**lieve** [v.] shinjiru 信じる
beat [n.] kodō 鼓動 [v.] utsu 打つ, katsu 勝つ	bell [n.] kane 鐘
beaten [a.] haiboku shita 敗北した, tsukarete shimatta 疲れてしまった	belle [n.] bijo 美女
beautiful [a.] utsukushii 美しい	**bel**low [n.] nakigoe 泣き声 [v.] nakis akebu 泣き叫ぶ

belly [n.] onaka お腹, fukubu 腹部
belong [v.] zokusuru 属する
beloved [a.] aisuru 愛する
below [ad.] shita ni 下に
　[prep.] ~ yori mo shita ni ~よりも下に
belt [n.] beruto ベルト, obikawa 帯革
bench [n.] benchi ベンチ, nagaisu 長椅子
bend [v.] mageru 曲げる [n.] mage 曲げ
beneath [ad.] shita e 下へ, shita ni 下に
benefit [n.] rieki 利益, jizen 慈善
　[v.] rieki o eru 利益を得る
bent [a.] magatta 曲がった [n.] keikō 傾向, sainō 才能
Berlin [n.] berurin ベルリン
berry [n.] ichigo rui no kajitsu イチゴ類の果実
beseech [v.] tangan suru 嘆願する
beside [prep.] ~ no soba ni ~のそばに
besides [ad.] sara ni さらに
best [a.] saikō no 最高の [n.] saizen 最善, saikō 最高
bestow [v.] ataeru 与える
bet [v.] kakeru 賭ける [n.] kake 賭け,
　kaketa okane 賭けたお金
betray [v.] uragiru 裏切る, morasu 漏らす
better [a.] yori yoi より良い
between [prep.] ~ no aida de ~の間で
beware [v.] ki o tsukeru 気をつける
bewilder [v.] tōwaku saseru 当惑させる
bewitch [v.] mahō o kakeru 魔法をかける
beyond [prep.] mukō gawa ni 向こう側に
　[n.] ano yo あの世
Bible [n.] seisho 聖書
bicycle [n.] jitensha 自転車
bid [n.] nyūsatsu 入札, meirei 命令
　[v.] nyūsatsu suru 入札する
big [a.] ōkina 大きな, jūyō na 重要な

bigger [a.] yori ōkii より大きい
bill [n.] seikyū sho 請求書, shihei 紙幣, hōan 法案
billion [n.] chō 兆
bind [v.] shibaru 縛る, sokubaku suru 束縛する,
　seihon suru 製本する
biography [n.] denki 伝記
biology [n.] seibutsu gaku 生物学
birch [n.] shirakanba 白樺
bird [n.] tori 鳥
birth [n.] shusshō 出生, tanjō 誕生
birthday [n.] tanjō bi 誕生日
biscuit [n.] bisuketto ビスケット
bishop [n.] shikyō 司教
bit [n.] shōryō 少量
bite [v.] kamu 噛む [n.] hito kuchi ひと口
bitter [a.] nigai 苦い, tsurai 辛い
bitterly [ad.] hitsū ni 悲痛に
bitterness [n.] hitsū 悲痛, kurushimi 苦しみ
black [a.] kuroi 黒い [n.] kuro 黒
blackboard [n.] kokuban 黒板
blacksmith [n.] tanya ya 鍛冶屋
blade [n.] ha 刃
blame [n.] hinan 非難 [v.] hinan suru 非難する
blank [n.] hakushi 白紙, kūhaku 空白
　[a.] hakushi no 白紙の
blanket [n.] mōfu 毛布
blast [n.] toppū 突風, bakuhatsu 爆発
　[v.] bakuhatsu saseru 爆発させる
blasted [a.] kareta 枯れた, kawaita 乾いた
blaze [n.] hono'o 炎, hibana 火花
　[v.] moeru 燃える, kagayaku 輝く, moyasu 燃やす
bleed [v.] shukketsu suru 出血する
bleeding [n.] shukketsu 出血する
blend [n.] kongō butsu 混合物 [v.] mazeru 混ぜる

blended [a.] mazeta 混ぜた
blender [n.] mikisā ミキサー, kongō ki 混合機
bless [v.] shukufuku suru 祝福する,
　home tataeru 褒め称える
blessed [a.] shinsei na 神聖な,
　kami no onchō o uketa 神の恩寵を受けた
blessedly [ad.] shinsei ni 神聖に
blessing [n.] shukufuku 祝福
blind [n.] buraindo ブラインド [a.] mōjin no 盲人の
blindness [n.] mōmoku 盲目, mufunbetsu 無分別
blink [v.] tenmetsu suru 点滅する
　[n.] it'shunkan 一瞬間
bliss [n.] kōfuku 幸福, shifuku 至福
block [n.] burokku ブロック, shōgai butsu 障害物
　[v.] fusagu 塞ぐ
blond [n.] burondo no otoko ブロンドの男
　[a.] burondo no ブロンドの
blonde [n.] burondo no josei ブロンドの女性
blood [n.] chi 血, ketsueki 血液, kettō 血統
bloody [a.] chimamire no 血まみれの
bloom [v.] hana ga saku 花が咲く
　[n.] hana 花, kaika ki 開花期
blossom [v.] hana ga saku 花が咲く [n.] hana 花
blot [n.] shimi しみ [v.] yogosu 汚す,
　shimi ga tsuku しみがつく
blow [v.] kaze ga fuku 風が吹く
　[n.] kyōfū 強風, kyōda 強打
blue [n.] ao 青 [a.] aoi 青い, yūutsu na 憂鬱な
bluff [n.] gake 崖 [a.] buaisō na 無愛想な
blunt [a.] nibui 鈍い [v.] nibuku suru 鈍くする
blush [n.] kōchō 紅潮
　[v.] kao ga akaku naru 顔が赤くなる
boar [n.] osu buta 雄豚, inoshishi 猪
board [v.] noru 乗る [n.] ita 板, iin kai 委員会

boarder [n.] geshuku nin 下宿人
boast [v.] jiman suru 自慢する [n.] jiman 自慢
boastful [a.] jiman no 自慢の
boastfully [ad.] jiman ni 自慢に
boat [n.] fune 船 [v.] fune o kogu 船をこぐ
bodily [a.] nikutai no 肉体の, shintai no 身体の
body [n.] nikutai 肉体, shintai 身体, hontai 本体,
　dantai 団体
boil [v.] wakasu 沸かす, waku 沸く [n.] futtō 沸騰
boiled [a.] wakashita 沸かした, yudeta ゆでた
boiler [n.] boirā ボイラー
bold [a.] daitan na 大胆な, yūkan na 勇敢な
boldly [ad.] daitan ni 大胆に
boldness [n.] daitan 大胆, yūki 勇気
Bolivia [n.] boribia ボリビア
bolt [n.] kan'nuki かんぬき
　[v.] kan'nuki o kakeru 閂をかける
bomb [n.] bakudan 爆弾 [v.] bakugeki suru 爆撃する
bombed [a.] kūshū o uketa 空襲を受けた
bomber [n.] bakugeki ki 爆撃機
bombing [n.] bakugeki 爆撃
bond [n.] kessoku 結束, secchaku zai 接着剤,
　saiken 債券
bonded [a.] teitō toreta 抵当取れた
bone [n.] hone 骨, kokkaku 骨格
　[v.] hone o toru 骨を取る
boned [a.] bone o totta 骨を取った
bonnet [n.] bon'netto ボンネット,
　kuruma no enjin kabā 車のエンジンカバー
book [n.] hon 本 [v.] kichō suru 記帳する,
　yoyaku suru 予約する
bookcase [n.] hondana 本棚
bookstore [n.] shoten 書店
boom [n.] būmu ブーム, kōkeiki 好景気

[v.] unaru うなる
boon [n.] megumi 恵み
boot [n.] būtsu ブーツ, nagagutsu 長靴
booted [a.] būtsu o haita ブーツをはいた
booth [n.] baiten 売店, tōhyō sho 投票所, būsu ブース
border [n.] kokkyō 国境, hashi 端 [v.] sessuru 接する
bore [n.] taikutsu na hito 退屈な人, ana 穴
bored [a.] taikutsu na 退屈な, unzari suru うんざりする
born [a.] umare no 生まれの,
 umare tsuki no 生まれつきの
borrow [v.] kariru 借りる
borrower [n.] karite 借り手
bosom [n.] mune 胸, kokoro 心
boss [n.] jōshi 上司, tōmoku 頭目
botany [n.] shokubutsu gaku 植物学
both [a.] ryōgawa no 両側の [zen] ryōgawa 両側
bother [n.] mendō 面倒
 [v.] kurushimeru 苦しめる, nayamu 悩む
bottle [n.] bin 瓶 [v.] bin ni tsumeru 瓶に詰める
bottled [a.] bin ni haitta 瓶に入った,
 sake ni yotta 酒に酔った
bottom [n.] yuka 床, o shiri お尻
bough [n.] ōeda 大枝
bound [a.] ~ sezaru o enai ~せざるを得ない,
 ~ yuki no ~行きの
boundary [n.] kyōkai 境界, genkai 限界
bow [n.] yumi 弓
bow [n.] ojigi お辞儀 [v.] aisatsu suru 挨拶する,
 kagameru かがめる
bowel [n.] chō 腸, naizō 内臓
bowl [n.] donburi どんぶり
 [v.] korogasu 転がす, nageru 投げる
box [n.] hako 箱 [v.] hako ni ireru 箱に入れる
boxing [n.] bokushingu ボクシング, kentō 拳闘

boy [n.] shōnen 少年
boyfriend [n.] bōifurendo ボーイフレンド
boyhood [n.] shōnen jidai 少年時代
brace [n.] kakekin 掛け金, shichū 支柱
 [v.] sasaeru 支える
brain [n.] zunō 頭脳, chisei 知性
brake [n.] burēki ブレーキ
 [v.] burēki o kakeru ブレーキをかける
bramble [n.] burakku berī ブラックベリー
branch [n.] ki no eda 木の枝, shiten 支店, bumon 部門,
 shiryū 支流
brand [n.] shōhyō 商標, burando ブランド
 [v.] ratsuin o osu 烙印を押す
brass [n.] shinchū 真鍮, kōdō 黄銅
brave [a.] yūkan na 勇敢な
bravely [ad.] yūkan ni 勇敢に
bravery [n.] yūki 勇気
Brazil [n.] burajiru ブラジル
bread [n.] pan パン, ryōshoku 糧食
breadth [n.] haba 幅
break [v.] kowasu 壊す, kowareru 壊れる
 [n.] hakai 破壊, wareme 割れ目
breakfast [n.] chōshoku 朝食
breast [n.] oppai おっぱい, chibusa 乳房
breath [n.] ikigire 息切れ, kokyū 呼吸
breathe [v.] iki o haku 息を吐く
breathed [a.] museion no 無声音の
breathless [a.] ikigurushii 息苦しい
breathlessly [ad.] ikigire shite 息切れして
breed [n.] hinshu 品種, kettō 血統
 [v.] ko o umu 子を産む
breeze [n.] soyokaze そよ風
 [v.] soyokaze ga fuku そよ風が吹く
brethren [n.] dōhō 同胞, kyōdai 兄弟, kaiin 会員,

kōyū 交友

bribe [n.] wairo 賄賂 [v.] wairo o ataeru 賄賂を与える
brick [n.] renga 煉瓦
bride [n.] shinpu 新婦
bridegroom [n.] shinrō 新郎
bridge [n.] hashi 橋 [v.] hashi o oku 橋を置く
bridle [n.] baroku 馬勒
　　　[v.] baroku o tsukeru 馬勒をつける
brief [a.] kanketsu na 簡潔な [n.] yōshi 要旨
　　　[v.] yōyaku suru 要約する
briefly [ad.] kantan ni 簡単に
bright [a.] akarui 明るい, kashikoi 賢い
brighten [v.] akaruku suru 明るくする,
　　　akaruku naru 明るくなる
brightly [ad.] kagayaku yōni 輝くように
brightness [n.] kagayaki 輝き, sōmei 聡明
brilliant [a.] kagayaku 輝く, mabushii まぶしい
brilliantly [ad.] kirabiyaka ni きらびやかに,
　　　rippa ni 立派に
brim [n.] hashi 端, bōshi no hisashi 帽子の端
bring [v.] tsurete kuru 連れて来る, ~ saseru ~させる
brisk [a.] kakki no aru 活気のある
briskly [ad.] kappatsu ni 活発に
bristle [n.] gōmō 剛毛
　　　[v.] okoru 怒る, ke o saka tateru 毛をさか立てる
Britain [n.] igirisu イギリス
British [a.] igirisu no イギリスの,
　　　igirisu jin no イギリス人の
broad [a.] haba hiroi 幅広い, kandai na 寛大な
broadcast [n.] hōsō 放送 [v.] hōsō suru 放送する
broadcaster [n.] anaunsā アナウンサー, hōsō jin 放送人
broaden [v.] hirogeru 広げる, hiroku naru 広くなる
broadly [ad.] hiroku 広く, gaikatsu tekini 概括的に
broken [a.] hasan shita 破産した

bronze [n.] seidō 青銅
brood [n.] mure 群れ, shuzoku 種族
　　　[v.] idaku 抱く, shinshi jukkō suru 深思熟考する
brook [n.] ogawa 小川
broom [n.] hōki ほうき [v.] hōki de haku ほうきで掃く
brother [n.] kyōdai 兄弟, ani 兄, otōto 弟
brow [n.] mayu まゆ
brown [a.] chairo no 茶色の [n.] chairo 茶色
bruise [n.] dabokushō 打撲傷
　　　[v.] dabokushō o owaseru 打撲傷を負わせる
brush [n.] burashi ブラシ
　　　[v.] burashi o kakeru ブラシをかける
brutal [a.] zan'nin na 残忍な
brute [n.] kemono 獣 [a.] kemono no yōna 獣のような
bubble [n.] awa 泡 [v.] awa datsu 泡立つ
buck [n.] ichi doru 1ドル, hankō 反抗
　　　[v.] hankō suru 反抗する
bucket [n.] baketsu バケツ
bud [n.] me 芽, tsubomi つぼみ
budded [a.] mebaeta 芽生えた, hatsuga shita 発芽した
Buddha [n.] hotoke 仏
Buddhism [n.] bukkyō 仏教
Buddhist [n.] bukkyō shinja 仏教信者
　　　[a.] bukkyō no 仏教の
budget [n.] yosan 予算
　　　[v.] yosan o tateru 予算を立てる, wariateru 割り当てる
buffalo [n.] yagyū 野牛
buffet [n.] dageki 打撃 [v.] utsu 打つ
bugle [n.] rappa ラッパ
build [v.] kensetsu suru 建設する
　　　[n.] kōzō 構造, taikaku 体格
builder [n.] kenchiku sha 建築者
building [n.] biru ビル, tatemono 建物
bulb [n.] denkyū 電球, kyūkon 球根

Bulgaria [n.] burugaria ブルガリア
bulk [n.] ōki sa 大きさ, tairyō 大量
bull [n.] oushi 牡牛
bullet [n.] dangan 弾丸
bulletin [n.] kokuji 告示, keiji 掲示
　　　 [v.] kokuji suru 告示する
bump [n.] shōtotsu 衝突
　　　 [v.] butsukaru ぶつかる, shōtotsu suru 衝突する
bunch [n.] hana busa 花房, hana taba 花束
bundle [n.] taba 束, tsutsumi 包み [v.] kukuru くくる
bunny [n.] usagi ウサギ
buoy [n.] fuhyō 浮標 [v.] uku 浮く, ukabu 浮かぶ
burden [n.] nimotsu 荷物, futan 負担
　　　 [v.] futan o ataeru 負担を与える
bureau [n.] kanchō 官庁, busho 部署, dansu だんす
burglar [n.] gōtō 強盗
burial [n.] maisō 埋葬
burn [v.] moeru 燃える [n.] kashō 火傷
burning [a.] moeru 燃える
burrow [n.] kakurega 隠れ家,
　usagi no su ana ウサギの巣穴
burst [n.] bakuhatsu 爆発
　　　 [v.] haretsu suru 破裂する, wareru 破れる
bury [v.] maisō suru 埋葬する, umeru 埋める
bus [n.] basu バス
bush [n.] teiboku 低木, shigemi 茂み
　　　 [v.] oi shigeru 生い茂る
bushed [a.] shigemi ni ōwareta 茂みに覆われた
busily [ad.] isogashiku 忙しく
business [n.] bijinesu ビジネス, shigoto 仕事,
　eigyō 営業
businessman [n.] jigyō ka 事業家, jitsugyō ka 実業家
bust [n.] kyōzō 胸像, jōhanshin 上半身
bustle [n.] sawagi 騒ぎ

　　　 [v.] kappatsu ni ugoku 活発に動く, saisoku suru 催促する
busy [a.] isogashii 忙しい, konzatsu na 混雑な
　　　 [v.] isogashiku suru 忙しくする
but [conj.] shika shi しかし [ad.] tada ただ
butcher [n.] tosatsu sha 屠殺者
butler [n.] shitsuji 執事
butter [n.] batā バター
butterfly [n.] chō 蝶
button [n.] botan ボタン
　　　 [v.] botan o kakeru ボタンをかける
buy [v.] kau 買う [n.] kaitori 買い取り
buyer [n.] baiyā バイヤー, kōnyū sha 購入者
buzz [n.] mushi no haoto 虫の羽音
　　　 [v.] bunbun iu ブンブン言う
by [prep.] ~ no tonari de ~ の隣で,
　~ ni yotte ~ によって [ad.] soba de そばで
bye-bye [interj.] sayōnara さようなら

C

cab [n.] takushī タクシー
cabbage [n.] kyabetsu キャベツ
cabin [n.] maruta no ie 丸太の家, koya 小屋
cabinet [n.] kazari dana 飾りだな,
　　to dana 戸だな naikaku 内閣
cable [n.] kēburu ケーブル, futoi rōpu 太いロープ
cafeteria [n.] kafeteria カフェテリア
cage [n.] torikago 鳥かご, ori 檻
　　[v.] torikago ni ireru 鳥かごに入れる
cake [n.] kēki ケーキ [v.] katameru 固める
calamity [n.] sanji 惨事
calculate [v.] keisan suru 計算する
calculated [a.] keikaku tekina 計画的な
calculation [n.] keisan 計算,
　　shinchō na keikaku 慎重な計画
calculator [n.] keisan ki 計算機
calendar [n.] karendā カレンダー
calf [n.] ko ushi 子牛, fukura hagi ふくらはぎ
call [v.] denwa suru 電話する
　　[n.] denwa 電話, hōmon 訪問
caller [n.] hōmon sha 訪問者
calm [a.] shizuka na 静かな [v.] osamaru おさまる
calmly [ad.] shizuka ni 静かに
calmness [n.] shizukesa 静けさ, ochitsuki 落ち着き
calorie [n.] karorī カロリー
camel [n.] rakuda ラクダ
camera [n.] kamera カメラ
camp [n.] kyanpu キャンプ, kichi 基地
　　[v.] yaei suru 野営する
campaign [n.] senkyo undō 選挙運動,
　　gunji kōdō 軍事行動
camping [n.] kyanpu キャンプ

campus [n.] kōtei 校庭
can [aux. v.] suru koto ga dekiru することができる
　　[n.] kan 缶
Canada [n.] kanada カナダ
canal [n.] unga 運河
canary [n.] kanaria カナリア
cancel [v.] torikesu 取り消す
cancer [n.] gan 癌
candidate [n.] kōho sha 候補者
candle [n.] kyandoru キャンドル, rōsoku ろうそく
candy [n.] kyandi キャンディ
cane [n.] tsue 杖, kuki 茎
canned [a.] kanzume shita 缶詰した
cannon [n.] taihō 大砲
canoe [n.] kanū カヌー
canon [n.] kyōkai hōki 教会法規,
　　handan no kijun 判断の基準
canvas [n.] kyanbasu キャンバス, gafu 画布
cap [n.] bōshi 帽子
　　[v.] bōshi o kabuseru 帽子をかぶせる
capable [a.] yūnō na 有能な
capacity [n.] shūyō nōryoku 収容能力,
　　seisan sei 生産性, rikiryō 力量
cape [n.] misaki 岬
capital [n.] shuto 首都, shihon kin 資本金
Capitol [n.] beikoku kokkai gijidō 米国国会議事堂
captain [n.] shidō sha 指導者, taii 大尉, senchō 船長
captive [n.] horyo 捕虜
capture [v.] toraeru 捕える, kakutoku suru 獲得する
car [n.] kuruma 車
carbon [n.] tanso 炭素
card [n.] kādo カード
care [v.] shinpai suru 心配する
　　[n.] urei 憂い, shinpai 心配

career   [n.] keireki 経歴, shokugyō 職業
careful   [a.] shinchō na 慎重な
carefully   [ad.] shinchō ni 慎重に
careless   [a.] fuchūi na 不注意な
carelessly   [ad.] fuchūi ni 不注意に
carelessness   [n.] fuchūi 不注意
caress   [n.] aibu 愛撫 [v.] aibu suru 愛撫する
cargo   [n.] kamotsu 貨物
carnation   [n.] kānēshon カーネーション
carnival   [n.] kānibaru カーニバル, shanikusai 謝肉祭
carol   [n.] kurisumasu kyaroru クリスマスキャロル
carpenter   [n.] daiku 大工
carpet   [n.] kāpetto カーペット, jūtan じゅうたん
carpeting   [n.] kāpetto no kiji カーペットの生地
carriage   [n.] basha 馬車, midashi nami 身だしなみ
carrier   [n.] unyu kaisha 運輸会社, hokin sha 保菌者
carrot   [n.] ninjin ニンジン
carry   [v.] hakobu 運ぶ, unpan suru 運搬する,
   keitai suru 携帯する
cart   [n.] kāto カート
carve   [v.] horu 彫る, kiru 切る
case   [n.] hako 箱, jiken 事件
   [v.] hako ni ireru 箱に入れる
cash   [n.] genkin 現金 [v.] genkin ni kaeru 現金に換える
cassette   [n.] kasetto カセット
cast   [n.] haiyaku 配役, igata 鋳型 [v.] nageru 投げる
castle   [n.] shiro 城
casual   [a.] gūzen no 偶然の, fudangi no 普段着の
casually   [ad.] gūzen 偶然
cat   [n.] neko 猫
catalog   [n.] katarogu カタログ
catch   [v.] tsukamu つかむ, rikai suru 理解する
catcher   [n.] kyacchā キャッチャー
caterpillar   [n.] yōchū 幼虫

cathedral   [n.] dai seidō 大聖堂
Catholic   [n.] katorikku kyōto カトリック教徒
cattle   [n.] kachiku 家畜
cause   [n.] gen'in 原因 [v.] gen'in to naru 原因となる
caution   [n.] chūi 注意, keikoku 警告
   [v.] keikoku suru 警告する
cautious   [a.] shinchō na 慎重な
cautiously   [ad.] shinchō ni 慎重に
cavalry   [n.] kihei 騎兵
cave   [n.] dōkutsu 洞窟
   [v.] horu 掘る, kanbotsu saseru 陥没させる
cavern   [n.] dōkutsu 洞窟
cavity   [n.] ana 穴, mushiba no ana 虫歯の穴
cease   [v.] yamu 止む [n.] owari 終わり
ceaseless   [a.] taema nai 絶え間ない
cedar   [n.] sugi 杉
ceiling   [n.] tenjō 天井
celebrate   [v.] iwau 祝う
celebrated   [a.] yūmei na 有名な, chomei na 著名な
celebration   [n.] oiwai お祝い, gishiki 儀式
cell   [n.] keimusho no dokubō 刑務所の独房, saibō 細胞
cellar   [n.] chika sōko 地下倉庫
cement   [n.] semento セメント
cemetery   [n.] bochi 墓地
cent   [n.] sento セント
center   [n.] chūshin 中心, chūshin chi 中心地
   [v.] chūshin ni oku 中心におく
centimeter   [n.] senchi mētoru センチメートル
central   [a.] chūshin no 中心の
century   [n.] seiki 世紀
cereal   [n.] kokumotsu 穀物, kokumotsu shoku 穀物食
ceremony   [n.] gishiki 儀式
certain   [a.] kakujitsu na 確実な, ittei no 一定の
certainly   [ad.] kanarazu 必ず

certainty [n.] kakujitsu sei 確実性
certificate [n.] shōmei sho 証明書
chain [n.] kusari 鎖, rensa 連鎖
 [v.] kusari de musubu 鎖で結ぶ
chair [n.] isu 椅子, gichō 議長
chairman [n.] gichō 議長, iin chō 委員長
chalk [n.] chōku チョーク
challenge [n.] chōsen 挑戦 [v.] chōsen suru 挑戦する
chamber [n.] heya 部屋, kaigi jō 会議場
champion [n.] shōsha 勝者
championship [n.] senshu ken 選手権
chance [n.] chansu チャンス, un 運
change [v.] kaeru 変える [n.] henka 変化
changeable [a.] kahen tekina 可変的な
channel [n.] kaikyō 海峡, suiro 水路
 [v.] suiro o tsukuru 水路をつくる
chant [n.] seika 聖歌 [v.] sanbi suru 賛美する
chap [n.] otoko no ko 男の子
chapel [n.] shō reihai dō 小礼拝堂
chapped [a.] arasare ta 荒らされた
chapter [n.] hon no shō 本の章, shibu 支部
character [n.] seikaku 性格, tōjō jinbutsu 登場人物,
 moji 文字
characteristic [n.] tokuchō 特徴 [a.] tokuchō tekina 特徴的な
characterize [v.] tokuchō o byōsha suru 特徴を描写する,
 tokuchō zukeru 特徴づける
charge [n.] ryōkin 料金, sekinin 責任
 [v.] fuka suru 賦課する
chariot [n.] nirin basha no romen densha 二輪馬車の路面電車
charity [n.] jizen 慈善, kifu 寄付, jizen dantai 慈善団体
charm [n.] miryoku 魅力 [v.] miwaku suru 魅惑する
charming [a.] miryoku tekina 魅力的な, bibō no 美貌の

charmingly [ad.] miryoku tekini 魅力的に
chart [n.] zuhyō 図表 [v.] hyō de arawasu 表であらわす
charter [n.] tokkyo shō 特許証
 [v.] tokkyo o ataeru 特許を与える
chase [n.] tsuiseki 追跡 [v.] tsuiseki suru 追跡する
chat [n.] zatsudan 雑談 [v.] zatsudan suru 雑談する
chatter [n.] oshaberi おしゃべり
 [v.] shaberi makuru しゃべりまくる
cheap [a.] teika no 低価の, yasumono no 安物の
cheat [n.] sagi 詐欺, sagi shi 詐欺師 [v.] damasu 騙す
check [n.] tenken 点検, kogitte 小切手
 [v.] tenken suru 点検する
checked [a.] chekku gara no チェック柄の
cheek [n.] hoho 頬
cheer [n.] yorokobi 喜び, seien 声援
 [v.] kanko suru 歓呼する
cheerful [a.] ureshii 嬉しい
cheerfully [ad.] kimochi yoku 気持ちよく
cheese [n.] chīzu チーズ
chemical [n.] kagaku busshitsu 化学物質
 [a.] kagaku no 化学の
chemist [n.] kagaku sha 化学者
chemistry [n.] kagaku 化学
cherish [v.] taisetsu ni suru 大切にする
cherry [n.] cherī チェリー, sakura no ki 桜の木
cherry blossom [n.] sakura no hana 桜の花
cherry tree [n.] sakura 桜
chess [n.] chesu チェス
chest [n.] mune 胸
chestnut [n.] kuri 栗, kuri no ki 栗の木
chew [v.] kamu 噛む, jukkō suru 熟考する
chicken [n.] niwatori 鶏, keiniku 鶏肉
chief [n.] chō 長, tōmoku 頭目 [a.] saikō no 最高の
chiefly [ad.] omo ni 主に

child [n.] kodomo 子供, shison 子孫
childhood [n.] yōnen ki 幼年期
childish [a.] yōchi na 幼稚な
childishly [ad.] yōchi ni 幼稚に
children [n.] kodomo tachi 子供達
Chile [n.] chiri チリ
chill [n.] reiki 冷気 [a.] tsumetai 冷たい
 [v.] tsumetaku suru 冷たくする
chilly [a.] tsumetai 冷たい, samui 寒い
chime [n.] kane 鐘, chaimu チャイム
 [v.] chaimu no oto ga deru チャイムの音が出る
chimney [n.] entotsu 煙突
chin [n.] ago あご
China [n.] chūgoku 中国
china [n.] tōjiki 陶磁器
Chinese [n.] chūgoku jin 中国人
chip [n.] usui kire 薄い切れ [v.] kiri toru 切り取る
chipped [a.] usuku kezutta 薄く削った,
 mijin giri みじん切り
chirp [n.] saezuri goe さえずり声
 [v.] saezuri naku さえずり泣く
chocolate [n.] chokorēto チョコレート
choice [n.] sentaku 選択, senbatsu 選抜
 [a.] sentaku sareta 選択された
choir [n.] seika tai 聖歌隊, gasshō tai 合唱隊
choke [n.] chissoku 窒息
 [v.] chissoku saseru 窒息させる
choose [v.] erabu 選ぶ, senshutsu suru 選出する
chop [n.] setsudan 切断 [v.] kiru 切る
chorus [n.] gasshō tai 合唱隊
 [v.] gasshō suru 合唱する
chosen [a.] era bareta 選ばれた
Christ [n.] kirisuto キリスト
Christian [n.] kurisuchan クリスチャン

[a.] kirisuto no キリストの
Christmas [n.] kurisumasu クリスマス
chronicle [n.] nendai ki 年代記
 [v.] nendai ki ni noseru 年代記に載せる
chuckle [n.] kusukusu warai くすくす笑い
 [v.] kusukusu warau くすくす笑う
chum [n.] shitashii yūjin 親しい友人
 [v.] shitashiku sugosu 親しくすごす
church [n.] kyōkai 教会
churchyard [n.] kyōkai nai no bochi 教会内の墓地
cigar [n.] shigā シガー, hamaki tabako 葉巻タバコ
cigarette [n.] tabako タバコ
cinema [n.] eiga 映画
circle [n.] en 円, gurūpu グループ
 [v.] torikakomu 取り囲む
circuit [n.] kairo 回路, isshū 一周
circular [n.] kōkoku 広告, chirashi ちらし
 [a.] marui 丸い
circularly [ad.] maruku 丸く, junkan tekini 循環的に
circulate [v.] junkan suru 循環する, haifu suru 配布する
circulation [n.] junkan 循環, haifu 配布,
 hakkō busū 発行部数
circumstances [n.] jijō 事情, jōkyō 状況
circus [n.] sākasu サーカス, kyokugei 曲芸
cite [v.] inyō suru 引用する, shōkan suru 召喚する
citizen [n.] kokumin 国民, shimin 市民
city [n.] toshi 都市
civil [a.] shimin 市民, minkan jin no 民間人の
civilization [n.] bunmei 文明
civilize [v.] kaika suru 開化する
civilized [a.] kaika sareta 開化された,
 kyōyō no aru 教養のある
clad [a.] fuku o kita 服を着た, kaketa かけた
claim [n.] yōkyū 要求, baishō seikyū 賠償請求

    [v.] yōkyū suru 要求する

clamor [n.] sakebi 叫び, fuhei 不平 [v.] sawagu 騒ぐ

clap [n.] hakushu no oto 拍手の音
    [v.] hakushu suru 拍手する

clash [n.] shōtotsu 衝突, arasoi 争い, fuicchi 不一致
    [v.] arasou 争う

clasp [n.] fukku フック, hōyō 抱擁
    [v.] kotei saseru 固定させる

class [n.] kaikyū 階級, gakkyū 学級, jugyō 授業

classic [n.] koten sakuhin 古典作品, meisaku 名作
    [a.] koten tekina 古典的な

classical [a.] koten tekina 古典的な,
    dentō tekina 伝統的な

classically [ad.] koten tekini 古典的に

classify [v.] bunrui suru 分類する

classmate [n.] kyūyū 級友, dōkyūsei 同級生

classroom [n.] kyōshitsu 教室

clatter [n.] gatagata on ガタガタ音

clause [n.] setsu 節, jōkō 条項

claw [n.] ashi no tsume 足の爪
    [v.] ashi no tsume de saku 足の爪で裂く

clay [n.] nendo 粘土

clean [a.] kirei na きれいな
    [v.] kirei ni suru きれいにする

cleaner [n.] sōji ya 掃除屋, senzai 洗剤

cleaning [n.] sōji 掃除

cleanliness [n.] seiketsu 清潔

cleanly [a.] kirei na きれいな [ad.] kirei ni きれいに

clear [a.] sun da 澄んだ, tōmei na 透明な
    [v.] meikaku ni suru 明確にする

clearly [ad.] akiraka ni 明らかに

clearness [n.] hare 晴れ, senmei 鮮明, meihaku 明白

clergy [n.] seishoku 聖職

clergyman [n.] seishoku sha 聖職者

clerk [n.] ten'in 店員, jimu in 事務員

clever [a.] kashikoi 賢い

cleverly [ad.] kashikoku 賢く, takumi ni 巧みに

cleverness [n.] kashiko sa 賢さ, kōmyō 巧妙

click [n.] kurikku oto クリック音

client [n.] irai nin 依頼人, tokui saki 得意先

cliff [n.] gake 崖, zeppeki 絶壁

climate [n.] kikō 気候, jōkyō 状況

climax [n.] zecchō 絶頂
    [v.] zecchō ni tassuru 絶頂に達する

climb [v.] tōhan suru 登攀する
    [n.] tōhan 登攀, jōshō 上昇

cling [v.] kuttsuku くっつく

clip [n.] kezuri 削り [v.] hasami de kiru はさみで切る

clipped [a.] mijikaku kitta 短く切った

cloak [n.] gaitō 外套 [v.] kakusu 隠す

clock [n.] tokei 時計 [v.] jikan o hakaru 時間を計る

clocked [a.] shishū de kaza rareta 刺繍で飾られた

close [a.] tojita 閉じた, chikai 近い, shitashii 親しい
    [n.] owari 終わり

close [v.] shimeru 閉める, shimekiru 締め切る

closed [a.] tojita 閉じた, heisa shita 閉鎖した,
    hikōkai no 非公開の

closely [ad.] sekkin shite 接近して, shinchō ni 慎重に

closet [n.] to dana 戸棚

cloth [n.] kiji 生地, nuno 布

clothe [v.] fuku o kiseru 服を着せる

clothes [n.] fuku 服

clothing [n.] irui 衣類

cloud [n.] kumo 雲 [v.] kumoru 曇る

cloudy [a.] kumotta 曇った, yūutsu na 憂鬱な

clover [n.] kurōbā クローバー

club [n.] kurabu クラブ, konbō 棍棒

clubbed [a.] konbō gata no 棍棒形の

cluster [n.] katamari 塊 [v.] katamari o nasu 塊を成す
clutch [n.] kuracchi クラッチ
   [v.] shikkari to tsukamu しっかりとつかむ
coach [n.] undō kōchi 運動コーチ, basha 馬車
   [v.] shidō suru 指導する
coal [n.] sekitan 石炭
coarse [a.] arai 粗い, soaku na 粗悪な
coarsely [ad.] araku 粗く, sozatsu ni 粗雑に
coast [n.] kaigan 海岸, engan 沿岸
coat [n.] uwagi 上着, gaitō 外套
   [v.] uwagi o kiseru 上着を着せる
coated [a.] uwagi o kita 上着を着た, toryō o nutta 塗料を塗った
cock [n.] ondori 雄鶏
cocoa [n.] kokoa ココア
code [n.] hōten 法典, angō 暗号
   [v.] kōdo ka suru コード化する
coffee [n.] kōhī コーヒー
coffin [n.] kan 棺 [v.] nyūkan suru 入棺する
coil [n.] koiru コイル [v.] guruguru maku ぐるぐる巻く
coin [n.] tsūka 鋳貨, kahei 貨幣
cold [a.] samui 寒い, reisei na 冷静な
   [n.] samu sa 寒さ, kaze 風邪
coldly [ad.] reisei ni 冷静に
coldness [n.] samu sa 寒さ, reiki 冷気, samuke 寒気
collapse [n.] hōkai 崩壊, botsuraku 没落
   [v.] kuzureru 崩れる
collar [n.] karā カラー, hane 羽
collect [v.] atsumeru 集める, chōshū suru 徴収する
collected [a.] atsumeta 集めた, ochi tsuita 落ち着いた
collection [n.] shūshū 収集
college [n.] daigaku 大学
collide [v.] shōtotsu suru 衝突する
collision [n.] shōtotsu 衝突

colloquial [a.] kōgo no 口語の
colon [n.] koron (:) コロン, daichō 大腸
colonel [n.] rikugun taisa 陸軍大佐
colonial [a.] shokumin chi no 植民地の
colonist [n.] shokumin chi no kaitaku sha 植民地の開拓者
colony [n.] shokumin chi 植民地
color [n.] iro 色 [v.] saishiki suru 彩色する
colored [a.] saishiki sareta 彩色された
colorful [a.] karafuru na カラフルな, karei na 華麗な
colorfully [ad.] karafuru na カラフルな, azayaka ni 鮮やかに
colt [n.] ko ba 子馬
column [n.] dan 段, hashira 柱, shinbun no koramu 新聞のコラム
comb [n.] kushi 櫛
   [v.] kushi de kami o tokasu 櫛で髪をとかす
combat [v.] tatakau 戦う
combat [n.] tatakai 戦い, sentō 戦闘
combination [n.] ketsugō 結合, rengō 連合
combine [n.] ketsugō 結合, rengō 連合
combine [v.] ketsugō suru 結合する, rengō suru 連合する
combined [a.] ketsugō shita 結合した, rengō shita 連合した
come [v.] kuru 来る, okoru 起こる, shōjiru 生じる
comedy [n.] komedī コメディー, kigeki 喜劇
comet [n.] suisei 彗星
comfort [n.] nagusame 慰め, kaiteki 快適
   [v.] nagusameru 慰める
comfortable [a.] kaiteki na 快適な
comfortably [ad.] kaiteki ni 快適に
comic [a.] kigeki no 快適な
coming [n.] sekkin 接近, tōrai 到来

comma [n.] konma (,) コンマ
command [n.] meirei 命令, shiki ken 指揮権
　　[v.] meirei suru 命令する
commander [n.] shiki kan 指揮官, shirei kan 司令官
commandment [n.] meirei 命令, kai 戒
commence [v.] hajimeru 始める
commencement [n.] kaishi 開始, sotsugyō shiki 卒業式
commend [v.] homeru 褒める
comment [n.] komento コメント, ron pyō 論評
　　[v.] ron pyō suru 論評する
commerce [n.] shōgyō 商業, bōeki 貿易
commercial [n.] komāsharu コマーシャル
　　[a.] shōgyō no 商業の, bōeki no 貿易の
commission [n.] inin 委任, teate 手当て, iin kai 委員会
commissioned [a.] ninmei sareta 任命された
commissioner [n.] iin 委員, chōkan 長官
commit [v.] inin suru 委任する, okasu 犯す
commitment [n.] daikō 代行, itaku 委託, kenshin 献身, kōyaku 公約
committed [a.] kenshin tekina 献身的な
committee [n.] iin kai 委員会
commodity [n.] shōhin 商品
common [a.] kyōtsū no 共通の, kōkyō no 公共の
commonly [ad.] ippan tekini 一般的に
commonplace [n.] heibon na koto 平凡な事
　　[a.] futsū no 普通の, heibon na 平凡な
communicate [v.] dentatsu suru 伝達する
communication [n.] komyunikēshon コミュニケーション, tensō 転送, renraku 連絡
communism [n.] kyōsan shugi 共産主義
communist [n.] kyōsan shugi sha 共産主義者
community [n.] kyōdō tai 共同体, chiiki shakai 地域社会
compact [a.] kanketsu na 簡潔な
　　[v.] kanketsu ni suru 簡潔にする

compact [n.] dōi 同意, kyōyaku 協約
compacted [a.] ippai ni natta いっぱいになった
companion [n.] nakama 仲間, yūjin 友人
companionship [n.] yūkō 友好, kōsai 交際
company [n.] kaisha 会社, ikkō 一行, yūjin 友人
comparative [n.] hikaku kyū 比較級
　　[a.] hikaku no 比較の
comparatively [ad.] hikaku teki 比較的
compare [v.] kuraberu 比べる, hikaku suru 比較する, hiyu suru 比喩する
comparison [n.] hikaku 比較
compass [n.] konpasu コンパス
compel [v.] kyōyō suru 強要する, shi iru 強いる
compensation [n.] hoshō 補償, hoshō kin 補償金
compete [v.] kisou 競う
competent [a.] yūnō na 有能な
competition [n.] kyōsō 競争, tatakai 戦い, shiai 試合
competitor [n.] kyōsō aite 競争相手
complain [v.] monku o iu 文句を言う, uttaeru 訴える
complaint [n.] fuhei 不平, kokuso 告訴
complement [n.] hojū 補充
　　[v.] hojū suru 補充する, oginau 補う
complete [a.] kanzen na 完全な
　　[v.] kansei suru 完成する
completely [ad.] kanzen ni 完全に
completeness [n.] kansei 完成
complex [a.] fukugō no 複合の
complex [n.] fukugō tai 複合体
complexion [n.] kao iro 顔色
complexly [ad.] fukuzatsu ni 複雑に
complicate [v.] fukuzatsu ni suru 複雑にする
complicated [a.] fukuzatsu na 複雑な, kon'nan na 困難な
complicatedly [ad.] fukuzatsu ni 複雑に

compliment [n.] sanji 賛辞, aisatsu 挨拶
　[v.] homeru 褒める
comply [v.] ouzuru 応ずる
compose [v.] kōsei suru 構成する,
　sakkyoku suru 作曲する
composer [n.] sakkyoku ka 作曲家
composition [n.] kōsei 構成, sakkyoku 作曲
compound [v.] kongō suru 混合する
compound [n.] kongō butsu 混合物
　[a.] kongō no 混合の
comprehend [v.] rikai suru 理解する, fukumu 含む
comprehension [n.] rikai 理解, rikai ryoku 理解力
comprehensive [a.] hōkatsu tekina 包括的な
comprehensively [ad.] hōkatsu tekini 包括的に
comprise [v.] fukumu 含む
compromise [n.] dakyō 妥協 [v.] dakyō suru 妥協する
compromising [a.] meiyo o kizu tsukeru 名誉を傷つける
comrade [n.] dōryō 同僚
conceal [v.] kakusu 隠す, himitsu ni suru 秘密にする
concealment [n.] intoku 隠匿, inpei 隠蔽,
　kakusu koto 隠すこと
concede [v.] yuzuru 譲る, mitomeru 認める
conceit [n.] jisonshin 自尊心, kadai hyōka 過大評価
conceive [v.] kangae dasu 考え出す
concentrate [v.] shūchū suru 集中する,
　nōshuku suru 濃縮する
concentrated [a.] shūchū shita 集中した,
　nōshuku sareta 濃縮された
concentration [n.] shūchū 集中
conception [n.] gainen 概念, chakusō 着想,
　ninshin 妊娠
concern [n.] kanshinji 関心事, shinpai 心配
　[v.] shinpai suru 心配する
concerned [a.] kankei no aru 関係のある,
　shinpai sōna 心配そうな
concerning [prep.] ～ nitsuite ～について
concert [v.] kyōchō suru 協調する
concert [n.] konsāto コンサート, kyōtei 協定
concerted [a.] gōi sareta 合意された,
　kyōryoku niyoru 協力による
concertedly [ad.] gōi shite 合意して
conclude [v.] oeru 終える,
　ketsuron o kudasu 結論を下す
conclusion [n.] shūketsu 終結, ketsuron 結論
concord [n.] icchi 一致, wagō 和合
concrete [n.] konkurīto コンクリート
　[a.] gutai tekina 具体的な
condemn [v.] hinan suru 非難する,
　yūzai o senkoku suru 有罪を宣告する
condemned [a.] hinan sareta 非難された,
　yūzai senkoku o uketa 有罪宣告を受けた
condense [v.] gyōshuku suru 凝縮する,
　asshuku suru 圧縮する, yōyaku suru 要約する
condensed [a.] gyōshuku shita 凝縮した,
　yōyaku shita 要約した
condition [n.] jōtai 状態, jōken 条件
conduct [v.] hikiwatasu 引き渡す, kōdō suru 行動する
conduct [n.] kōi 行為, taido 態度
conductor [n.] shiki sha 指揮者, dendō tai 伝導体
confederate [n.] dōmei koku 同盟国
　[a.] dōmei o musunda 同盟を結んだ
confer [v.] juyo suru 授与する, kyōgi suru 協議する
conference [n.] kaigi 会議
confess [v.] kokuhaku suru 告白する,
　jihaku suru 自白する
confessed [a.] akiraka na 明らかな,
　jihaku sareta 自白された
confession [n.] kokuhaku 告白, jihaku 自白

confide [v.] shinrai suru 信頼する,
　uchi akeru 打ち明ける
confidence [n.] jishin 自信, kakushin 確信, shinrai 信頼
confident [a.] kakushin no aru 確信のある,
　jishin no aru 自信のある
confidential [a.] himitsu no 秘密の
confidentially [ad.] hisoka ni 密かに
confidently [ad.] kakushin shite 確信して
confine [v.] gentei suru 限定する, kankin suru 監禁する
confine [n.] kyōkai 境界, genkai 限界
confined [a.] kagi rareta 限られた, semai 狭い
confinement [n.] kankin 監禁, seigen 制限
confirm [v.] kakunin suru 確認する,
　kengo ni suru 堅固にする
conflict [v.] tatakau 戦う, shōtotsu suru 衝突する
conflict [n.] tōsō 闘争, kōron 口論
confound [v.] kondō suru 混同する, awateru 慌てる
confounded [a.] konran shita 混乱した, awateta 慌てた
confront [v.] tachi mukau 立ち向かう,
　chokumen suru 直面する
confuse [v.] konran saseru 混乱させる,
　kondō suru 混同する
confused [a.] konran ni ochiitta 混乱に陥った,
　awate ta 慌てた
confusing [a.] konran saseru 混乱させる,
　tōwaku sareru 当惑される
confusingly [ad.] konran shite 混乱して
confusion [n.] konran 混乱, tōwaku 当惑
congratulate [v.] iwau 祝う
congratulation [n.] oiwai お祝い, shukuji 祝辞
congress [n.] gikai 議会, kaigi 会議
conjunction [n.] setsuzoku 接続, setsuzokushi 接続詞
connect [v.] tsunagu つなぐ, kankei suru 関係する
connected [a.] kanren suru 関連する

connection [n.] kankei 関係, rinku リンク
conquer [v.] seifuku suru 征服する,
　tatakai katsu 戦い勝つ
conquered [a.] seifuku sareta 征服された,
　yabureta 敗れた
conqueror [n.] seifuku sha 征服者, shōsha 勝者
conquest [n.] seifuku 征服,
　seifuku shita mono 征服した物
conscience [n.] ryōshin 良心
conscious [a.] ishiki no aru 意識のある,
　ishiki tekina 意識的な
consciously [ad.] ishiki tekini 意識的に
consciousness [n.] ishiki 意識
consent [n.] gōi 合意, kyoka 許可
　[v.] gōi suru 合意する
consequence [n.] kekka 結果, jūyō sei 重要性
consequently [ad.] sono kekka その結果,
　shitagatte 従って
conservative [a.] hoshu tekina 保守的な
　[n.] hoshu shugi sha 保守主義者
conservatively [ad.] hoshu tekini 保守的に
consider [v.] kōryo suru 考慮する, jukkō suru 熟考する
considerable [a.] kanari no かなりの
considerably [ad.] kanari かなり
consideration [n.] kōryo 考慮, yōken 要件, daika 代価,
　hairyo 配慮
considered [a.] shinchō na 慎重な
considering [prep.] ~ o kōryo suruto ~を考慮すると
consist [v.] kōsei sareru 構成される
consistent [a.] ikkan shita 一貫した
consistently [ad.] ikkan sei no aru 一貫性のある,
　mujun sezu ni 矛盾せずに
console [v.] nagusameru 慰める
consonant [n.] shi'in 子音

conspicuous [a.] kencho na 顕著な
conspicuously [ad.] kencho ni 顕著に
conspiracy [n.] inbō 陰謀
constant [a.] ittei no 一定の, fudan na 不断な
constantly [ad.] kawarazu 変わらず
constitute [v.] kōsei suru 構成する, seitei suru 制定する
constitution [n.] kenpō 憲法, kōsei 構成, taishitsu 体質
constitutional [a.] kenpō jō no 憲法上の
constrain [v.] kyōsei suru 強制する,
　seigen suru 制限する
construct [v.] kensetsu suru 建設する,
　kōsei suru 構成する
construction [n.] kensetsu 建設, tatemono 建物
consult [v.] sōdan suru 相談する, kōryo suru 考慮する
consume [v.] shōhi suru 消費する
consumer [n.] shōhi sha 消費者
consumption [n.] shōhi 消費
contact [n.] sesshoku 接触, renraku 連絡
　[v.] sesshoku suru 接触する
contact lens [n.] kontakuto renzu コンタクトレンズ
contain [v.] fukumu 含む, yokusei suru 抑制する
contained [a.] jisei suru 自制する,
　ochi tsuita 落ち着いた
container [n.] kontenā コンテナー, yōki 容器
containment [n.] yokusei 抑制, fūsa 封鎖
contemplate [v.] jukkō suru 熟考する,
　yosō suru 予想する
contemporary [a.] gendai no 現代の,
　dō jidai no 同時代の
contempt [n.] keibetsu 軽蔑
contend [v.] arasou 争う, ronsō suru 論争する
content [v.] manzoku saseru 満足させる,
　manzoku suru 満足する
contented [a.] manzoku shita 満足した

contents [n.] naiyō butsu 内容物, naiyō 内容
contest [v.] arasou 争う, ronsō suru 論争する
contest [n.] tōsō 闘争, kyōsō 競争,
　tōnamento トーナメント, kyōgi 競技
continent [n.] tairiku 大陸, rikuchi 陸地
continental [a.] tairiku no 大陸の
continual [a.] taema nai 絶え間ない
continually [ad.] taema naku 絶え間なく
continue [v.] tsuzukeru 続ける, tsuzuku 続く
continued [a.] tsuzuita 続いた
continuous [a.] keizoku tekina 継続的な
continuously [ad.] hiki tsuzuki 引き続き
contract [v.] keiyaku suru 契約する,
　shukushō sareru 縮小される
contract [n.] keiyaku 契約, keiyaku sho 契約書
contracted [a.] shukushō sareta 縮小された,
　henkyō na 偏狭な
contrary [n.] hantai 反対, mujun 矛盾
　[a.] gyaku no 逆の, hantai no 反対の
contrast [n.] taishō 対照 [v.] taishō suru 対照する
contribute [v.] kifu suru 寄付する, kikō suru 寄稿する,
　kōken suru 貢献する
contribution [n.] kifu 寄付, kikō 寄稿, kōken 貢献
contrive [v.] kōan suru 考案する
contrived [a.] jin'i tekina 人為的な
control [v.] tōsei suru 統制する
　[n.] tōsei 統制, seigyo 制御
controlled [a.] tōsei sareta 統制された,
　seigyo sareta 制御された
controversy [n.] ronsō 論争, iron 異論
convenience [n.] ben'eki 便益, benri 便利
convenient [a.] benri na 便利な
conveniently [ad.] benri ni 便利に
convention [n.] taikai 大会, tōnamento トーナメント,

kanshū 慣習
con**ven**tional　[a.] kanshū tekina 慣習的な
, dentō tekina 伝統的な
con**ver**sation　[n.] kaiwa 会話
con**verse**　[n.] taiwa 対話 [a.] hantai no 反対の
con**verse**　[v.] taiwa suru 対話する
con**vert**　[v.] kaeru 変える, tenkō suru 転向する
con**vert**ed　[a.] tenkō shita 転向した,
　kaizō shita 改造した
con**vey**　[v.] unpan suru 運搬する, tsutaeru 伝える
con**vict**　[v.] yūzai o senkoku suru 有罪を宣告する
con**vict**　[n.] shūjin 囚人
con**vict**ion　[n.] yūzai hanketsu 有罪判決, kakushin 確信
con**vince**　[v.] kakushin saseru 確信させる,
　settoku suru 説得する
cook　[n.] ryōri nin 料理人 [v.] ryōri suru 料理する
coo**king**　[n.] ryōri 料理
cool　[a.] suzushii 涼しい [v.] suzushiku suru 涼しくする
coo**ler**　[n.] reikyaku sōchi 冷却装置, reizō ki 冷蔵機
coo**per**ate　[v.] kyōryoku suru 協力する
coo**per**ation　[n.] kyōryoku 協力
cope　[v.] taisho suru 対処する
co**pper**　[n.] dō 銅
co**py**　[n.] fukusha 複写 [v.] utsusu 写す,
　maneru 真似る
cor**al**　[n.] sango 珊瑚
cord　[n.] denki kōdo 電気コード, futoi himo 太いひも
cor**dial**　[a.] magokoro no komotta 真心のこもった
cork　[n.] koruku コルク, juhi 樹皮
corn　[n.] tōmorokoshi とうもろこし
cor**ner**　[n.] kado 角
cor**ner**ed　[a.] kōnā ni oi komareta コーナーに追い込まれた
cor**por**ation　[n.] kigyō 企業, dantai 団体
corps　[n.] gundan 軍団, dantai 団体

cor**rect**　[a.] seikaku na 正確な, tekisetsu na 適切な
　[v.] teisei suru 訂正する
cor**rect**ion　[n.] teisei 訂正, kōsei 校正
cor**rect**ly　[ad.] tadashiku 正しく
cor**rect**ness　[n.] seikaku sei 正確性
cor**res**pond　[v.] icchi suru 一致する,
　~ to onajida ~と同じだ
cor**res**pondence　[n.] icchi 一致, tegami 手紙,
　shoshin 書信
cor**res**pondent　[n.] tsūshin in 通信員, tokuha in 特派員
cor**ri**dor　[n.] rōka 廊下
cor**rupt**　[a.] fuhai shita 腐敗した
　[v.] daraku saseru 堕落させる
cos**mos**　[n.] chitsujo aru uchū 秩序ある宇宙
cost　[n.] hiyō 費用 [v.] hiyō ga kakaru 費用がかかる
cost**ly**　[a.] kōka na 高価な,
　hiyō ga ōku kakaru 費用が多くかかる
cos**tume**　[n.] ishō 衣装, fukusō 服装
cot　[n.] kani beddo 簡易ベッド, koya 小屋, ori 檻
cot**tage**　[n.] bessō 別荘, inaka no ie 田舎の家
cot**ton**　[n.] men 綿, momen 木綿
couch　[n.] hikui sofā 低いソファー
　[v.] nekaseru 寝かせる, yoko ni suru 横にする
cough　[n.] seki 咳 [v.] seki o suru 咳をする
coun**cil**　[n.] kyōgi kai 協議会, kaigi 会議
coun**sel**　[n.] jogen 助言, sōdan 相談
　[v.] sōdan suru 相談する
coun**sel**ing　[n.] kaunseringu カウンセリング, kojin
sōdan 個人相談
coun**sel**or　[n.] kaunserā カウンセラー,
　sōdan yaku 相談役
count　[v.] kazoeru 数える [n.] keisan 計算
coun**table**　[a.] kazoe rareru 数えられる
coun**tenance**　[n.] gao no hyōjō 顔の表情, yōbō 容貌

counter [n.] hanbai dai 販売台 [a.] gyaku no 逆の [v.] hantai suru 反対する
countess [n.] hakushaku fujin 伯爵夫人
countless [a.] kazoe rarenai 数えられない, musū no 無数の
country [n.] kuni 国, chihō 地方, inaka 田舎
countryman [n.] dōhō 同胞, inaka no hito 田舎の人
county [n.] gun 郡
couple [n.] kappuru カップル, fūfu 夫婦
courage [n.] yūki 勇気
courageous [a.] yūkan na 勇敢な
courageously [ad.] yūkan ni 勇敢に
course [n.] shinro 進路, hōkō 方向
court [n.] terasu テラス, hōtei 法廷
courteous [a.] teichō na 丁重な
courteously [ad.] teichō ni 丁重に
courtyard [n.] nakaniwa 中庭
cousin [n.] itoko いとこ
cover [n.] kabā カバー, ōi 覆い [v.] ōu 覆う
covered [a.] ōwareta 覆われた
covering [n.] kabā カバー
covetous [a.] don'yoku na 貪欲な
cow [n.] nyūgyū 乳牛
coward [n.] yowa mushi 弱虫
cowardly [a.] hikyō na 卑怯な [ad.] hikyō ni 卑怯に
cowboy [n.] kaubōi カウボーイ
crab [n.] kani かに
crack [n.] kiretsu 亀裂, hibi ひび [v.] oreru 折れる, kowareru 壊れる
cracker [n.] kurakkā クラッカー, baku chiku 爆竹
crackle [n.] bachibachi oto バチバチ音
cradle [n.] yuri kago 揺りかご [v.] yuri kago ni irete furu 揺りかごに入れて振る
craft [n.] gikō 技巧, kōgei 工芸

crane [n.] kurēn クレーン, kijūki 起重機
crash [n.] hōkai 崩壊,, shōtotsu 衝突 [v.] shōtotsu suru 衝突する
crave [v.] netsubō suru 熱望する
crawl [n.] jokō 徐行 [dou] hau 這う
crayon [n.] kureyon クレヨン
craziness [n.] kyōki 狂気
crazy [a.] kurutta 狂った, nekkyō shita 熱狂した
cream [n.] kurīmu クリーム
create [v.] sōzō suru 創造する
creation [n.] sōzō 創造
creature [n.] sōzō butsu 創造物
credit [n.] shinyō 信用 [v.] shinjiru 信じる
creditor [n.] saiken sha 債権者
creed [n.] shinjō 信条
creek [n.] ogawa 小川, suiro 水路
creep [v.] hau 這う, koso koso aruku こそこそ歩く
crest [n.] kazari ke 飾り毛, teppen てっぺん
crew [n.] jōmu in 乗務員
cricket [n.] kuriketto クリケット, kōrogi コオロギ
crime [n.] hanzai 犯罪, tsumi 罪
criminal [n.] zainin 罪人 [a.] tsumi o oka shita 罪を犯した
crimson [n.] shinku shoku 深紅色
cripple [n.] shōgai sha 障碍者 [v.] shōgai o ataeru 障害を与える
crisis [n.] kiki 危機
crisp [a.] paritto shita ぱりっとした, sawayaka na 爽やかな
critic [n.] hihyō ka 批評家, hihan sha 批判者
critical [a.] jūdai na 重大な, kitoku na 危篤な
critically [ad.] hihan tekini 批判的に
criticism [n.] hihyō 批評, hihan 批判
criticize [v.] hihyō suru 批評する, hihan suru 批判する

crooked [a.] magatta 曲がった, fushōjiki na 不正直な
crookedly [ad.] magatte 曲がって, fusei ni 不正に
crop [n.] nōsaku motsu 農作物, shūkaku 収穫
cross [n.] jūjika 十字架 [v.] kōsa saseru 交差させる
crossed [a.] jū moji no 十文字の, kōsa sareta 交差された
crossing [n.] kōsaten 交差点, ōdan hodō 横断歩道
crotch [n.] mata 股
crouch [n.] uzukumaru koto うずくまること [v.] uzukumaru うずくまる
crow [n.] karasu 烏
crowd [n.] gunshū 群衆 [v.] komi au 込み合う
crowded [a.] konzatsu na 混雑な, man'in no 満員の
crown [n.] ōkan 王冠 [v.] sokui saseru 即位させる
crude [a.] ten'nen no mama no 天然のままの, mijuku na 未熟な, arai 荒い
crudely [ad.] rokotsu tekini 露骨的に
crudeness [n.] sozatsu sa 粗雑さ
cruel [a.] zankoku na 残酷な
cruelly [ad.] zankoku ni 残酷に
cruelty [n.] zankoku sa 残酷さ
crumb [n.] panko パン粉
crumble [v.] kudaku 砕く, kudakeru 砕ける
crusade [n.] jūjigun ensei 十字軍遠征
crush [n.] funsai 粉砕, hitonami 人波 [v.] kudaku 砕く
crust [n.] pan no kawa パンの皮, chikaku 地殻
cry [v.] sakebu 叫ぶ, naku 泣く [n.] naki goe 鳴き声
crying [a.] sakebi goe 叫び声
crystal [n.] suishō 水晶 [a.] tōmei na 透明な
cube [n.] rippōtai 立方体
cubic [a.] rippōtai no 立方体の, rippō no 立方の
cuckoo [n.] kakkō カッコウ
cuckoo clock [n.] kakkō tokei カッコウ時計
cuff [n.] kafusu カフス, sode guchi 袖口

cultivate [v.] tagayasu 耕す, kōsaku suru 耕作する, saibai suru 栽培する
cultivated [a.] tagaya sareta 耕された, senren sareta 洗練された
cultivation [n.] kōsaku 耕作
cultural [a.] bunka tekina 文化的な
culturally [ad.] bunka tekini 文化的に
culture [n.] bunka 文化, kyōiku 教育, bunmei 文明
cunning [a.] kōkatsu na 狡猾な, takumi na 巧みな
cup [n.] kappu カップ, chawan 茶碗
cupboard [n.] shokki dana 食器棚
cupful [n.] kappu ippai no ryō カップいっぱいの量
curb [n.] kutsu wa くつわ, yokusei 抑制
cure [n.] chiryō 治療, chiyu 治癒 [v.] chiryō suru 治療する
curiosity [n.] kōki shin 好奇心
curious [a.] kōki shin no ōi 好奇心の多い, kimyō na 奇妙な
curiously [ad.] kimyō ni 奇妙に
curl [v.] yojiru よじる, magaru 曲がる
curled [a.] maki ge no 巻毛の, uzumaita 渦巻いた
currency [n.] tsūka 通貨
current [a.] genzai no 現在の [n.] nagare 流れ, denryū 電流, keikō 傾向
currently [ad.] genzai wa 現在は
curriculum [n.] karikyuramu カリキュラム, gakka katei 学課課程
curse [n.] noroi 呪い [v.] norou 呪う
cursed [a.] noroi o uketa 呪いを受けた
curtain [n.] kāten カーテン
curve [n.] kyokusen 曲線 [v.] mageru 曲げる
curved [a.] magatta 曲がった, kyokusen no katachi o shita 曲線の形をした
cushion [n.] kusshon クッション, zabuton 座布団

　　　　[v.] yurumeru 緩める

custom　[n.] shūkan 習慣

customary　[a.] shūkan tekina 習慣的な

customer　[n.] kokyaku 顧客

cut　[v.] kiru 切る　[n.] kirikizu 切傷, sakugen 削減

cutting　[n.] setsudan 切断

cycle　[n.] junkan 循環　[v.] junkan suru 循環する

cycling　[n.] saikuringu tsuā サイクリングツアー,
　　saikuringu サイクリング

cylinder　[n.] shirindā シリンダー, enchū 円柱

D

dad [n.] chichi 父
daddy [n.] otōsan お父さん
daffodil [n.] rappa suisen ラッパスイセン
dagger [n.] tanken 短剣
daily [a.] mainichi no 毎日の [n.] nikkan shi 日刊紙
dainty [a.] yūga na 優雅な, jōhin na 上品な
dairy [n.] rakunō jō 酪農場, nyūseihin 乳製品
daisy [n.] deijī デイジー
dale [n.] tani 谷
dam [n.] damu ダム
damage [n.] songai 損害
  [v.] songai o ataeru 損害を与える
damaged [a.] songai o uketa 損害を受けた
dame [n.] kifujin 貴婦人
damn [v.] kokuhyō suru 酷評する, norou 呪う
damp [n.] shikke 湿気 [a.] shimetta 湿った
dampness [n.] shikke 湿気
damsel [n.] josei 女性, on'na noko 女の子
damson [n.] seiyō sumomo 西洋スモモ
dance [n.] dansu ダンス, buyō 舞踊 [v.] odoru 踊る
dancer [n.] dansā ダンサー, maihime 舞姫
dancing [n.] dansu ダンス
danger [n.] kiken 危険
dangerous [a.] kiken na 危険な
dangerously [ad.] kiken ni 危険に
dare [v.] aete ~ suru あえて~する,
  yūki ga aru 勇気がある
daring [n.] yūkan 勇敢 [a.] yūkan na 勇敢な
dark [a.] kurai 暗い
darken [v.] kuraku suru 暗くする,
  kuraku naru 暗くなる
darkness [n.] yami 闇

darling [n.] itoshii hito 愛しい人
darn [v.] nu'u 縫う
dash [n.] tosshin 突進 [v.] tosshin suru 突進する
data [n.] dēta データ, shiryō 資料
date [n.] hizuke 日付
dated [a.] hizuke ga natsu'in sareta 日付が捺印された
daughter [n.] musume 娘
dawn [n.] yoake 夜明け [v.] yoru ga akeru 夜が明ける
day [n.] hiru 昼, ichi nichi 一日
daybreak [n.] yoake 夜明け
daylight [n.] nikkō 日光, hiru 昼
daytime [n.] hiru 昼
daze [v.] kuratto suru くらっとする
dazzle [v.] mabushiku suru まぶしくする
dead [a.] shinda 死んだ, seiki no nai 生気のない
deadly [a.] chimei tekina 致命的な
deaf [a.] mimi no kikoe nai 耳の聞こえない
deal [v.] torihiki suru 取引する, kankei suru 関係する
dealer [n.] dīrā ディーラー, shōnin 商人
dealing [n.] kōdō 行動, torihiki kankei 取引関係
dean [n.] gaku chō 学長
dear [a.] shin'ai naru 親愛なる, kichō na 貴重な
dearly [ad.] aijō de 愛情で
death [n.] shibō 死亡
debate [n.] tōron 討論 [v.] tōron suru 討論する
debt [n.] fusai 負債, saimu 債務
decade [n.] jū nenkan 10年間
decay [n.] fuhai 腐敗, suijaku 衰弱
  [v.] fuhai suru 腐敗する, suijaku suru 衰弱する
deceit [n.] tekuda 手管, giman 欺瞞
deceitful [a.] nise no 偽の
deceive [v.] damasu 騙す
December [n.] jūni gatsu 12月
decent [a.] otonashii 大人しい, subarashii すばらしい,

tekitō na 適当な

de**cide** [v.] kimeru 決める, kettei suru 決定する
de**cided** [a.] kettei tekina 決定的な, meihaku na 明白な
de**ci**sion [n.] kettei 決定, hanketsu 判決, kesshin 決心
de**ci**sive [a.] kettei tekina 決定的な
de**ci**sively [ad.] kettei tekini 決定的に
deck [n.] dekki デッキ, kanpan 甲板
decl**ar**ation [n.] sengen 宣言, shinkoku 申告
de**clare** [v.] sengen suru 宣言する,
　shinkoku suru 申告する
de**clared** [a.] sengen 宣言, shinkoku 申告
de**cline** [n.] genshō 減少 [v.] kobamu 拒む, heru 減る
de**corate** [v.] kazaru 飾る,
　kunshō o juyo suru 勲章を授与する
de**corated** [a.] kaza rareta 飾られた,
　kunshō o uketa 勲章を受けた
de**cor**ation [n.] sōshoku 装飾, kunshō 勲章
de**corator** [n.] sōshoku ka 装飾家
de**crease** [n.] genshō 減少
de**crease** [v.] herasu 減らす, genshō saseru 減少させる
de**cree** [n.] hōrei 法令, meirei 命令
de**dicate** [v.] sasageru 捧げる, kenshin suru 献身する
de**dicated** [a.] kenshin tekina 献身的な,
　senyō no 専用の
deed [n.] koui 行為, shōsho 証書
deem [v.] minasu 見なす
deep [a.] fukai 深い
dee**pen** [v.] fukaku suru 深くする, fukamaru 深まる
dee**ply** [ad.] fukaku 深く
deer [n.] shika 鹿
de**feat** [n.] haiboku 敗北
　[v.] haiboku saseru 敗北させる
de**fect** [n.] kekkan 欠陥, ketten 欠点
　[v.] hensetsu suru 変節する

de**fend** [v.] bōgyo suru 防御する, bengo suru 弁護する
de**fense** [n.] bōgyo 防御, bengo 弁護
de**fense**less [a.] mubōbi no 無防備の
de**fen**sive [a.] bōgyo tekina 防御的な
de**fi**ance [n.] mushi 無視, hankō 反抗
de**fi**ciency [n.] fusoku 不足, kekkan 欠陥
de**fi**cient [a.] fujūbun na 不十分な,
　kekkan no aru 欠陥のある
de**fine** [v.] teigi o kudasu 定義を下す,
　akiraka ni suru 明らかにする
de**fi**nite [a.] meikaku na 明確な
definite **ar**ticle [n.] teikanshi 定冠詞
de**fi**nitely [ad.] akiraka ni 明らかに
de**fy** [v.] teikō suru 抵抗する
de**gree** [n.] teido 程度, chii 地位, gakui 学位
de**lay** [n.] chien 遅延 [v.] enki suru 延期する
de**layed** [a.] chien sareta 遅延された
de**legate** [n.] daihyō sha 代表者, dairi nin 代理人
de**legate** [v.] daihyō to ninmei suru 代表と任命する
de**liberate** [v.] jukkō suru 熟考する,
　shingi suru 審議する
de**liberate** [a.] shinchō ni kōryo shita 慎重に考慮した,
　koi tekini 故意に
de**liberately** [ad.] shinchō ni 慎重に, koi ni 故意に
de**licate** [a.] binkan na 敏感な, amai 甘い
de**licately** [ad.] sensai ni 繊細に, binkan ni 敏感に
de**lic**ious [a.] oishii おいしい
de**lic**iously [ad.] oishiku おいしく
de**light** [n.] ōkina yorokobi 大きな喜び
　[v.] yoroko baseru 喜ばせる
de**ligh**ted [a.] ureshii 嬉しい
de**light**edly [ad.] yoro konde 喜んで
de**light**ful [a.] totemo tanoshii とても楽しい
de**light**fully [ad.] totemo tanoshiku とても楽しく

deliver [v.] tsutaeru 伝える, enzetsu suru 演説する
deliverer [n.] kyūjo sha 救助者, haitatsu nin 配達人
delivery [n.] hikiwatashi 引渡し, haitatsu 配達,
　shussan 出産
demand [n.] yōkyū 要求, juyō 需要
　[v.] yōkyū suru 要求する
democracy [n.] minshu shugi 民主主義
democrat [n.] minshu shugi sha 民主主義者
democratic [a.] minshu shugi no 民主主義の
demonstrate [v.] shōmei suru 証明する,
　setsumei suru 説明する, senden suru 宣伝する
demonstration [n.] shōmei 証明, setsumei 説明,
　senden 宣伝
den [n.] shosai 書斎, dorobō no sōkutsu 泥棒の巣窟
Denmark [n.] denmāku デンマーク
denomination [n.] tsūka no tan'i 通貨の単位,
　meishō 名称
denote [v.] shimesu 示す, imi suru 意味する
dense [a.] misshū shita 密集した, oroka na 愚かな
densely [ad.] misshū shite 密集して
deny [v.] hitei suru 否定する
depart [v.] saru 去る, shinu 死ぬ
departed [a.] sugisatta 過ぎ去った, shinda 死んだ
department [n.] busho 部署, gakumon 学問
department store [n.] hyakka ten 百貨店
departure [n.] shuppatsu 出発
depend [v.] tayoru 頼る, shinjiru 信じる
dependence [n.] izon 依存, shinrai 信頼
dependent [n.] fuyō kazoku 扶養家族
　[a.] izon shite iru 依存している
deposit [n.] yokin 預金, hoshōkin 保証金
　[v.] azukeru 預ける, yokin suru 預金する
depress [v.] osu 押す
depressed [a.] yūutsu na 憂鬱な

depression [n.] yūutsu 憂鬱, fukyō 不況
deprive [v.] ubau 奪う
deprived [a.] onkei o ukete inai 恩恵を受けていない
depth [n.] fuka sa 深さ
deputy [n.] dairi nin 代理人
derive [v.] eru 得る, suiron suru 推論する,
　yurai suru 由来する
derived [a.] hasei shita 派生した
descend [v.] orite kuru 降りて来る,
　sōzoku sareru 相続される
descendant [n.] shison 子孫
descended [a.] denrai sareta 伝来された
descent [n.] kakō 下降, kudari zaka 下り坂, kettō 血統
describe [v.] byōsha suru 描写する,
　jojutsu suru 叙述する, setsumei suru 説明する
description [n.] byōsha 描写, jojutsu 叙述,
　setsumei 説明
desert [v.] akirameru 諦める
desert [n.] sabaku 砂漠
deserted [a.] sute rareta 捨てられた
deserve [v.] ukeru ni ataisuru 受けるに値する
deserved [a.] tōzen na 当然な
design [n.] dezain デザイン, sekkei 設計
　[v.] sekkei suru 設計する
designate [v.] shimesu 示す, ninmei suru 任命する
designer [n.] dezainā デザイナー, sekkei sha 設計者
desirability [n.] nozomashi sa 望ましさ
desirable [a.] nozo mashii 望ましい
desire [n.] netsubō 熱望, yokubō 欲望
　[v.] netsubō suru 熱望する
desired [a.] nozonde ita 望んでいた
desk [n.] tsukue 机
desolate [a.] kōryōtaru 荒涼たる, suterareta 捨てられた
desolated [a.] sabishii 寂しい, kodoku na 孤独な

37

desolation　[n.] kōhai 荒廃, kodoku kan 孤独感
despair　[n.] zetsubō 絶望 [v.] zetsubō suru 絶望する
desperate　[a.] zetsubō tekina 絶望的な,
　hisshi tekina 必死的な
desperately　[ad.] zetsubō tekini 絶望的に
desperation　[n.] zetsubō 絶望, hisshi 必死
despise　[v.] keibetsu suru 軽蔑する
despite　[prep.] ~ nimo kaka warazu ~ にもかかわらず
dessert　[n.] dezāto デザート
destination　[n.] mokuteki chi 目的地
destine　[v.] unmei zukeru 運命づける,
　yotei suru 予定する
destiny　[n.] unmei 運命
destroy　[v.] hakai suru 破壊する
destroyer　[n.] hakai sha 破壊者
destruct　[v.] hakai suru 破壊する
destruction　[n.] hakai 破壊, metsubō 滅亡
destructive　[a.] hakai tekina 破壊的な
detail　[n.] shōsai 詳細, saibu 細部
　[v.] kuwashiku kataru 詳しく語る
detect　[v.] hakken suru 発見する,
　sagashi dasu 探し出す
detective　[n.] tantei 探偵, keiji 刑事
determination　[n.] kettei 決定, ketsui 決意
determine　[v.] kimeru 決める
determined　[a.] danko na 断乎な
develop　[v.] ikusei saseru 育成させる,
　hatten saseru 発展させる
developed　[a.] shinpo shita 進歩した, senshin no 先進の
developer　[n.] deberoppa デベロッパ,
　kaihatsu sha 開発者, genzō eki 現像液
development　[n.] seichō 成長, hatten 発展,
　kaihatsu 開発
device　[n.] keikaku 計画, saku ryaku 策略, sōchi 装置

devil　[n.] akuma 悪魔
devise　[v.] kōan suru 考案する
devote　[v.] sasageru 捧げる, ateru 当てる
devoted　[a.] kenshin tekina 献身的な
devotedly　[ad.] kenshin tekini 献身的に
devotion　[n.] kenshin 献身, aichaku 愛着
devour　[v.] musabori kū むさぼり食う,
　hakai saseru 破壊させる
dew　[n.] ro 露
dewy　[a.] ro ni nureta 露にぬれた
diagram　[n.] zuhyō 図表
　[v.] zuhyō de shimesu 図表で示す
dial　[n.] daiyaru ダイヤル
　[v.] daiyaru o awaseru ダイヤルを合わせる
dialogue　[n.] taiwa 対話, taidan 対談
diameter　[n.] chokkei 直径
diamond　[n.] daiyamondo ダイヤモンド,
　kongō seki 金剛石
diary　[n.] nikki 日記
dictate　[v.] kaki toru 書き取る, meirei suru 命令する
dictation　[n.] kaki tori 書き取り, meirei 命令
dictionary　[n.] jisho 辞書
die　[v.] shinu 死ぬ
diet　[n.] daietto ダイエット
　[v.] shokuji ryōhō o suru 食事療法をする
differ　[v.] kotonaru 異なる, awa nai 合わない
difference　[n.] chigai 違い, iken no shōtotsu 意見の衝突
different　[a.] chigau 違う
difficult　[a.] muzukashii 難しい
difficulty　[n.] kon'nan 困難, muzukashi sa 難しさ
dig　[v.] horu 掘る
digest　[n.] yōyaku 要約
　[v.] shōka suru 消化する, rikai suru 理解する
dignify　[v.] igen o ataeru 威厳を与える

dilemma [n.] jirenma ジレンマ, shintai ryōnan 進退両難, kyūchi 窮地
diligence [n.] kinben 勤勉
diligent [a.] kinben na 勤勉な
diligently [ad.] kinben ni 勤勉に
dim [a.] kurai 暗い, kasuka na かすかな
diminish [v.] genshō suru 減少する, yowamaru 弱まる
dine [v.] shokuji o suru 食事をする
dining room [n.] resutoran レストラン, shokudō 食堂
dinner [n.] shokuji 食事, seisan 正餐, gosan 午餐
dip [n.] hitasu koto 浸すこと, keisha 傾斜 [v.] hitasu 浸す
direct [a.] massugu na まっすぐな, chokusetsu no 直接の [v.] kantoku suru 監督する
directed [a.] yūdō sareta 誘導された, shiji sareta 指示された
direction [n.] hōkō 方向, shiji 指示, kantoku 監督
director [n.] kantoku 監督, jūyaku 重役, yakuin 役員, kanri sha 管理者
dirt [n.] hokori ほこり, obutsu 汚物
dirty [a.] yogoreta 汚れた, hiretsu na 卑劣な
disappear [v.] kieru 消える
disappearance [n.] shōshitsu 消失, yukue fumei 行方不明
disappoint [v.] shitsubō saseru 失望させる
disappointed [a.] shitsubō shita 失望した
disappointment [n.] shitsubō 失望, rakutan 落胆
disaster [n.] sainan 災難
discern [v.] mitomeru 認める, shikibetsu suru 識別する
discharge [n.] rikō 履行, tai'in 退院 [v.] rikō suru 履行する, tai'in suru 退院する
discipline [n.] kunren 訓練, chōkai 懲戒 [v.] kunren suru 訓練する, chōkai suru 懲戒する
disclose [v.] akasu 明かす, bakuro suru 暴露する

discontent [n.] fuman 不満
discontented [a.] fuman na 不満な
discontentedly [ad.] fuman ni 不満に
discount [n.] waribiki 割引 [v.] waribiki suru 割引する
discourage [v.] zasetsu saseru 挫折させる, kinzuru 禁ずる
discourse [n.] kōen 講演, tōron 討論 [v.] kōen suru 講演する, tōron suru 討論する
discover [v.] hakken suru 発見する
discoverer [n.] hakken sha 発見者
discovery [n.] hakken 発見
discuss [v.] tōron suru 討論する, rongi suru 論議する
discussion [n.] tōron 討論, rongi 論議
disease [n.] byōki 病気
diseased [a.] byōki ni kakatta 病気にかかった
disgrace [n.] fumeiyo 不名誉 [v.] meiyo o kegasu 名誉を汚す
disguise [n.] hensō 変装 [v.] hensō suru 変装する
disguised [a.] hensō shita 変装した
disgust [n.] ken'o 嫌悪 [v.] ken'o suru 嫌悪する
disgusted [a.] akita 飽きた
disgustedly [ad.] akippoku 飽きっぽく
disgusting [a.] sugoku iya na すごく嫌な, fukai na 不快な
dish [n.] sara 皿, ryōri 料理
dishonest [a.] fushōjiki na 不正直な
dishonestly [ad.] fushōjiki ni 不正直に
dishonesty [n.] fushōjiki 不正直
dishonor [n.] fu meiyo 不名誉 [v.] meiyo o kegasu 名誉を汚す
dislike [n.] ken'o 嫌悪 [v.] ken'o suru 嫌悪する
dismal [a.] yūutsu na 憂鬱な, kurai 暗い
dismally [ad.] sabishiku 寂しく, yūutsu ni 憂鬱に
dismay [n.] odoroki 驚き, rakutan 落胆

[v.] rakutan saseru 落胆させる
dis**miss** [v.] kaiko suru 解雇する, kaisan saseru 解散させる
diso**bey** [v.] shitagawa nai 従わない, hankō suru 反抗する
dis**or**der [n.] byōki 病気, konran 混乱, sōdō 騒動
dis**or**dered [a.] muchitsujo na 無秩序な
dis**or**derly [ad.] muchitsujo ni 無秩序に
dis**patch** [n.] hassō 発送, kyūsō 急送
[v.] hassō suru 発送する, kyūsō suru 急送する
dis**play** [n.] tenji 展示, chinretsu 陳列
[v.] tenji suru 展示する, chinretsu suru 陳列する
dis**please** [v.] fukai ni suru 不快にする
dis**po**sal [n.] shobun 処分, bai kyaku 売却
dis**pose** [v.] haichi suru 配置する, shobun suru 処分する
dis**posed** [a.] ~ shi yasui ~ しやすい
dis**po**sition [n.] seishitsu 性質, keikō 傾向, shobun 処分
dis**pute** [n.] ronsō 論争, kōron 口論
[v.] ronsō suru 論争する, kouron suru 口論する
dis**solve** [v.] tokasu 溶かす, tokeru 溶ける, kaisan suru 解散する
dis**tance** [n.] kyori 距離, kankaku 間隔
dis**tant** [a.] tōi 遠い
dis**tinct** [a.] akiraka na 明らかな, kubetsu sareru 区別される
dis**tinc**tion [n.] kubetsu 区別, sabetsu 差別, chigai 違い
dis**tinc**tive [a.] dokutoku na 独特な
dis**tinc**tively [ad.] dokutoku ni 独特に
dis**tinct**ly [ad.] akiraka ni 明らかに
dis**tin**guish [v.] kubetsu suru 区別する
dis**tin**guished [a.] yūmei na 有名な, kencho na 顕著な
dis**tress** [n.] kunō 苦悩, kiki 危機
[v.] nayamasu 悩ます

dis**tressed** [a.] kunō ni tsukareta 苦悩に疲れた
dis**tri**bute [v.] bunpai suru 分配する
dis**tri**buted [a.] ~ no bunpu o shita ~の分布をした
dis**tri**bu**tion** [n.] bunpai 分配, haifu 配布, shōhin ryūtsū 商品流通
dis**tri**butor [n.] bunpai sha 分配者, haikyū sha 配給者
dis**trict** [n.] chiku 地区, chiiki 地域
dis**trust** [n.] fushin 不信 [v.] utagau 疑う
dis**turb** [v.] midasu 乱す, samatageru 妨げる
dis**tur**bance [n.] bōgai 妨害, konran 混乱
dis**turbed** [a.] fuan na 不安な, dōyō shita 動揺した
ditch [n.] mizo 溝 [v.] mizo o horu 溝を掘る
dive [n.] daibingu ダイビング [v.] tobi komu 飛び込む
di**vert** [v.] tanoshiku suru 楽しくする, tenkan suru 転換する
di**vide** [v.] wakeru 分ける
d vi**ded** [a.] bunkatsu sareta 分割された, bunri sareta 分離された
di**vine** [a.] shinsei na 神聖な [v.] yogen suru 予言する
di**vine**ly [ad.] shinsei ni 神聖に
di**vi**ng [n.] daibingu ダイビング, sensui 潜水
di**vi**sion [n.] bunkatsu 分割, bubun 部分, shibu 支部
di**vorce** [n.] rikon 離婚 [v.] rikon suru 離婚する
do [v.] suru する
dock [n.] hatoba 波止場
[v.] hatoba ni haitte kuru 波止場に入って来る
dockyard [n.] zōsen jo 造船所
doctor [n.] ishi 医師, hakase 博士
doctrine [n.] kyōri 教理, shugi 主義
document [n.] shorui 書類, kiroku 記録
[v.] kiroku suru 記録する
dodge [v.] karada o sakeru 体を避ける, kaihi suru 回避する
dog [n.] inu 犬

doll　[n.] ningyō 人形

dollar　[n.] doru ($) ドル

dome　[n.] dōmu ドーム, marui yane 丸い屋根

domestic　[a.] kokunai no 国内の, kokusan no 国産の, katei no 家庭の

dominate　[v.] shihai suru 支配する

dominion　[n.] shuken 主権, tōchi 統治, ryōdo 領土, jichiryō 自治領

don　[n.] supein no shinshi スペインの紳士, meishi 名士

done　[a.] owatta 終わった

donkey　[n.] roba ロバ

doom　[n.] fu'un 不運, hanketsu 判決　[v.] senkoku suru 宣告する

doomed　[a.] fu'un no 不運の

door　[n.] mon 門

doorbell　[n.] yobi rin 呼び鈴

doorway　[n.] deiri guchi 出入口

dormitory　[n.] gakusei ryō 学生寮

dot　[n.] ten 点, shimi しみ　[v.] ten o utsu 点を打つ

double　[a.] nijū no 二重の　[v.] nibai ni naru 二倍になる

doubt　[n.] gimon 疑問　[v.] utagau 疑う

doubtful　[a.] utagawashii 疑わしい

doubtfulness　[n.] utagai 疑い, ayashi sa 怪しさ

doubtless　[a.] kakujitsu na 確実な

doubtlessly　[ad.] tashika ni 確かに

dove　[n.] hato 鳩

down　[prep.] ~ o kudari ~を下り　[a.] shita no 下の

downstairs　[n.] kaika 階下　[ad.] kaika de 階下で

downtown　[n.] daun taun ダウンタウン, shōgyō chiku 商業地区, toshin chi 都心地

downward　[a.] shita no 下の, shita ni 下に

dozen　[n.] dāsu ダース, jūni ko 12個

draft　[n.] zuan 図案, sōan 草案　[v.] sōan o tsukuru 草案を作る

drag　[n.] ami 網, hippari 引っ張り　[v.] hipparu 引っ張る

dragon　[n.] doragon ドラゴン, ryū 龍

dragonfly　[n.] tonbo トンボ

drain　[n.] gesui kō 下水溝　[v.] haisui suru 排水する

drake　[n.] osu no ahiru 雄のアヒル

drama　[n.] dorama ドラマ, geki 劇

dramatic　[a.] geki tekina 劇的な

draw　[v.] hiku 引く　[n.] chūsen 抽選, hikiwake 引き分け

drawer　[n.] seizu sha 製図者, tegata hakkō nin 手形発行人, hikidashi 引き出し

drawing　[n.] kaiga 絵画, sukecchi スケッチ, hiku koto 引くこと

drawing room　[n.] ōsetsuma 応接間

drawn　[a.] hiki waketa 引き分けた

dread　[n.] kyōfu 恐怖, shinpai 心配　[v.] osoreru 恐れる

dreadful　[a.] osoroshii 恐ろしい

dreadfully　[ad.] osoroshiku 恐ろしく

dream　[n.] yume 夢　[v.] yume o miru 夢を見る

dreary　[a.] sabishii 寂しい, kanashii 悲しい

drench　[v.] zubu nure ni naru ずぶぬれになる

dress　[n.] fukusō 服装　[v.] fuku o kiru 服を着る

dressed　[a.] fuku o kita 服を着た, seisō shita 正装した

dried　[a.] kawaita 乾いた, kansō shita 乾燥した

drift　[n.] hyōryū 漂流, keikō 傾向　[v.] hyōryū suru 漂流する

drill　[n.] kunren 訓練, kiri 錐　[v.] kunren suru 訓練する

drink　[n.] inryō sui 飲料水　[v.] nomu 飲む

drinking　[n.] inshu 飲酒

drip　[n.] suiteki 水滴　[v.] suiteki ga ochiru 水滴が落ちる

drive　[n.] doraibu ドライブ, unten 運転　[v.] unten suru 運転する

driver　[n.] unten shi 運転士, unten sha 運転者

driving　[a.] suishin suru 推進する　[n.] unten 運転
drizzle　[n.] kirisame 霧雨
　[v.] kirisame ga furu 霧雨が降る
droop　[v.] atama o sageru 頭を下げる,
　iki shōchin suru 意気消沈する
drop　[v.] ochiru 落ちる, otosu 落とす
drown　[v.] obore shinu 溺れ死ぬ,
　obore saseru 溺れさせる
drowsy　[a.] nemui 眠い
drug　[n.] yakuhin 薬品, mayaku 麻薬
　[v.] kusuri o mazeru 薬を混ぜる
drugstore　[n.] yakkyoku 薬局
drum　[n.] doramu ドラム
　[v.] doramu de ensō suru ドラムで演奏する
drunk　[a.] sake ni yotta 酒に酔った
drunken　[a.] yotta 酔った
dry　[a.] kansō shita 乾燥した, taikutsu na 退屈な
　[v.] kawakasu 乾かす
duchess　[n.] kōshaku fujin 公爵夫人
duck　[n.] ahiru アヒル
　[v.] mizu no naka ni shizumu 水の中に沈む
duckling　[n.] ahiru no ko アヒルの子
due　[a.] tōzen no 当然の,
　shikyū kijitsu ni natta 支給期日になった
duke　[n.] kōshaku 公爵
dull　[a.] nibui 鈍い, oroka na 愚かな
　[v.] nibuku suru 鈍くする
dully　[ad.] nibuku 鈍く
duly　[ad.] tōzen 当然, jūbun ni 十分に
dumb　[a.] guchi no kike nai 口のきけない
during　[prep.] ~ no aida ~の間
dusk　[n.] tasogare たそがれ
dust　[n.] hokori ほこり
　[v.] hokori o nakusu ほこりをなくす

dusty　[a.] hokori no ōi ほこりの多い
Dutch　[a.] oranda no オランダの, oranda jin オランダ人
duty　[r.] gimu 義務, sekinin 責任
dwarf　[n.] kobito 小びと
dwell　[v.] sumu 住む
dwelling　[n.] jūkyo 住居
dye　[n.] senryō 染料, senshoku 染色
　[v.] senshoku suru 染色する
dyer　[n.] senshoku kō 染色工
dying　[n.] shi 死, rinjū 臨終　[a.] rinjū no 臨終の
dynamite　[n.] dainamaito ダイナマイト

E

each [a.] sorezore no それぞれの, kakuji 各自
　[ad.] sorezore それぞれ
eager [a.] netsubō suru 熱望する, nesshin na 熱心な
eagerly [ad.] setsu ni 切に
eagerness [n.] netsubō 熱望
eagle [n.] washi ワシ
ear [n.] mimi 耳, chōkaku 聴覚
earl [n.] hakushaku 伯爵
early [a.] hayai 早い, sōki no 早期の [ad.] hayaku 早く
earn [v.] okane o mōkeru お金をもうける, eru 得る
earnest [a.] shinken na 真剣な
earnestly [ad.] shinken ni 真剣に
earth [n.] chikyū 地球
earthly [a.] chikyū no 地球の
earthquake [n.] jishin 地震
ease [n.] kaiteki 快適 [v.] raku ni suru 楽にする
easily [ad.] yuttari to ゆったりと, kantan ni 簡単に
east [n.] higashi gawa 東側
Easter [n.] īsutā イースター
Easter egg [n.] īsutā eggu イースターエッグ
eastern [a.] higashi gawa no 東側の
easy [ad.] kantan na 簡単な, kaiteki na 快適な
eat [v.] taberu 食べる
eating [n.] taberu koto 食べること, shokuhin 食品
echo [n.] kodama こだま [v.] kodama suru こだまする
economic [a.] keizai jō no 経済上の,
　keizai gaku no 経済学の
economical [a.] keizai tekina 経済的な,
　setsuyaku suru 節約する
economically [ad.] keizai tekini 経済的に
economy [n.] keizai 経済, setsuyaku 節約
ecstasy [n.] kōkotsu 恍惚, nekkyō 熱狂

edge [n.] ha 刃 [v.] ha o tateru 刃を立てる
edged [a.] ha ga aru 刃がある, ha o tateta 刃を立てた
edition [n.] kankō bon 刊行本, hakkō busū 発行部数
editor [n.] henshū sha 編集者
editorial [n.] shasetsu 社説 [a.] henshū jō no 編集上の
educate [v.] kyōiku saseru 教育させる
educated [a.] kyōyō no aru 教養のある,
　kyōiku o uketa 教育を受けた
education [n.] kyōiku 教育, kyōyō 教養
educational [a.] kyōiku tekina 教育的な
educationally [ad.] kyōiku tekini 教育的に
effect [n.] kekka 結果, kōka 効果 [v.] maneku 招く
effective [a.] kōka tekina 効果的な, yūkō na 有効な
effectively [ad.] kōka tekini 効果的に
efficiency [n.] kōritsu 効率, nōritsu 能率
efficient [a.] kōritsu tekina 効率的な,
　nōritsu tekina 能率的な
efficiently [ad.] kōritsu tekini 効率的に
effort [n.] doryoku 努力
egg [n.] tamago 卵
Egypt [n.] ejiputo エジプト
Egyptian [a.] ejiputo no エジプトの
　[n.] ejiputo jin エジプト人, ejiputo go エジプト語
eh [interj.] at あっ, nani 何
eight [n.] hachi 八 [a.] hachi no 八の
eighteen [n.] jū hachi 十八
eighteenth [n.] dai jū hachi 第十八
　[a.] dai jū hachi no 第十八の
eighth [n.] hachi banme 八番目
　[a.] hachi banme no 八番目の
eightieth [n.] dai hachi jū 第八十
　[a.] dai hachi jū no 第八十の
eighty [n.] hachi jū 八十 [a.] hachi jū no 八十の
either [a.] dochira ka ippō no どちらか一方の,

ryōhō no 両方の
elaborate [v.] kushin shite tsukuru 苦心して作る
elaborate [a.] nen o ireta 念を入れた, seikō na 精巧な
elastic [a.] danryoku sei no aru 弾力性のある,
　jūnan na 柔軟な
elastically [ad.] danryoku aru yōni 弾力あるように,
　jūnan ni 柔軟に
elbow [n.] hiji 肘
elder [n.] nenchō sha 年長者, roujin 老人
　[a.] toshiue no 年上の
elderly [a.] nenpai no 年配の
eldest [a.] ichi ban toshiue no 一番年上の
elect [v.] erabu 選ぶ, senkyo suru 選挙する,
　sen'nin suru 選任する
election [n.] senkyo 選挙
electric [a.] denki no 電気の, dengeki tekina 電撃的な
electrical [a.] denki no 電気の
electrically [ad.] denki de 電気で
electricity [n.] denki 電気
elegant [a.] yūga na 優雅な, jōhin na 上品な
elegantly [ad.] yūga ni 優雅に
element [n.] genso 元素, yōso 要素
elemental [a.] genso no 元素の, kihon tekina 基本的な
elementary [a.] shoshin sha no 初心者の,
　genso no 元素の
elephant [n.] zō 象
elevate [v.] ageru 上げる
elevated [a.] takame rareta 高められた, jōhin na 上品な
elevator [n.] erebētā エレベーター, shōkō ki 昇降機
eleven [n.] jū ichi 十一 [a.] jū ichi no 十一の
eleventh [n.] dai jū ichi 第十一
　[a.] dai jū ichi no 第十一の
eliminate [v.] jokyo saseru 除去させる,
　datsuraku saseru 脱落させる

elm [n.] nire ニレ
eloquence [n.] yūben 雄弁
eloquent [a.] yūben no 雄弁の, ryūchō na 流暢な
eloquently [ad.] ryūchō ni 流暢に
else [a.] ta no 他の, so nota no その他の
　[ad.] hoka ni 他に
elsewhere [ad.] hoka no tokoro de 他の所で,
　hoka no tokoro e 他の所へ
embarrass [v.] tōwaku saseru 当惑させる
embarrassing [a.] komatta 困った, yakkai na 厄介な
embarrassingly [ad.] kurushiku 苦しく
embarrassment [n.] tōwaku 当惑
emboss [v.] medatsu yōni suru 目立つようにする
embossed [a.] medatsu yōni shita 目立つようにした
embossment [n.] ukibori ni suru koto 浮彫りにすること,
　ukibori ri zaiku 浮彫り細工
embrace [v.] hōyō suru 抱擁する, fukumu 含む
embracement [n.] hōyō 抱擁, hōgan 包含
embroider [v.] nuitori suru 縫取りする
emerge [v.] deru 出る, arawareru 現れる
emergency [n.] kinkyū jitai 緊急事態
eminence [n.] takuetsu 卓越
eminent [a.] sugureta 優れた, kencho na 顕著な
eminently [ad.] kiwa datte 際立って, kencho ni 顕著に
emotion [n.] kanjō 感情
emotional [a.] kanjō no 感情の
emotionally [ad.] kanjō tekini 感情的に
emperor [n.] kōtei 皇帝
emphasis [n.] kyōchō 強調
emphasize [v.] kyōchō suru 強調する
empire [n.] teikoku 帝国
employ [v.] yatou 雇う, tsukau 使う
employee [n.] jūgyō in 従業員
employer [n.] koyō sha 雇用者

44

employment [n.] koyō 雇用, shiyō 使用
empress [n.] kōgō 皇后
emptiness [n.] kūkyo 空虚
empty [a.] kūhaku no 空白の, kūkyo na 空虚な
enable [v.] kanō ni suru 可能にする
enchant [v.] mahō o kakeru 魔法をかける,
 miwaku suru 魅惑する
enchanted [a.] miwaku sareta 魅惑された
enclose [v.] tori kakomu 取り囲む, dōfū suru 同封する
enclosed [a.] mippei sareta 密閉された
encounter [v.] gūzen deau 偶然出会う, chokumen suru 直面する
encourage [v.] yūki o ataeru 勇気を与える,
 shōrei suru 奨励する
encumbrance [n.] shōgai butsu 障害物
end [n.] owari 終わり, shūmatsu 終末 [v.] oeru 終える
endeavor [n.] doryoku 努力, kokoromi 試み
 [v.] doryoku suru 努力する
ending [n.] ketsumatsu 結末, shūmatsu 終末
endless [a.] hate shinai 果てしない, mugen no 無限の
endlessly [ad.] hate shinaku 果てしなく
endlessness [n.] mugen 無限
endow [v.] kifu suru 寄付する, ataeru 与える
endowment [n.] kifu 寄付, kizō 寄贈, sainō 才能
endurance [n.] taikyū sei 耐久性, nintai 忍耐
endure [v.] taeru 耐える, jizoku suru 持続する
enemy [n.] teki 敵
energetic [a.] seiryoku tekina 精力的な,
 kyōryoku na 強力な
energetically [a.] seiryoku tekini 精力的に
energy [n.] enerugī エネルギー, chikara 力,
 seiryoku 勢力
enforce [v.] shikō suru 施行する, kyōyō suru 強要する
enforced [a.] kyōyō sareta 強要された,
 kyōsei tekina 強制的な
enforcement [n.] shikō 施行, jisshi 実施
engage [v.] yakusoku suru 約束する,
 kon'yaku suru 婚約する
engaged [a.] kon'yaku shita 婚約した, isogashii 忙しい
engagement [n.] kon'yaku 婚約, koyō 雇用
engine [n.] enjin エンジン, kikan 機関
engineer [n.] gishi 技師
engineering [n.] kōgaku 工学
England [n.] ingurando イングランド
English [n.] eigo 英語, igirisu jin イギリス人
 [a.] igirisu no イギリスの
Englishman [n.] igirisu jin イギリス人
enjoy [v.] tanoshimu 楽しむ
enjoyable [a.] tanoshii 楽しい
enjoyably [ad.] tanoshiku 楽しく
enjoyment [n.] tanoshi sa 楽しさ, kairaku 快楽
enlarge [v.] kakudai suru 拡大する
enlarged [a.] kakudai shita 拡大した
enlargement [n.] kakudai 拡大, kakuchō 拡張
enlighten [v.] keimō suru 啓蒙する, kaika suru 開化する
enlightened [a.] keimō sareta 啓蒙された,
 kaika sareta 開化された
enlightenment [n.] keimō 啓蒙, kaika 開化
enormous [a.] kyodai na 巨大な,
 tohō mo nai 途方もない
enormously [ad.] totetsumo naku とてつもなく
enormousness [n.] kyodai sa 巨大さ, bakudai sa 莫大さ
enough [a.] jūbun na 十分な [ad.] jū bun ni 十分に
enrich [v.] hōfu ni suru 豊富にする
enriched [a.] kyōka sareta 強化された,
 nōshuku sareta 濃縮された
enroll [v.] tōroku suru 登録する
enrolment [n.] tōroku 登録, kisai 記載, kanyū 加入

ensign   [n.] hata 旗, kokki 国旗
ensue   [v.] kekka toshite okiru 結果として起きる
enter   [v.] hairu 入る, nyūryoku suru 入力する
enterprise   [n.] kigyō 企業, bōken shin 冒険心
entertain   [v.] tanoshimaseru 楽しませる
entertainer   [n.] geinō jin 芸能人
entertainment   [n.] goraku 娯楽, geinō 芸能
enthusiasm   [n.] nekkyō 熱狂
enthusiast   [n.] nekkyō sha 熱狂者
enthusiastic   [a.] nekkyō tekina 熱狂的な
enthusiastically   [ad.] nekkyō tekini 熱狂的に
entice   [v.] yūwaku suru 誘惑する
enticement   [n.] yūwaku 誘惑, yūkai 誘拐
entire   [a.] zentai no 全体の
entirely   [ad.] kanzen ni 完全に
entitle   [v.] taitoru o tsukeru タイトルを付ける
entrance   [n.] nyūjō 入場,, nyūgaku 入学, iriguchi 入口
entreat   [v.] konsei suru 懇請する,
   tangan suru 嘆願する
entreaty   [n.] kongan 懇願, tangan 嘆願
entry   [n.] nyūjō 入場, kinyū 記入
envelop   [v.] tsutsumu 包む, ōu 覆う
envelope   [n.] fūtō 封筒, kabā カバー
envious   [a.] urayamashi garu 羨ましがる
enviously   [ad.] urayamashi sōni 羨ましそうに
environment   [n.] kankyō 環境, hōi 包囲
environmental   [a.] kankyō no 環境の
environmentalist   [n.] kankyō ron sha 環境論者
environmentally   [ad.] kankyō tekini 環境的に
environs   [n.] toshi kinkō 都市近郊
envy   [n.] shitto 嫉妬, senbō 羨望
   [v.] netamu ねたむ, urayamu うらやむ
episode   [n.] episōdo エピソード, itsuwa 逸話
epoch   [n.] jidai 時代, epokku エポック,

shin kigen 新紀元
equal   [a.] onaji 同じ, byōdō na 平等な
   [v.] ~ to onaji da ~と同じだ
equally   [ad.] byōdō ni 平等に
equator   [n.] sekidō 赤道
equip   [v.] sonaeru 備える, sonae tsukeru 備え付ける
equipment   [n.] sōbi 装備, setsubi 設備
equivalent   [a.] dōtō na 同等な,
   ~ ni sōtō suru ~に相当する
equivalently   [ad.] kintō ni 均等に, taitō ni 対等に
era   [n.] jidai 時代
erase   [v.] kesu 消す, sakujo suru 削除する
erased   [a.] kesareta 消された
eraser   [n.] keshi gomu 消しゴム
erect   [a.] choku ritsu no 直立の
   [v.] massugu ni tateru まっすぐに立てる
erection   [n.] choku ritsu 直立, konryū 建立, bokki 勃起
erectly   [ad.] massugu ni まっすぐに, suichoku ni 垂直に
err   [v.] machigau 間違う
errand   [n.] tsukai 使い
error   [n.] erā エラー, ayamachi 過ち
escalator   [n.] esukarētā エスカレーター
escape   [v.] nigeru 逃げる
   [n.] tōbō 逃亡, dasshutsu 脱出
escaped   [a.] nigeta 逃げた
escort   [n.] gosō sha 護送者 [v.] gosō suru 護送する
Eskimo   [n.] esukimō zoku エスキモー族
especial   [a.] tokubetsu na 特別な, kakubetsu na 格別な
especially   [ad.] tokubetsu ni 特別に,
   kakubetsu ni 格別に
essay   [n.] essei エッセイ, shōronbun 小論文
essence   [n.] honshitsu 本質, kakushin 核心
essential   [a.] hissu no 必須の
   [n.] honshitsu teki yōso 本質的要素

essentially   [ad.] honshitsu tekini 本質的に
establish   [v.] kakuritsu suru 確立する,
　　setsuritsu suru 設立する
established   [a.] kakuritsu sareta 確立された
establishment   [n.] kakuritsu 確立, setsuritsu 設立
estate   [n.] tochi 土地, zaisan 財産
esteem   [n.] sonchō 尊重, sonkei 尊敬
　　[v.] sonchō suru 尊重する, sonkei suru 尊敬する
estimable   [a.] rippa na 立派な
estimate   [v.] hyōka suru 評価する
estimate   [n.] hyōka 評価, mitsumori 見積もり
estimated   [a.] hyōka jō no 評価上の,
　　mitsumori no 見積もりの
estimation   [n.] hyōka 評価, mitsumori 見積もり
et cetera   [n.] nado 等, sono hoka その他 (etc.)
eternal   [a.] eien no 永遠の
eternally   [ad.] eien ni 永遠に
eternity   [n.] eien 永遠
etiquette   [n.] echiketto エチケット, reigi 礼儀
Europe   [n.] yōroppa ヨーロッパ
European   [a.] yōroppa no ヨーロッパの,
　　yōroppa jin no ヨーロッパ人の
eve   [n.] ibu イブ, zen ya 前夜
even   [a.] taira na 平らな, kisoku tekna 規則的な
evening   [n.] yūgata 夕方
event   [n.] jiken 事件, gyōji 行事
eventual   [a.] saigo no 最後の
eventually   [ad.] saigo ni 最後に, tsui ni ついに
ever   [ad.] itsuka いつか, itsu demo いつでも
everlasting   [a.] eien no 永遠の
everlastingly   [ad.] eien ni 永遠に
every   [a.] subete すべて, arayuru あらゆる,
　　~ goto ni ~ごとに
everybody   [pron.] dare demo 誰でも, min na みんな

everyday   [a.] mainichi no 毎日の
everyone   [pron.] dare demo 誰でも, min na みんな
everything   [pron.] subete すべて
everywhere   [ad.] doko demo どこでも
evidence   [n.] shōko 証拠
evident   [a.] akiraka na 明らかな
evidently   [ad.] akiraka ni 明らかに
evil   [n.] aku 悪 [a.] warui 悪い, ja'aku na 邪悪な
evolution   [n.] shinka 進化, hatten 発展
exact   [a.] seikaku na 正確な [v.] kyōyō suru 強要する
exactly   [ad.] seikaku ni 正確に
exaggerate   [v.] kochō suru 誇張する
exaggerated   [a.] kochō sareta 誇張された
exaggeration   [n.] kochō 誇張
exalt   [v.] takameru 高める, shōshin saseru 昇進させる
exam   [n.] shiken 試験
examination   [n.] shiken 試験, chōsa 調査, kensa 検査
examine   [v.] tamesu 試す, shiraberu 調べる,
　　kensa suru 検査する
example   [n.] jitsurei 実例, mihon 見本
exceed   [v.] koeru 超える
exceeding   [a.] kado na 過度な, sugoi すごい
exceedingly   [ad.] hidoku ひどく, hijō ni 非常に
excel   [v.] ~ yori sugureru ~より優れる,
　　takuetsu shite iru 卓越している
excellent   [a.] takuetsu shita 卓越した
excellently   [ad.] takuetsu ni 卓越に
except   [prep.] ~ o nozoite ~を除いて [v.] nozoku 除く
excepting   [prep.] ~ o nozoite ~を除いて
exception   [n.] reigai 例外
exceptional   [a.] reigai tekina 例外的な
exceptionally   [ad.] reigai tekini 例外的に
excess   [n.] kado 過度, chōka 超過
excessive   [a.] kado no 過度の

excessively [ad.] kado ni 過度に
exchange [n.] kōkan 交換 [v.] kōkan suru 交換する
exchange rate [n.] kawase rēto 為替レート
excite [v.] kōfun saseru 興奮させる,
　shigeki saseru 刺激させる
excited [a.] kōfun shita 興奮した
excitedly [ad.] kōfun shite 興奮して
excitement [n.] kōfun 興奮, shigeki 刺激
exciting [a.] kōfun saseru 興奮させる,
　shigeki tekina 刺激的な
excitingly [ad.] shigeki tekini 刺激的に
exclaim [v.] sakebu 叫ぶ
exclamation [n.] zekkyō 絶叫, sakebi 叫び
exclude [v.] nozoku 除く, haijo suru 排除する
excluding [prep.] ~ o nozoite ~を除いて
exclusive [a.] haita tekina 排他的な
exclusively [ad.] haita tekini 排他的に,
　dokusen tekini 独占的に
excursion [n.] pikunikku ピクニック
excuse [n.] yurushi 許し, iiwake 言い訳
excuse [v.] yurusu 許す, iiwake suru 言い訳する
execute [v.] shikkō suru 執行する, jikkō suru 実行する,
　suikō suru 遂行する
execution [n.] shikkō 執行, jikkō 実行, suikō 遂行
executive [n.] shihai nin 支配人,
　tori shimari yaku 取締役 [a.] shikkō no 執行の
executively [ad.] gyōsei tekini 行政的に
exempt [a.] menjo sareta 免除された
　[v.] menjo suru 免除する
exercise [n.] undō 運動, renshū 練習
　[v.] undō suru 運動する, renshū suru 練習する
exert [v.] eikyō o oyobosu 影響を及ぼす
exhaust [v.] tsukai tsukusu 使い尽す
exhibit [n.] tenji hin 展示品 [v.] tenji suru 展示する

exhibition [n.] tenji 展示, tenran kai 展覧会
exile [n.] bōmei 亡命, tsuihō 追放
　[v.] bōmei suru 亡命する
exist [v.] sonzai suru 存在する, seizon suru 生存する
existence [n.] sonzai 存在, seizon 生存
existent [a.] seizon suru 生存する
expand [v.] kakudai suru 拡大する
expanded [a.] kakudai shita 拡大した
expansion [n.] kakudai 拡大, hatten 発展
expect [v.] kitai suru 期待する
expectation [n.] kitai 期待, yosō 予想
expedition [n.] ensei 遠征, tanken 探険
expenciture [n.] keihi 経費, shishutsu 支出
expense [n.] keihi 経費, shishutsu 支出
expensive [a.] kōka na 高価な
expensively [ad.] hiyō o kakete 費用をかけて
experience [n.] keiken 経験 [v.] keiken suru 経験する
experienced [a.] keiken yutaka na 経験豊かな
experiment [n.] jikken 実験 [v.] jikken suru 実験する
experimental [a.] jikken no 実験の
experimentally [ad.] jikken tekini 実験的に
experimentation [n.] jikken 実験
expert [n.] senmon ka 専門家
　[a.] senmon no 専門の, jukuren shita 熟練した
explain [v.] setsumei suru 説明する
explanation [n.] setsumei 説明
explode [v.] bakuhatsu suru 爆発する
exploded [a.] bakuhatsu sareta 爆発された
exploit [n.] kōseki 功績, igyō 偉業
　[v.] sakushu suru 搾取する
exploration [n.] tanken 探険, tansa 探査
explore [v.] tanken suru 探険する, tansa suru 探査する
explorer [n.] tanken ka 探険家
explosion [n.] bakuhatsu 爆発

export [n.] yushutsu 輸出

export [v.] yushutsu suru 輸出する

exporter [n.] yushutsu gyōsha 輸出業者

ex**pose** [v.] ateru 当てる, roshutsu saseru 露出させる

ex**posed** [a.] roshutsu sareta 露出された,
akiraka ni natta 明らかになった

expo**si**tion [n.] hakuran kai 博覧会, setsumei 説明

ex**po**sure [n.] roshutsu 露出, bakuro 暴露

ex**press** [v.] hyōgen suru 表現する
 [n.] kyūkō 急行, sokutatsu 速達

ex**pres**sion [n.] hyōgen 表現, hyōjo 表情

ex**qui**site [a.] zetsumyō na 絶妙な, eibin na 鋭敏な

ex**qui**sitely [ad.] zetsumyō ni 絶妙に, seikō ni 精巧に

ex**qui**siteness [n.] zetsumyō sa 絶妙さ, seikō sa 精巧さ

ex**tend** [v.] hirogeru 広げる, kakudai suru 拡大する

ex**ten**ded [a.] kakuchō sareta 拡張された,
enchō sareta 延長された

ex**ten**sion [n.] kakuchō 拡張, enchō 延長

ex**ten**sive [a.] kōhan na 広範な, haba hiroi 幅広い

ex**ten**sively [ad.] kōhani ni 広範囲に

ex**tent** [n.] saizu サイズ, han'i 範囲, teido 程度

ex**ter**nal [a.] gaibu no 外部の, keishiki tekina 形式的な

ex**tin**guish [v.] kesu 消す, shōmetsu saseru 消滅させる

ex**tin**guisher [n.] shōka ki 消火器

ex**tin**guishment [n.] shōka 消火

extra [a.] yobun no 余分の
 [n.] amari 余り, tsuika ryōkin 追加料金

ex**tract** [v.] chūshutsu suru 抽出する,
bassui suru 抜粋する

ex**traor**dinary [a.] kimyō na 奇妙な,
tokubetsu na 特別な

ex**treme** [n.] kyokudo 極度, kyokutan 極端
 [a.] kyokudo no 極度の, kado na 過度な

ex**treme**ly [ad.] kyokutan ni 極端に

eye [n.] me 目

eyebrow [n.] mayuge 眉毛

F

fable [n.] gūwa 寓話
fabric [n.] orimono 織物
face [n.] gao 顔, hyōjō 表情 [v.] mukau 向かう
facility [n.] setsubi 設備, sainō 才能
fact [n.] jijitsu 事実, shinjitsu 真実
factor [n.] yōso 要素, yōin 要因
factory [n.] kōjō 工場
faculty [n.] nōryoku 能力, gakubu 学部
fade [v.] iroaseru 色あせる, otoroeru 衰える
Fahrenheit [a.] kashi no 華氏の
fail [v.] shippai suru 失敗する, ochiru 落ちる
failure [n.] shippai 失敗, rakugo sha 落伍者
faint [a.] kasuka na かすかな, yowai 弱い
　　[v.] kizetsu suru 気絶する
faintly [ad.] kasuka ni かすかに
fair [a.] kōsei na 公正な, kōhei na 公平な
　　[n.] hakuran kai 博覧会
fairly [ad.] kōhei ni 公平に, tadashiku 正しく
fairy [n.] yōsei 妖精
faith [n.] shin'nen 信念, shinrai 信頼, shinjō 信条
faithful [a.] shinrai dekiru 信頼できる,
　　seijitsu na 誠実な
faithfully [ad.] seijitsu ni 誠実に
fall [v.] ochiru 落ちる, tsumazuku つまずく
false [a.] ayamatta 誤った, kyogi no 虚偽の
fame [n.] meisei 名声, hyōban 評判
famed [a.] yūmei na 有名な, yoku shirareta よく知られた
familiar [a.] yoku shirarete iru よく知られている,
　　nareta 慣れた , shitashii 親しい
family [n.] kazoku 家族, shinseki 親戚
family name [n.] sei 姓

famine [n.] kikin 飢饉
famous [a.] yūmei na 有名な
fan [n.] uchiwa うちわ [v.] sosonokasu そそのかす
fancy [n.] kūsō 空想, mōsō 妄想, shumi 趣味
fan**tas**tic [a.] gensō tekina 幻想的な,
　　tohō mo nai 途方も無い
far [a.] tōi 遠い [ad.] tōku 遠く, haruka ni はるかに
fare [n.] unchin 運賃,, ryōkin 料金
fare**well** [n.] wakare 別れ,
　　wakare no aisatsu 別れの挨拶
farm [n.] nōjō 農場 [v.] kōsaku suru 耕作する,
　　tagayasu 耕す
farmer [n.] nōfu 農夫, nōka 農家
farmhouse [n.] nōka 農家
far-off [a.] haruka tōi 遥か遠い
farther [a.] yori tōi より遠い, sore ijō no それ以上の,
　　shikamo しかも
farthest [a.] mottomo tōi 最も遠い
fashion [n.] fasshon ファッション, ryūkō 流行
fashionable [a.] ryūkō no 流行の,
　　ryūkō shite iru 流行している
fashionably [ad.] ryūkō ni sotte 流行に沿って
fast [a.] hayai 速い
fasten [v.] kotei saseru 固定させる, kakeru かける
fat [n.] shibō 脂肪 [a.] futotta 太った
fatal [a.] chimei tekina 致命的な
fate [n.] shukumei 宿命, unmei 運命
father [n.] chichi 父
fa**tigue** [n.] hirō 疲労 [v.] tsukaresaseru 疲れさせる
fault [n.] kashitsu 過失, kekkan 欠陥
favor [n.] kōi 好意, sansei 賛成
　　[v.] sansei suru 賛成する
favorable [a.] kōi tekina 好意的な, yūri na 有利な
favorably [ad.] yūri ni 有利に, junchō ni 順調に

favorite [n.] konomi 好み [a.] konomi no 好みの
fawn [n.] kojika 子鹿
fear [n.] osore 恐れ [v.] osoreru 恐れる
fearful [a.] kowai 怖い
fearfully [ad.] osoroshiku 恐ろしく
fearless [a.] osoroshiku 恐ろしく
feast [n.] matsuri 祭り, enkai 宴会
feat [n.] igyō 偉業, myōgi 妙技
feather [n.] hane 羽
feature [n.] tokushoku 特色, yōbō 容貌
February [n.] ni gatsu 二月
federal [a.] rengō no 連合の, renpō seifu no 連邦政府の
federation [n.] rengō 連合, renpō seifu 連邦政府
fee [n.] ryōkin 料金, tesūryō 手数料
feeble [a.] yowai 弱い
feebly [ad.] yowaku 弱く
feed [v.] tabe saseru 食べさせる, sodateru 育てる
　[n.] esa 餌
feel [v.] kanjiru 感じる, sawaru 触る
feeling [n.] kanji 感じ, hadazawari 肌触り
fellow [n.] nakama 仲間
fellowship [n.] shinkō 親交, kaigō 会合
female [n.] josei 女性, mesu 雌 [a.] josei no 女性の
fence [n.] kakine 垣根
fencing [n.] fenshingu フェンシング
fern [n.] shida シダ
ferry [n.] ferī フェリー, tosenba 渡船場,
　watashi bune 渡し船, renraku sen 連絡船
fertile [a.] hiyoku na 肥沃な, yutaka na 豊かな
festival [n.] matsuri 祭り, shukuten 祝典
fetch [v.] tsurete kuru 連れてくる
fever [n.] netsu 熱
few [a.] sukunai 少ない [n.] shōsū no hito 少数の人
fiber [n.] sen'i 繊維

fiction [n.] kyokō 虚構, shōsetsu 小説
field [n.] nohara 野原, bunya 分野, kyōgi jō 競技場
fierce [a.] arai 荒い, osoroshii 恐ろしい
fiery [a.] moeru 燃える
fifteen [n.] jūgo 15
fifteenth [n.] dai jūgo 第15 [a.] dai jūgo no 第15の
fifth [n.] dai go 第五 [a.] go banme no 五番目の
fifthly [ad.] go banme ni 五番目に
fiftieth [n.] dai gojū 第50 [a.] dai gojū 第50
fifty [n.] gojū 50
fig [n.] ichijiku イチジク
fight [v.] tatakau 戦う [n.] tatakai 戦い, tōsō 闘争
fighter [n.] tōshi 闘士, senshi 戦士, sentō ki 戦闘機
fighting [n.] tatakai 戦い, tōso 闘争
figure [n.] sūji 数字, jinbutsu 人物
file [n.] shorui toji 書類とじ, fairu ファイル
　[v.] seiri suru 整理する
fill [v.] mitasu 満たす, shimeru 占める
film [n.] firumu フィルム, eiga 映画
　[v.] eiga o tsukuru 映画を作る
final [n.] kimatsu shiken 期末試験, kesshō sen 決勝戦
　[a.] saigo no 最後の
finally [ad.] tōtō とうとう, saishū tekini 最終的に
finance [n.] zaisei 財政, zaigen 財源
　[v.] yūshi suru 融資する
financial [a.] zaisei no 財政の, zaimu no 財務の
find [v.] hakken suru 発見する [n.] hakken 発見
finding [n.] hakken butsu 発見物
fine [a.] subarashii 素晴らしい, sensai na 繊細な
　[n.] bakkin 罰金
finely [ad.] migoto ni 見事に, seikō ni 精巧に
finger [n.] yubi 指
finish [v.] oeru 終える [n.] owari 終わり
finished [a.] owatta 終わった, kansei shita 完成した

Finland [n.] finrando フィンランド
fir [n.] momi モミ
fire [n.] kaji 火, kasai 火災
fireman [n.] shōbō kan 消防官
fireplace [n.] kabe tsuki danro 壁付き暖炉
firm [n.] kaisha 会社 [a.] ganjō na 頑丈な,
　shikkari shita しっかりした
firmly [ad.] kakko toshite 確固として
first [a.] hitotsu me no 一つ目の, saisho no 最初の
　[n.] saisho 最初
first-class [a.] sai kōkyū no 最高級の
fish [n.] sakana 魚
fisherman [n.] ryōshi 漁師
fishing [n.] tsuri 釣り
fist [n.] kobushi こぶし
fit [a.] tekishita 適した, tekisetsu na 適切な
fitness [n.] tekitō 適当, tekisetsu 適切,
　tekigō sei 適合性, karada zukuri 体づくり
five [n.] go 五
fix [v.] kotei saseru 固定させる, kimeru 決める
fixed [a.] kotei sareta 固定された
flag [n.] hata 旗
flake [n.] usui kire 薄い切れ
flame [n.] hono'o 炎
flank [n.] wakibara わき腹
flap [v.] hirameku ひらめく, hatameku はためく
flash [n.] senkō 閃光, shunkan 瞬間
flat [n.] heimen 平面, panku パンク [a.] hiratai 平たい
flatter [v.] o seji o suru お世辞をする
flattering [a.] hetsurau へつらう
flattery [n.] o seji お世辞
flavor [n.] fūmi 風味, kaori 香り
　[v.] fūmi o soeru 風味を添える
flax [n.] ama アマ

flea [n.] nomi ノミ
flee [v.] nigeru 逃げる
fleet [n.] kantai 艦隊, sendan 船団
flesh [n.] niku 肉, nikutai 肉体
flicker [v.] tenmetsu suru 点滅する
flight [n.] hikō 飛行, hikō bin 飛行便, tōsō 逃走
fling [v.] nageru 投げる
flip [v.] yubi de hajiku 指ではじく, uragaesu 裏返す
flipper [n.] mizukaki 水かき
flit [v.] satto tobu さっと飛ぶ
float [v.] amu 編む
floating [a.] uite iru 浮いている
flock [n.] mure 群れ, gunshū 群集
　[v.] muragaru 群がる
flood [n.] kōzui 洪水, hanran 氾濫
floor [n.] soko 底
flour [n.] komugiko 小麦粉
flourish [v.] ippai haeru いっぱい生える,
　hanjō suru 繁盛する
flow [v.] nagareru 流れる [n.] nagare 流れ
flower [n.] hana 花 [v.] hana ga saku 花が咲く
fluent [a.] ryūchō na 流暢な
fluently [ad.] ryūchō ni 流暢に
fluid [n.] ryūdō tai 流動体
　[a.] ryūdō tai no 流動体の, ryūdō tekina 流動的な
flush [n.] kōchō 紅潮
　[v.] hoho o kōchō saseru ほおを紅潮させる
flute [n.] furūto フルート, fue 笛
flutter [v.] haneru 跳ねる, dokidoki suru どきどきする
fly [v.] tobu 飛ぶ
flying [n.] hikō 飛行
　[a.] sora o tobu 空を飛ぶ, sashi sematta 差し迫った
foam [n.] awa 泡 [v.] awa datsu 泡立つ
focus [n.] shōten 焦点, chūshin 中心

    [v.] shōten o awaseru 焦点を合わせる
foe　[n.] teki 敵
fog　[n.] kiri 霧
fold　[v.] tatamu 畳む　[n.] shiwa しわ
foliage　[n.] kono ha 木の葉
folk　[n.] hitobito 人々, kazoku 家族
folk song　[n.] fōkusongu フォークソング, minyō 民謡
follow　[v.] ou 追う, shitagau 従う
follower　[n.] tsuishō sha 追従者, zuikō in 随行員
following　[a.] tsugi no 次の
folly　[n.] oroka sa 愚かさ
fond　[a.] suki na 好きな, shitashii 親しい
food　[n.] tabemono 食べ物
fool　[n.] baka ばか　[v.] karakau からかう
foolish　[a.] oroka na 愚かな
foot　[n.] ashi 足
football　[n.] sakkā サッカー
footstep　[n.] ashi dori 足取り, ashi oto 足音
for　[prep.] ~ no tame ni ~のために
forbear　[v.] gaman suru 我慢する
forbid　[v.] kinjiru 禁じる
force　[n.] chikara 力　[v.] kyōyō suru 強要する
forced　[a.] kyōyō sareta 強要された,
    kyōsei tekina 強制的な
ford　[n.] hayase 早瀬
forecast　[n.] yohō 予報, yosoku 予測
    [v.] yosoku suru 予測する
forefather　[n.] sosen 祖先, senzo 先祖
forehead　[n.] hitai 額
foreign　[a.] gaikoku no 外国の
foreigner　[n.] gaikoku jin 外国人
foremost　[a.] saisho no 最初の
foresee　[v.] yosoku suru 予測する
forest　[n.] mori 森

forever　[ad.] eien ni 永遠に
forge　[n.] yōkōro 溶鉱炉, tan'ya ya 鍛冶屋
forget　[v.] wasureru 忘れる
forgive　[v.] yurusu 許す
forgiveness　[n.] yurushi 許し, kanyō 寛容
fork　[n.] fōku フォーク
form　[n.] katachi 形, keishiki 形式, yōshiki 様式
formal　[a.] keishiki no 形式の, seishiki no 正式の,
    girei tekina 儀礼的な
formation　[n.] keisei 形成, kōzō 構造
former　[a.] izen no 以前の
formerly　[ad.] mae ni wa 前には
formidable　[a.] osoroshii 恐ろしい,
    te ni oe nai 手に負えない
formula　[n.] jōtōku 常套句, kōshiki 公式
forsake　[v.] misuteru 見捨てる
fort　[n.] hōrui 堡塁, yōsai 要塞
forth　[ad.] mae e 前へ
fortieth　[n.] dai yonjū 第40　[a.] dai yonjū no 第40の
fortnight　[n.] ni shūkan 二週間
fortnightly　[a.] kakushū no 隔週の
    [ad.] kakushū de 隔週で
fortress　[n.] yōsai 要塞
fortunate　[a.] kōun no 幸運の
fortunately　[ad.] un yoku 運良く
fortune　[n.] kōun 幸運, zaisan 財産
forty　[n.] yonjū 40
forward　[a.] mae no 前の　[ad.] mae e 前へ
foster　[v.] yōiku suru 養育する, sokushin suru 促進する
foul　[a.] hansoku no 反則の　[v.] yogoreru 汚れる
found　[v.] setsuritsu suru 設立する
foundation　[n.] kiso 基礎, zaisan 財産, kikin 基金
founder　[n.] setsuritsu sha 設立者
fountain　[n.] funsui 噴水, izumi 泉

fountain pen [n.] man'nen hitsu 万年筆
four [n.] yon 四
fourteen [n.] jūyon 14
fourteenth [n.] dai jūyon 第14
　[a.] dai jūyon no 第14の
fourth [n.] dai yon 第四 [a.] dai yon no 第四の
fowl [n.] tori 鳥, kakin 家禽
fox [n.] kitsune キツネ
fraction [n.] ichi bubun 一部分, funsui 噴水,
　shōryō 少量
fragment [n.] danpen 断片, hahen 破片
fragrance [n.] kaori 香り
fragrant [a.] kanbashii 芳しい
frail [a.] koware yasui 壊れやすい, nanjaku na 軟弱な
frame [n.] honegumi 骨組み, kokkaku 骨格, waku 枠
franc [n.] furan フラン
France [n.] furansu フランス
frank [a.] socchoku na 率直な
frankly [ad.] socchoku ni 率直に
frankness [n.] socchoku 率直
frantic [a.] kyōran no 狂乱の
frantically [ad.] kurutta yōni 狂ったように,
　kurutte 狂って
free [a.] jiyū na 自由な, sora no 空の
freedom [n.] jiyū 自由
freely [ad.] jiyū ni 自由に
freeze [v.] kōru 凍る, kōraseru 凍らせる
freight [n.] kamotsu yusō 貨物輸送, sōryō 送料
French [n.] furansugo フランス語
　[a.] furansu no フランスの
Frenchman [n.] furansu jin フランス人
frequent [a.] hinpan na 頻繁な
　[v.] hinpan ni hōmon suru 頻繁に訪問する
frequently [ad.] hinpan ni 頻繁に

fresh [a.] shinsen na 新鮮な, atarashii 新しい
freshly [ad.] shinsen ni 新鮮に
fret [v.] iraira saseru いらいらさせる
fretful [a.] iraira shita いらいらした
Friday [n.] kin yōbi 金曜日
friend [n.] yūjin 友人
friendly [a.] shinsetsu na 親切な
friendship [n.] yūjō 友情
fright [n.] kyōfu 恐怖
frighten [v.] odorokaseru 驚かせる
frightened [a.] bikkuri shita びっくりした,
　obieta おびえた
frightening [a.] kowai 怖い
fringe [n.] shūhen 周辺, fusa kazari ふさ飾り
fro [ad.] mukō ni 向こうに
frock [n.] josei fuku 女性服
frog [n.] kaeru 蛙
from [prep.] ~ kara ～から
front [a.] mae no 前の [n.] mae 前, shōmen 正面
frontier [n.] kokkyō chitai 国境地帯
frost [n.] shimo 霜
frown [n.] shikameta kao しかめた顔
fruit [n.] kudamono 果物, seika 成果
fruitful [a.] mi ga ōi 実が多い, hiyoku na 肥沃な
fruitless [a.] fumō no 不毛の, mueki na 無益な
fry [v.] abura de ageru 油で揚げる [n.] tenpura 天ぷら
fuel [n.] nenryō 燃料
fulfill [v.] hatasu 果たす, mitasu 満たす
full [a.] ippai no いっぱいの
fully [ad.] jū bun ni 十分に, kanzen ni 完全に
fume [n.] kemuri 煙 [v.] kemuri o dasu 煙を出す
fun [n.] tanoshimi 楽しみ
function [n.] kinō 機能 [v.] sayō suru 作用する
fund [n.] kikin 基金

funda**men**tal [a.] konpon tekina 根本的な

funeral [n.] sōshiki 葬式

funny [a.] okashi na おかしな

fur [n.] kegawa 毛皮

furious [a.] gekido shita 激怒した

furnace [n.] danro 暖炉

furnish [v.] totonoeru 整える,
 kagu o sonaeru 家具を備える

furnished [a.] kagu tsuki no 家具付きの

furniture [n.] kagu 家具

further [a.] sore ijō no それ以上の [ad.] sarani さらに

furthermore [ad.] shikamo しかも

furthest [a.] mottomo tōi 最も遠い

fury [n.] gekido 激怒, fungeki 憤激

fuss [n.] sawagi 騒ぎ, kōfun 興奮

futile [a.] yakuni tata nai 役に立たない

future [n.] mirai 未来

G

gain [v.] eru 得る
gale [n.] kyōfū 強風
gallant [a.] yūkan na 勇敢な
gallery [n.] garō 画廊
gallon [n.] garon ガロン
gallop [n.] uma no hayai hochō 馬の速い歩調
　[v.] shissō suru 疾走する
gamble [n.] tobaku 賭博 [v.] tobaku o suru 賭博をする
gambler [n.] tobaku shi 賭博師
game [n.] gēmu ゲーム, asobi 遊び
gang [n.] gyangu ギャング, bōryokudan 暴力団
gap [n.] kirema 切れ間, kakusa 格差
garage [n.] shako 車庫
garbage [n.] gomi ごみ
garden [n.] niwa 庭
gardener [n.] niwashi 庭師
gardening [n.] engei 園芸
garlic [n.] nin'niku にんにく
garment [n.] ifuku 衣服
garrison [n.] shubi tai 守備隊
gas [n.] gasu ガス, kitai 気体
gasoline [n.] gasorin ガソリン, kihatsu yu 揮発油
gasp [n.] ikigurushi sa 息苦しさ
　[v.] ikigurushii 息苦しい
gate [n.] doa ドア, mon 門
gateway [n.] doa ドア, mon 門, deiri guchi 出入口
gather [v.] atsumeru 集める
gathering [n.] atsumari 集まり, shūkai 集会
gay [n.] dōsei renai sha 同性恋愛者 [a.] yōki na 陽気な
gaze [n.] gyōshi 凝視, chūshi 注視
　[v.] jitto mitsumeru じっと見つめる
gear [n.] gia ギア, dendō sōchi 電動装置

gem [n.] hōseki 宝石
general [n.] rikugun taishō 陸軍大将
　[a.] ippan tekina 一般的な
generally [ad.] ippan tekini 一般的に
generation [n.] sedai 世代, sanshutsu 産出
generosity [n.] kandai 寛大, kanyō 寛容
generous [a.] kandai na 寛大な
generously [ad.] kandai ni 寛大に
genius [n.] tensai 天才
gentle [a.] shinsetsu na 親切な, jūjun na 従順な
gentleman [n.] shinshi 紳士
gently [ad.] shinsetsu ni 親切に
genuine [a.] honmono no 本物の
geography [n.] chiri gaku 地理学
geometry [n.] kika gaku 幾何学
German [n.] doitsu jin ドイツ人, doitsu go ドイツ語
　[a.] doitsu no ドイツの
Germany [n.] doitsu ドイツ
gerund [n.] dō meishi 動名詞
gesture [n.] jesuchā ジェスチャー, miburi 身振り
get [v.] eru 得る, ～ ni naru ～になる, kasegu 稼ぐ
ghastly [a.] mino ke ga yodatsu 身の毛がよだつ
ghost [n.] yūrei 幽霊
ghostly [a.] yūrei no yōna 幽霊のような,
　kasuka na かすかな, reitekina 霊的な
giant [n.] kyojin 巨人
gidcy [a.] memai ga suru 目まいがする
gift [n.] okuri mono 贈り物
gigantic [a.] kyodai na 巨大な
gild [v.] mekki o suru めっきをする
gin [n.] jin ジン
ginger [n.] shōga 生姜
giraffe [n.] kirin キリン
girdle [n.] koshiobi 腰帯

girl [n.] shōjo 少女
girl friend [n.] on'na tomodachi 女友達
give [v.] ataeru 与える
given [a.] ataerareta 与えられた,
　　zōyo sareta 贈与された
glacier [n.] namae 名前
glad [a.] ureshii 嬉しい
gladly [ad.] tanoshiku 楽しく
glance [n.] ikken 一見
　　[v.] chiratto mikakeru チラッと見かける
glare [n.] senkō 閃光
　　[v.] mabushiku kagayaku 眩しく輝く
glass [n.] garasu ガラス
glasses [n.] megane メガネ
gleam [n.] kasuka na hikari かすかな光
　　[v.] bikō o hassuru 微光を発する
glen [n.] kyōkoku 峡谷, tani 谷
glide [v.] kassō suru 滑走する, kakkū suru 滑空する
glider [n.] guraidā グライダー, kakkū ki 滑空機
glimpse [n.] ichibetsu 一瞥
　　[v.] chirarito miru ちらりと見る
glisten [v.] kirameku きらめく
glitter [v.] kagayaku 輝く
globe [n.] chikyū 地球, chikyūgi 地球儀
gloom [n.] yami 闇, yūutsu 憂鬱
gloomy [a.] kurai 暗い, yūutsu na 憂鬱な
glorious [a.] kagayaku 輝く, sōgon na 荘厳な
gloriously [ad.] shōgon ni 荘厳に
glory [n.] meiyo 名誉, eikō 栄光
glove [n.] tebukuro 手袋
glow [n.] hono'o 炎
　　[v.] moeru yōni kagayaku 燃えるように輝く
gnaw [v.] kami kiru 噛み切る
go [v.] iku 行く

goal [n.] gōru ゴール, mokuhyō 目標
goat [n.] yagi 山羊
goblin [n.] oni 鬼
god [n.] kami 神
goddess [n.] megami 女神
going [n.] shuppatsu 出発
gold [n.] kin 金
golden [a.] kin no 金の
goldfish [n.] kingyo 金魚
golf [n.] gorufu ゴルフ
gone [a.] sugita 過ぎた, shinda 死んだ
good [a.] yoi 良い [n.] zen 善, rieki 利益
goodbye [interj.] sayōnara さようなら
　　[n.] o wakare no aisatsu お別れの挨拶
good-looking [a.] miryoku tekina 魅力的な,
　　bibō no 美貌の
goodly [a.] rippa na 立派な, hansamu na ハンサムな
good-natured [a.] zenryō na 善良な, onkō no 温厚の
goodness [n.] zenryō 善良, shinsetsu 親切,
　　yūshū sa 優秀さ
goods [n.] mono 物
goodwill [n.] shinzen 親善
goose [n.] gachō ガチョウ
gorgeous [a.] gōka na 豪華な, subarashii 素晴らしい
gospel [n.] fukuin 福音
gossip [n.] zatsudan 雑談 [v.] zatsudan suru 雑談する
govern [v.] osameru 治める, shihai suru 支配する
government [n.] seifu 政府
governor [n.] shū chiji 州知事, sōtoku 総督
gown [n.] gaun ガウン, fujin fuku 婦人服
grab [v.] hittsukamu ひっつかむ
grace [n.] yūga sa 優雅さ, onkei 恩恵
graceful [a.] yūga na 優雅な
graceless [a.] busahō na 無作法な

gracious [a.] yūga na 優雅な, shinsetsu na 親切な
grade [n.] gakunen 学年, dōkyū 同級, seiseki 成績
gradual [a.] zenshin tekina 漸進的な
gradually [ad.] zenshin tekini 漸進的に
graduate [v.] sotsugyō saseru 卒業させる, sotsugyō suru 卒業する
graduate [n.] sotsugyōsei 卒業生
graduated [a.] tōkyū betsu ni shita 等級別にした
graduation [n.] sotsugyō 卒業, sotsugyō shiki 卒業式
grain [n.] koku motsu 穀物, tsubu 粒
gram [n.] guramu グラム
grammar [n.] bunpō 文法
gramophone [n.] chikuon ki 蓄音機
grand [a.] yūdai na 雄大な, jūyō na 重要な
grandchild [n.] mago 孫
granddaughter [n.] mago musume 孫娘
grandfather [n.] sofu 祖父
grandma [n.] o baachan おばあちゃん
grandmother [n.] sobo 祖母
grandpa [n.] ojiisan おじいさん
grandparent [n.] sofubo 祖父母
grandson [n.] mago 孫
granite [n.] kakōgan 花崗岩
granny [n.] o baachan おばあちゃん
grant [v.] shōdaku suru 承諾する
 [n.] kyoka 許可, hojo kin 補助金
grape [n.] budō no mi ブドウの実, budō no ki ブドウの木
grasp [n.] haaku 把握
 [v.] tsukamaeru 捕まえる, ha'aku suru 把握する
grass [n.] kusa 草, bokusō 牧草
grasshopper [n.] batta バッタ
grate [v.] kosuru こする [n.] hi doko 火床
grateful [a.] kansha suru 感謝する

gratify [v.] manzoku saseru 満足させる
gratitude [n.] kansha 感謝
grave [n.] haka 墓
 [a.] jūdai na 重大な, kingen na 謹厳な
gravel [n.] jari 砂利
gravely [ad.] jūdai ni 重大に
gravitation [n.] inryoku 引力, jūryoku 重力
gravity [n.] shinken sa 真剣さ, jūryoku 重力
gravy [n.] niku no sūpu 肉のスープ
gray [a.] haiiro no 灰色の [n.] haiiro 灰色
graze [v.] bokusō o taberu 牧草を食べる, hōboku suru 放牧する
grease [n.] shibō 脂肪, jushi 樹脂
great [a.] ōkii 大きい, kyodai na 巨大な, idai na 偉大な
greater [a.] yori ōkii より大きい
greatly [ad.] totemo とても, sugoku すごく
greatness [n.] kyodai sa 巨大さ, idai sa 偉大さ
Greece [n.] girisha ギリシャ
greed [n.] yoku 欲, donyoku 貪欲
greedy [a.] donyoku na 貪欲な
Greek [n.] girisha jin ギリシャ人, girisha go ギリシャ語
green [a.] midori no 緑の [n.] midori iro 緑色
greet [v.] kangei suru 歓迎する, aisatsu suru 挨拶する
greeting [n.] kangei 歓迎, aisatsu 挨拶
grief [n.] kanashimi 悲しみ
grieve [v.] hitan suru 悲嘆する
grim [a.] genkaku na 厳格な, reikoku na 冷酷な
grin [n.] nikkori warai にっこり笑い
 [v.] nikoniko suru にこにこする
grind [v.] togu 研ぐ
grip [n.] shikkari nigiri しっかり握り, haaku 把握
 [v.] shikkari nigiru しっかり握る
groan [n.] umeki goe うめき声 [v.] umeku うめく
grocer [n.] shokuryō zakka shō 食料雑貨商

groceries [n.] shokuryō zakka rui 食料雑貨類
grocery store [n.] shokuryō zakka ten 食料雑貨店
groom [n.] shinrō 新郎
gross [n.] sōgaku 総額
　　[a.] futotta 太った, ōkii 大きい, sōkei no 総計の
ground [n.] jimen 地面, tsuchi 土, undō jō 運動場
ground **floor** [n.] ichi kai 一階
group [n.] gurūpu グループ, mure 群れ
grove [n.] chiisana mori 小さな森
grow [v.] seichō suru 成長する
growl [n.] sakebi goe 叫び声 [v.] unaru うなる
grown-up [n.] otona 大人
　　[a.] otona ni natta 大人になった
growth [n.] seichō 成長, hattatsu 発達, zōka 発達
grudge [n.] enkon 怨恨 [v.] oshimu 惜しむ
grumble [v.] fuhei o iu 不平を言う, guchi suru 愚痴する
grunt [v.] fuhei o iu 不平を言う
guaran**tee** [n.] hoshō 保証, hoshō nin 保証人
　　[v.] hoshō suru 保証する
guard [n.] kanshi 監視, keikai 警戒 [v.] mamoru 守る
guardian [n.] hogo sha 保護者, kōken nin 後見人
guess [v.] suisoku suru 推測する [n.] suisoku 推測
guest [n.] okyaku sama お客様
guidance [n.] an'nai 案内, chizu 地図, jogen 助言
guide [v.] an'nai suru 案内する
　　[n.] an'nai nin 案内人, shishin 指針
guidebook [n.] ryokō gaido 旅行ガイド,
　　ryokō an'nai sho 旅行案内書
guilt [n.] hanzai 犯罪, tsumi no ishiki 罪の意識
guiltless [a.] keppaku na 潔白な
guilty [a.] yūzai no 有罪の
gui**tar** [n.] gitā ギター
gui**ta**rist [n.] gitā sōsha ギター奏者
gulf [n.] wan 湾

gum [n.] gomu ゴム
gun [n.] jū 銃, taihō 大砲
guy [n.] otoko 男, yatsu やつ
gym [n.] taiiku kan 体育館, taisō 体操
gym**na**sium [n.] taiiku kan 体育館
gym**na**st [n.] taisō kyōgi sha 体操競技者,
　　taiiku kyōshi 体育教師
gym**nas**tic [a.] taisō no 体操の
gym**nas**tics [n.] taisō 体操

H

ha [interj.] oya oya おやおや
habit [n.] shūkan 習慣
habitual [a.] shūkan tekina 習慣的な
hacksaw [n.] yumi no ko 弓のこ
hail [n.] arare あられ, kansei 歓声
   [v.] arare ga furu あられが降る
hair [n.] mōhatsu 毛髪, ke 毛
hairbrush [n.] ke burashi 毛ブラシ
haircut [n.] sanpatsu 散髪
half [n.] hanbun 半分
halfway [ad.] chūkan ni 中間に, chūto de 中途で
hall [n.] rōka 廊下, hōru ホール
halt [n.] teishi 停止 [v.] teishi suru 停止する
ham [n.] hamu ハム
hamburger [n.] hanbāgā ハンバーガー
hammer [n.] tsuchi 槌
hand [n.] te 手
handbag [n.] baggu バッグ, hando baggu ハンドバッグ
handbook [n.] gaido ガイド,
   toriatsukai setsumei sho 取扱説明書
handful [n.] hito nigiri 一握り, shōryō 少量
handicap [n.] furi na jōken 不利な条件,
   handi kyappu ハンディキャップ
handkerchief [n.] hankachi ハンカチ
handle [n.] totte 取っ手 [v.] te de atsukau 手で扱う
handsome [a.] hansamu na ハンサムな
handwriting [n.] shuki 手記
handy [a.] benri na 便利な, tegaru na 手軽な
hang [v.] tsurusu 吊るす, kakeru 掛ける
hanging [n.] kakari 掛かり, kōshukei 絞首刑
happen [v.] okoru 起こる, gūzen ~ suru 偶然~する
happily [ad.] shiawase ni 幸せに, saiwai ni 幸いに

happiness [n.] shiawase 幸せ
happy [a.] shiawase na 幸せな
harbor [n.] minato 港, kakure ba 隠れ場
   [v.] kakusu 隠す
hard [a.] katai 硬い, katai 固い
harden [v.] katamaru 固まる, kataku naru 硬くなる
hardened [a.] katamatta 固まった, ganko na 頑固な,
   shikkari shita しっかりした
hardly [ad.] yatto やっと, kesshite ~ nai 決して~ない
hardness [n.] kata sa 硬さ, kengo 堅固
hardship [n.] kunan 苦難, kon'nan 困難
hardware [n.] hādowea ハードウェア,
   kanamono rui 金物類
hardy [a.] jōbu na 丈夫な, tsuyoi 強い
hare [n.] no usagi 野ウサギ
hark [v.] kiku 聞く, mimi o katamukeru 耳を傾ける
harm [v.] kizu tsukeru 傷つける
   [n.] gai 害, shōgai 傷害
harmful [a.] yūgai na 有害な
harmless [a.] gai no nai 害のない
harmonious [a.] chōwa shita 調和した,
   nagoyaka na 和やかな
harmony [n.] chōwa 調和, wasei 和声
harness [n.] bagu 馬具
   [v.] bagu o tsukeru 馬具をつける
harp [n.] hāfu ハープ
harsh [a.] arai 荒い, kakoku na 過酷な
harvest [n.] shūkaku 収穫, shūkaku butsu 収穫物
   [v.] shūkaku suru 収穫する
has-been [n.] jidai okure no hito 時代遅れの人
haste [n.] sekkachi せっかち, keisotsu 軽率
   [v.] isogu 急ぐ
hasten [v.] isogaseru 急がせる, isogu 急ぐ
hastily [ad.] isoide 急いで

hasty　[a.] kyū na　急な, keisotsu na　軽率な
hat　[n.] bōshi　帽子
hatch　[n.] fuka　孵化　[v.] fuka suru　孵化する
hate　[v.] nikumu　憎む　[n.] zō'o　憎悪
hateful　[a.] nikui　憎い, kirai na　嫌いな
hatred　[n.] zō'o　憎悪, ken'o　嫌悪
haughty　[a.] kōman na　高慢な, namaiki na　生意気な
haul　[v.] hipparu　引っ張る　[n.] yusō hin　輸送品
haunt　[v.] yoku iku　よく行く, kurushimu　苦しむ
have　[v.] motsu　持つ, motte iru　持っている
hawk　[n.] taka　タカ
hay　[n.] hoshi kusa　干し草
hazard　[n.] kiken　危険　[v.] bōken suru　冒険する
he　[pron.] kare ga　彼が, kare wa　彼は
head　[n.] atama　頭, chō　長　[v.] mukau　向かう
headache　[n.] zutsū　頭痛
headlong　[a.] keisotsu na　軽率な
　　　　[ad.] gyaku ni　逆に, mubō ni　無謀に
headquarters　[n.] honbu　本部, shirei bu　司令部
heal　[v.] byōki o naosu　病気を治す
health　[n.] kenkō　健康
healthy　[a.] kenkō na　健康な
heap　[n.] tsumi kasane　積み重ね, tasū　多数
　　　[v.] tsumi kasaneru　積み重ねる
hear　[v.] kiku　聴く
hearing　[n.] chōkaku　聴覚, chōmon kai　聴聞会
heart　[n.] shinzō　心臓, kanjō　感情
hearth　[n.] ro　炉, danro　暖炉
heartily　[ad.] hontōni　本当に, chūshin de　忠心で
hearty　[a.] atatakai　暖かい
heat　[n.] netsu　熱, nekki　熱気
　　　[v.] kanetsu suru　加熱する
heathen　[n.] ikyōto　異教徒
heave　[v.] mochi ageru　持ち上げる, agaru　上がる

heaven　[n.] sora　空, tengoku　天国
heavenly　[a.] sora no　空の,
　　　　tengoku no yōna　天国のような
heavily　[ad.] omoku　重く
heavy　[a.] omoi　重い, tairyō no　大量の
hedge　[n.] ikegaki　生垣, shōheki　障壁　[v.] fusegu　防ぐ
heed　[n.] chūi　注意　[v.] chūi suru　注意する
heel　[n.] kakato　踵
height　[n.] taka sa　高さ, se　背
heir　[n.] sōzoku nin　相続人
helicopter　[n.] herikoputā　ヘリコプター
hell　[n.] jigoku　地獄
hello　[interj.] oi　おい, moshi moshi　もしもし,
　　　kon'nichiwa　こんにちは
helm　[n.] kaji　舵
helmet　[n.] herumetto　ヘルメット, tetsu bō　鉄帽
help　[n.] tasuke　助け　[v.] tasukeru　助ける
helper　[n.] tasukeru hito　助ける人, joryoku sha　助力者
helpful　[a.] yakunitatsu　役に立つ, yūyō na　有用な
helpless　[a.] muryoku na　無力な, munō na　無能な
hem　[n.] fuku no heri　服のへり, fuchi　縁
hemisphere　[n.] chikyū no hankyū　地球の半球,
　　　hankyū tai　半球体
hen　[n.] mendori　雌鳥
hence　[ad.] koko kara, ここから, ima kara　今から
henceforth　[ad.] korekara wa　ここから, kongo　今後
her　[pron.] kanojo o　彼女を, kanojo ni　彼女に
herald　[n.] denrei　伝令, dentatsu sha　伝達者
herd　[n.] kachiku no mure　家畜の群れ, gunshū　群衆
here　[ad.] koko ni　ここに, koko e　ここへ
hereafter　[ad.] kongo　今後
hermit　[n.] inja　隠者,
　　　zokusei o suteta hito　俗世を捨てた人
hero　[n.] eiyū　英雄

heroic [a.] eiyū no 英雄の, eiyū tekina 英雄的な
heroin [n.] heroin ヘロイン
herring [n.] saba サバ
hers [pron.] kanojo no mono 彼女の物
herself [pron.] kanojo jishin 彼女自身
hesitate [v.] tamerau ためらう, chūcho suru 躊躇する
hesitation [n.] tomadoi とまどい, chūcho 躊躇
hey [interj.] oi おい, kore これ
hidden [a.] kakusareta 隠された, kakureta 隠れた
hide [v.] kakusu 隠す
hide-and-seek [n.] kakurenbo かくれんぼ
hideous [a.] mugotarashii むごたらしい,
　osoroshii 恐ろしい
high [a.] takai 高い, kōka na 高価な
highly [ad.] totemo とても, sugoku すごく
highness [n.] takai koto 高いこと, denka 殿下
high school [n.] kōkō 高校
highway [n.] kansen dōro 幹線道路
hike [n.] toho ryokō 徒歩旅行, hikiage 引上
hiking [n.] toho ryokō 徒歩旅行
hill [n.] oka 丘
hillside [n.] oka no chūfuku 丘の中腹
hilltop [n.] oka no chōjō 丘の頂上
him [pron.] kare o 彼を, kare ni 彼に
himself [pron.] kare jishin 彼自身
hind [a.] ushiro gawa no 後ろ側の, ushiro no 後ろの
hinder [v.] samatageru 妨げる
　[a.] kōhō no 後方の, ushiro no 後ろの
hinge [n.] chō tsugai ちょうつがい, yōtei 要諦
hint [n.] anji 暗示 [v.] anji suru 暗示する
hip [n.] o shiri お尻
hire [v.] yatou 雇う [n.] koyō 雇用
his [pron.] kare no 彼の
hiss [n.] shitto iu oto シッと言う音

historian [n.] rekishi ka 歴史家
historic [a.] rekishi no 歴史の, rekishi jō no 歴史上の
historical [a.] rekishi tekina 歴史的な, rekishi jō 歴史上
history [n.] rekishi 歴史
hit [v.] utsu 打つ
hitchhike [v.] binjō shite ryokō suru 便乗して旅行する
hither [ad.] koko e ここへ, kochira e こちらへ
hitherto [ad.] ima made 今まで
hive [n.] mitsubachi no subako ミツバチの巣箱
ho [interj.] ara あら
hobby [n.] shumi 趣味
hog [n.] buta 豚
hold [v.] nigiru 握る, tsukamaeru 捕まえる
holder [n.] shoji nin 所持人, shoyū sha 所有者
hole [n.] ana 穴
holiday [n.] kyūjitsu 休日, kyūka 休暇, yasumi 休み
Holland [n.] oranda オランダ
hollow [n.] kubomi くぼみ [a.] nakazora no 中空の
holy [a.] shinsei na 神聖な, keiken na 敬虔な
homage [n.] keii 敬意
home [n.] ie 家, katei 家庭, kokyō 故郷
homely [a.] katei tekina 家庭的な, soboku na 素朴な,
　heibon na 平凡な
homemade [a.] ie de tsukutta 家で作った
homeroom [n.] hōmurūmu ホームルーム,
　seikatsu shidō kyōshitsu 生活指導教室
home run [n.] hōmuran ホームラン
homeward [a.] kiro no 帰路の
　[ad.] ie ni mukatte 家に向かって
homework [n.] shukudai 宿題, katei gakushū 家庭学習
honest [a.] shōjiki na 正直な, seijitsu na 誠実な
honestly [ad.] shōjiki ni 正直に, seijitsu ni 誠実に
honesty [n.] shōjiki 正直, seijitsu 誠実
honey [n.] hachimitsu 蜂蜜, anata 貴方

honor [n.] meiyo 名誉
honorable [a.] rippa na 立派な, meiyo aru 名誉ある
hood [n.] zukin 頭巾, gaitō no fūdo 外套のフード
hoof [n.] hizume ひずめ
hook [n.] kagi 鈎 [v.] kagi ni kakeru 鈎にかける
hop [n.] chōyaku 跳躍
　[v.] kataashi de hashiru 片足で走る
hope [n.] kibō 希望
hopeful [a.] kibō suru 希望する
hopefully [ad.] kibō o motte 希望を持って,
　umaku ikeba うまくいけば
hopeless [a.] kibō ga nai 希望がない,
　zetsubō tekina 絶望的な
horizon [n.] chiheisen 地平線, suihei sen 水平線,
　shiya 視野
horizontal [a.] chiheisen no 地平線の,
　suihei sen no 水平線の
horizontally [ad.] suihei 水平, yoko ni 横に
horn [n.] kado 角, keiteki 警笛
horrible [a.] osoroshii 恐ろしい,
　mugotarashii むごたらしい
horribly [ad.] osoroshiku 恐ろしく,
　mugotarashiku むごたらしく
horrid [a.] zotto suru ぞっとする
horror [n.] kyōfu 恐怖, senritsu 戦慄
horse [n.] uma 馬
horseback [n.] uma no senaka 馬の背中
horseman [n.] kishu 騎手
hospital [n.] byōin 病院
hospitality [n.] kantai 歓待
host [n.] enkai no shujin 宴会の主人, shikai sha 司会者
hostel [n.] yūsu hosuteru ユースホステル
hostess [n.] enkai no jo shujin 宴会の女主人,
　settai fu 接待婦

hostile [a.] tekii o motta 敵意を持った,
　tekitai suru 敵対する
hot [a.] atsui 暑い, saikin no 最近の
hot dog [n.] hotto doggu ホットドッグ
ho**tel** [n.] hoteru ホテル
hound [n.] ryōken 猟犬
hour [n.] ichi jikan 一時間, jikoku 時刻
house [n.] ie 家, jūtaku 住宅
household [n.] kazoku 家族, setai 世帯
housekeeper [n.] shufu 主婦
housemaid [n.] kasei fu 家政婦, gejo 下女
housewife [n.] shufu 主婦
hover [v.] sora o kurukuru mawaru 空をくるくる回わる,
　urouro suru うろうろする
how [ad.] dono yōni shite どのようにして
how**ev**er [conj.] shika shi しかし, tokoro ga ところが
howl [v.] nagaku hoeru 長くほえる,
　naki sakebu 泣き叫ぶ
huddle [v.] muragaru 群がる
hue [n.] iroai 色合い
hug [v.] gyutto dakishimeru ぎゅっと抱き締める
huge [a.] kyodai na 巨大な
hum [n.] hanauta 鼻歌, hamingu ハミング
　[v.] hanauta o utau 鼻歌を歌う
human [a.] ningen no 人間の, ningen tekina 人間的な
humane [a.] ninjō no aru 人情のある,
　omoiyari no aru 思いやりのある
humanism [n.] ningen sei 人間性, jinponshugi 人本主義
humanist [n.] jindō shugi sha 人道主義者
hu**ma**nity [n.] ningen 人間, jinrui 人類
humble [a.] iyashii 卑しい, heri kudatta へりくだった
humbly [ad.] heri kudatte へりくだって
hu**mil**ity [n.] kenson 謙そん
humor [n.] yūmoa ユーモア, kokkei 滑稽,

kaigyaku 諧謔

humorist　[n.] yūmoa sakka ユーモア作家,
　kaigyaku ka 諧謔家

humorous　[a.] kokkei na 滑稽な, omoshiroi 面白い

hundred　[n.] hyaku 100

hundredth　[n.] hyaku banme 百番目
　[a.] hyaku banme no 百番目の

Hungary　[n.] hangarī ハンガリー

hunger　[n.] kiga 飢餓, ue 飢え [v.] ueru 飢える

hungry　[a.] kūfuku na 空腹な, ueta 飢えた,
　katsubō suru 渇望する

hunt　[v.] karu 狩る [n.] kari 狩り

hunter　[n.] karyūdo 狩人

hunting　[n.] kari 狩り

hurl　[v.] chikara ippai nageru 力いっぱい投げる,
　waruguchi o abiseru 悪口を浴びせる

hur**ray**　[interj.] banzai 万歳

hurried　[a.] hijō ni kyū na 非常に急な

hurry　[v.] isogu 急ぐ
　[n.] hijō ni isogashii koto 非常に忙しいこと

hurt　[v.] kizu tsukeru 傷つける [n.] kutsū 苦痛, kizu 傷

husband　[n.] otto 夫

hush　[n.] chinmoku 沈黙
　[v.] shizuka ni suru 静かにする

hut　[n.] koya 小屋

hydrogen　[n.] suiso 水素

hymn　[n.] sanbi ka 賛美歌

hymnal　[n.] sanbi kashū 賛美歌集
　[a.] sanbi ka no 賛美歌の

I

I　[pron.] watashi wa 私は, watashi ga 私が
　[n.] watashi 私
ice　[n.] kōri 氷
ice cream　[n.] aisukurīmu アイスクリーム
icy　[a.] kōri no 氷の, tsumetai 冷たい
idea　[n.] kangae 考え, iken 意見, gainen 概念
ideal　[n.] risō 理想 [a.] risō tekina 理想的な
idealist　[n.] risō shugi sha 理想主義者
identical　[a.] onaji 同じ, dōitsu no 同一の
identify　[v.] dōitsu shi suru 同一視する,
　kakunin suru 確認する
idiom　[n.] kanyō ku 慣用句
idiot　[n.] hakuchi 白痴, baka 馬鹿
idle　[a.] taida na 怠惰な, asonde iru 遊んでいる
idleness　[n.] taida 怠惰, mueki 無益
idol　[n.] gūzō 偶像
if　[conj.] moshi ~ nara もし~なら
ignorance　[n.] muchi 無知
ignorant　[a.] muchi na 無知な
ignore　[v.] mushi suru 無視する
ill　[n.] byō 病, aku 悪 [a.] byōki ni natta 病気になった
illegal　[a.] fuhō no 不法の
illness　[n.] byōki 病気
illuminate　[v.] terashi dasu 照らし出す,
　setsumei suru 説明する
illumination　[n.] shōmei 照明, setsumei 説明
illusion　[n.] gensō 幻想
illustrate　[v.] zukai suru 図解する
illustration　[n.] sashie 挿絵, zukai 図解
image　[n.] zō 像, sugata 姿, gainen 概念
imaginable　[a.] sōzō dekiru 想像できる
imaginary　[a.] sōzō no 想像の

imagination　[n.] sōzō 想像, sōzō ryoku 想像力
imagine　[v.] sōzō suru 想像する
imitate　[v.] maneru 真似る
imitation　[n.] mohō 模倣
immediate　[a.] sokuji no 即時の, chokusetsu no 直接の,
　kinjo no 近所の
immediately　[ad.] tadachini 直ちに
immense　[a.] kyodai na 巨大な
immensely　[ad.] kōdai ni 広大に, mugen ni 無限に
immigrant　[n.] imin sha 移民者, ijū sha 移住者
immortal　[a.] fumetsu no 不滅の [n.] fujimi 不死身
impatient　[a.] gaman deki nai 我慢できない
impatiently　[ad.] gaman deki nakute 我慢できなくて
imperfect　[a.] fu kanzen na 不完全な
imperial　[a.] teikoku no 帝国の, shihai suru 支配する
implement　[n.] dōgu 道具, tsūru ツール
implement　[v.] jisshi suru 実施する
implore　[v.] aigan suru 哀願する, tangan suru 嘆願する
imply　[v.] anji suru 暗示する
import　[n.] yunyū 輸入, yunyū hin 輸入品
import　[v.] yunyū suru 輸入する
importance　[n.] jūyō sei 重要性
important　[a.] jūyō na 重要な
impose　[v.] kasuru 課する
impossible　[a.] fu kanō na 不可能な
impress　[v.] kandō saseru 感動させる,
　inshō zukeru 印象づける
impression　[n.] kanmei 感銘, inshō 印象
impressive　[a.] kandō tekina 感動的な
imprison　[v.] tōgoku suru 投獄する,
　kankin suru 監禁する
improve　[v.] kaizen suru 改善する,
　kairyō suru 改良する, kōjō suru 向上する
improvement　[n.] kaizen 改善, kairyō 改良, kōjō 向上

imprudent [a.] keisotsu na 軽率な,
　mufunbetsu na 無分別な
impudent [a.] zūzūshii ずうずうしい
impudently [ad.] atsukamashiku 厚かましく
impulse [n.] shōdō 衝動, shōgeki 衝撃
impurity [n.] fujun 不純, fuketsu 不潔
in [prep.] ~ no naka ni ~の中に
inadequate [a.] fu tekitō na 不適当な
inadequately [ad.] fu tekitō ni 不適当に
incapable [a.] ~ ga deki nai ~ができない,
　munō na 無能な
incense [n.] kō 香 [v.] kō o taku 香をたく
incessant [a.] taema nai 絶え間ない
incessantly [ad.] taezu 絶えず
inch [n.] inchi インチ
incident [n.] jiken 事件, dekigoto 出来事
inclination [n.] katamuki 傾き, keisha 傾斜, keikō 傾向
incline [v.] katamuku 傾く, keisha suru 傾斜する
include [v.] fukumu 含む
income [n.] shūnyū 収入, shotoku 所得
inconvenience [n.] fuben 不便
inconvenient [a.] fuben na 不便な
inconveniently [ad.] fuben ni 不便に
incorrect [a.] machigatta 間違った
increase [v.] fueru 増える, zōka suru 増加する
increase [n.] zōka 増加, jōshō 上昇
incredible [a.] shinjirare nai 信じられない
incur [v.] maneku 招く, ~ sareru ~される
indeed [ad.] hontōni 本当に, jissai ni 実際に
indefinite [a.] fu meikaku na 不明確な,
　mu kigen no 無期限の
indefinite article [n.] futei kanshi 不定冠詞
indefinitely [ad.] bakuzento 漠然と,
　mu kigen ni 無期限に

independence [n.] dokuritsu 独立, jiritsu 自立
independent [indəpendənt] [a.] dokuritsu no 独立の
　[n.] dokuritsu shita hito 独立した人
independently [ad.] dokuritsu shite 独立して
index [n.] shihyō 指標, sakuin 索引, shisū 指数
India [n.] indo インド
Indian [n.] indian インディアン, indo jin インド人
　[a.] indo no インドの
indicate [v.] shimesu 示す, anji suru 暗示する
indication [n.] shiji 指示, chōkō 徴候
indifference [n.] mu kanshin 無関心, reitan 冷淡
indifferent [a.] mu kanshin na 無関心な,
　kōhei na 公平な
indifferently [ad.] mu kanshin ni 無関心に,
　kōhei ni 公平に
indignation [n.] ikidoori 憤り, fungai 憤慨
indispensable [a.] fukaketsu na 不可欠な
individual [a.] kojin tekina 個人的な
　[n.] kojin 個人, hito 人
Indonesia [n.] indoneshia インドネシア
indoors [ad.] shitsunai de 室内で
induce [v.] settoku shite ~ saseru 説得して~させる
inducement [n.] kan'yū 勧誘, yūin 誘引
indulge [v.] sukina yōni saseru 好きなようにさせる
industrial [a.] sangyō no 産業の, kōgyō no 工業の
industrious [a.] kinben na 勤勉な
industriously [ad.] kinben ni 勤勉に
industry [n.] sangyō 産業, kōgyō 工業, kinben 勤勉
inevitable [a.] sakerare nai 避けられない,
　hitsuzen tekina 必然的な
infancy [n.] yōnen ki 幼年期, shoki 初期
infant [n.] yōji 幼児 [a.] yōji no 幼児の
infect [v.] kansen saseru 感染させる,
　eikyō o ataeru 影響を与える

in**fec**tion [n.] kansen 感染, densen byō 伝染病
in**fer**ior [a.] ~ yori otoru ~より劣る, rettō na 劣等な, shita no 下の
infinite [a.] mugen no 無限の, bakudai na 莫大な
infinitely [ad.] mugen ni 無限に, kagiri naku 限りなく
infinitive [n.] futei shi 不定詞
in**fla**me [v.] hi o tsukeru 火をつける, sendō suru 扇動する
in**fla**tion [n.] インフレーション, bōchō 膨張, infurēshon
in**flict** [v.] kutsū o ataeru 苦痛を与える, futan saseru 負担させる
in**flu**ence [n.] eikyō 影響 [v.] eikyō o ataeru 影響を与える
influ**en**za [n.] infuruenza インフルエンザ, ryūkan 流感
in**form** [v.] shiraseru 知らせる, tsūchi suru 通知する
in**for**mal [a.] hikōshiki no 非公式の, keishiki bara nai 形式ばらない
infor**ma**tion [n.] jōhō 情報, dentatsu 伝達
in**ge**nious [a.] kashikoi 賢い, sainō ga aru 才能がある, seikō na 精巧な
in**gra**titude [n.] on shirazu 恩知らず
in**ha**bit [v.] sumu 住む, shimeru 占める
in**ha**bitant [n.] kyojū sha 居住者, jūmin 住民
in**her**ent [a.] umaretsuki no 生まれつきの, koyū no 固有の
in**her**ently [ad.] senten tekini 先天的に
in**her**it [v.] sōzoku suru 相続する, iden suru 遺伝する
in**her**itance [n.] sōzoku 相続, sōzoku ken 相続権, iden 遺伝
in**i**tial [a.] shoki no 初期の [n.] kashira moji 頭文字, inisharu イニシャル
in**i**tially [ad.] saisho ni 最初に
in**i**tiative [n.] shudō 主導, sossen 率先
in**jure** [v.] kizu tsukeru 傷つける, kizu o owaseru 傷を負わせる
in**ju**ry [n.] fushō 負傷, kizu 傷
in**jus**tice [n.] fusei 不正, fukōhei 不公平
ink [n.] inku インク
inland [a.] nairiku no 内陸の, kokunai no 国内の
inn [n.] ryokan 旅館, yadoya 宿屋
inner [a.] naibu no 内部の, naimen tekina 内面的な
innocence [n.] junketsu 純潔, muzai 無罪, mujaki 無邪気
innocent [a.] junketsu na 純潔な, tsumi no nai 罪のない
in**nu**merable [a.] musū no 無数の
in**quire** [v.] tou 問う, shitsumon suru 質問する
in**qui**ry [n.] toi awase 問い合わせ, shitsumon 質問, chōsa 調査
in**sane** [a.] kurutta 狂った, hijō ni oroka na 非常に愚かな
in**scrip**tion [n.] mei koku 銘刻, hibun 碑文
insect [n.] konchū 昆虫, mushi 虫
insert [n.] sōnyū butsu 挿入物
in**sert** [v.] sōnyū suru 挿入する
in**ser**ted [a.] sōnyū shita 挿入した
in**side** [a.] naibu no 内部の [ad.] naibu ni 内部に [n.] naibu 内部
insig**ni**ficance [n.] toruni taranai koto 取るに足らない事, muimi na koto 無意味な事
insig**ni**ficant [a.] tsumaranai つまらない, muimi na 無意味な
in**sist** [v.] shuchō suru 主張する, kyōchō suru 強調する
in**spect** [v.] chōsa suru 調査する, kensa suru 検査する
in**spec**tion [n.] chōsa 調査, kensa 検査
in**spec**tor [n.] chōsakan 調査官, kensakan 検査官
inspi**ra**tion [n.] kanka 感化, reikan 霊感, meian 名案
in**spire** [v.] kandō saseru 感動させる
in**stall** [v.] secchi suru 設置する,

shūnin saseru 就任させる
installment [n.] kappu 割賦,
　ikkai haraikomi kin 一回払込金
instance [n.] ba'ai 場合, rei 例
instant [a.] sokuji no 即時の, shunkan no 瞬間の
　[n.] sokuji 即時, shunkan 瞬間
instantly [ad.] sokuji 即時, shunkan tekini 瞬間的に
instead [ad.] kawari ni 代わりに
instinct [n.] hon'nō 本能, soshitsu 素質
institute [n.] seido 制度, kyōkai 協会
　[v.] setsuritsu suru 設立する
institution [n.] seido 制度, kyōkai 協会, setsuritsu 設立
instruct [v.] shiji suru 指示する, oshieru 教える
instruction [n.] shiji 指示, kyōiku 教育
instructive [a.] kyōiku tekina 教育的な, yūeki na 有益な
instructor [n.] kyōshi 教師, shidō sha 指導者,
　daigaku kōshi 大学講師
instrument [n.] shudan 手段, dōgu 道具, gakki 楽器
insult [n.] bujoku 侮辱 [v.] bujoku suru 侮辱する
insurance [n.] hoken 保険
insure [v.] hoken ni hairu 保険に入る,
　hoshō suru 保証する
insured [n.] hi hoken sha 被保険者
　[a.] hoken ni kanyū shita 保険に加入した
intellect [n.] chisei 知性
intellectual [n.] chishiki jin 知識人 [a.] chi tekina 知的な
intellectually [ad.] chi tekini 知的に
intelligence [n.] himitsu jōhō 秘密情報
intelligent [a.] sōmei na 聡明な, kashikoi 賢い
intelligently [ad.] sōmei ni 聡明に
intend [v.] ~ suru tsumori da ～するつもりだ
intense [a.] hageshii 激しい, netsuretsu na 熱烈な
intensify [v.] tsuyoku suru 強くする,
　zōdai saseru 増大させる

intensity [n.] gekiretsu sa 激烈さ, kyōdo 強度
intent [n.] ishi 意志, ito 意図
　[a.] muchū ni natta 夢中になった
intention [n.] ishi 意志, ito 意図
intercourse [n.] kōsai 交際, shinkō 親交, seikō 性交
interest [n.] kyōmi 興味, rieki 利益, risoku 利息
interested [a.] kanshin no aru 関心のある
interesting [a.] omoshiroi おもしろい,
　kanshin o hiku 関心をひく
interfere [v.] shōtotsu suru 衝突する,
　bōgai suru 妨害する, kanshō suru 干渉する
interference [n.] shōtotsu 衝突, bōgai 妨害,
　kanshō 干渉
interior [n.] naibu 内部, nairiku 内陸, naizō 内蔵
　[a.] naibu no 内部の
internal [a.] naibu no 内部の, kokunai no 国内の
international [a.] kokusai tekina 国際的な
Internet [n.] intānetto インターネット
interpret [v.] tsūyaku suru 通訳する,
　kaishaku suru 解釈する
interpretation [n.] tsūyaku 通訳, kaishaku 解釈
interpreter [n.] tsūyaku nin 通訳人, kaisetsu sha 解説者
interrogation [n.] shitsumon 質問, jinmon 尋問
interrogative [n.] gimon shi 疑問詞
　[a.] gimon no 疑問の
interrupt [v.] bōgai suru 妨害する
interrupted [a.] chūdan sareta 中断された,
　danzoku tekina 断続的な
interruptedly [ad.] danzoku tekini 断続的に
interruption [n.] bōgai 妨害, shadan 遮断
interval [n.] kankaku 間隔, aida 間
intervene [v.] kanshō suru 干渉する,
　chūsai suru 仲裁する
interview [n.] kaiken 会見, mensetsu 面接

intimate [v.] anji suru 暗示する
intimate [a.] shinmitsu na 親密な,
  gaihaku na 該博な [n.] yūjin 友人
intimately [ad.] shinmitsu ni 親密に
into [prep.] naka ni 中に
intonation [n.] yokuyō 抑揚, intonēshon イントネーション
intransitive [a.] jidō no 自動の
intransitive verb [n.] jidōshi 自動詞
intricate [a.] fukuzatsu na 複雑な, nankai na 難解な
introduce [v.] shōkai suru 紹介する,
  dōnyū suru 導入する
introduction [n.] shōkai 紹介, dōnyū 導入,
  nyūmon 入門
intrude [v.] oshikomu 押し込む, oshitsukeru 押しつける
invade [v.] shin ryaku suru 侵略する,
  shingai suru 侵害する
invalid [n.] byōjaku na hito 病弱な人
invalid [a.] kōka ga nai 効果がない
invaluable [a.] hijō ni kichō na 非常に貴重な
invariable [a.] fuhen no 不変の
invariably [ad.] kawarazu 変わらず
invasion [n.] shin ryaku 侵略, shingai 侵害
invent [v.] hatsumei suru 発明する, sōsa suru 操作する
invention [n.] hatsumei 発明, hatsumei hin 発明品,
  kyokō 虚構
inventor [n.] hatsumei ka 発明家
invest [v.] tōshi suru 投資する
investigate [v.] chōsa suru 調査する,
  kenkyū suru 研究する
investigation [n.] chōsa 調査, kenkyū 研究
investment [n.] tōshi 投資, tōshi kin 投資金
invisible [a.] me ni mie nai 目に見えない
invitation [n.] shōtai 招待
invite [v.] shōtai suru 招待する, kan'yū suru 勧誘する

invoke [v.] uttaeru 訴える, konsei suru 懇請する
involve [v.] fukumu 含む, bottō saseru 没頭させる
involved [a.] fukuzatsu na 複雑な, nankai na 難解な
involvement [n.] renrui 連累, funsō 紛争, hōgan 包含
inward [a.] naibu no 内部の [ad.] uchi gawa ni 内側に
Irish [n.] airurando jin アイルランド人,
  airurando go アイルランド語
iron [n.] tetsu 鉄, airon アイロン
irony [n.] fūshi 諷刺, igai na kekka 意外な結果,
  aironī アイロニー
irregular [a.] fukisoku tekina 不規則的な,
  dekoboko でこぼこ
irritate [v.] aseraseru 焦らせる
island [n.] shima 島
isle [n.] chiisana shima 小さな島
isolate [v.] koritsu saseru 孤立させる,
  kakuri saseru 隔離させる
isolated [a.] koritsu sareta 孤立された,
  kakuri sareta 隔離された
isolation [n.] koritsu 孤立, kakuri 隔離
issue [n.] hakkō butsu 発行物, sōten 争点,
  ryūshutsu 流出
it [pron.] sore wa それは, sore o それを
Italian [n.] itaria jin イタリア人
  [a.] itaria no イタリアの
Italy [n.] itaria イタリア
item [n.] kōmoku 項目, mokuroku 目録, hinmoku 品目
its [pron.] sore no それの
itself [pron.] sore jitai それ自体
ivory [n.] zōge 象牙
ivy [n.] tsuta ツタ

J

jack [n.] jakku ジャック,
   denki puragu no ana 電気プラグの穴
jacket [n.] jaketto ジャケット, hon no kabā 本のカバー
jail [n.] kangoku 監獄, keimusho 刑務所
   [v.] tōgoku suru 投獄する
jam [n.] konzatsu 混雑, jamu ジャム
   [v.] oshikomu 押し込む
janitor [n.] kanri nin 管理人, shuei 守衛
January [n.] ichi gatsu 一月
Japan [n.] nihon 日本
Japanese [n.] nihonjin 日本人, nihongo 日本語
   [a.] nihon no 日本の
jar [n.] kame 甕, tsubo 壺 [v.] shindō suru 振動する
jaw [n.] ago あご
jay [n.] kakesu カケス, oshaberi na hito おしゃべりな人
jazz [n.] jazu ジャズ
jealous [a.] shitto suru 嫉妬する, netami bukai 妬み深い
jealousy [n.] shitto 嫉妬, netami 妬み
jelly [n.] zerī ゼリー
jerk [n.] kyūgeki na dōsa 急激な動作
jest [n.] jōdan 冗談 [v.] jōdan o iu 冗談を言う
jet [n.] funshutsu 噴出, jettoki ジェット機
   [v.] funshutsu suru 噴出する
jet plane [n.] jettoki ジェット機
Jew [n] yudaya jin ユダヤ人
jewel [n.] hōseki 宝石, kichō hin 貴重品
jewelry [n.] hōseki rui 宝石類, sōshingu 装身具
Jewish [a.] yudaya jin no ユダヤ人の
job [n.] shigoto 仕事, sagyō 作業
join [v.] kanyū suru 加入する, tsunagu つなぐ
joint [n.] tsugi me つぎ目, kansetsu 関節
joke [n.] jōdan 冗談, kokkei 滑稽

   [v.] jōdan o iu 冗談を言う
jolly [a.] tanoshii 楽しい, yukai na 愉快な
journal [n.] nisshi 日誌, nikkan shinbun 日刊新聞
journalism [n.] jānarizumu ジャーナリズム,
   shinbun·zasshi gyō 新聞·雑誌業
journalist [n.] jānarisuto ジャーナリスト,
   shinbun·zasshi kisha 新聞·雑誌記者
journey [n.] ryokō 旅行
joust [n.] bajō yari shiai 馬上槍試合
joy [n.] yorokobi 喜び, kanki 歓喜
joyful [a.] yorokobi ni michita 喜びに満ちた
judge [v.] handan suru 判断する
   [n.] saibankan 裁判官, shinpan 審判
judgment [n.] saiban 裁判, hanketsu 判決,
   handan 判断
jug [n.] yakan やかん
juggle [v.] mahō o kakeru 魔法をかける,
   damasu だます
juice [n.] jūsu ジュース, shiru 汁
July [n.] shichi gatsu 7月
jump [v.] janpu ジャンプ, chōyaku suru 跳躍する
   [n.] chōyaku 跳躍
June [n.] roku gatsu 6月
jungle [n.] janguru ジャングル, mitsurin 密林
junior [a.] toshishita no 年下の, kakyū no 下級の
Jupiter [n.] mokusei 木星
jury [n.] baishin in 陪審員, shinsa iin dan 審査委員団
just [a.] tadashii 正しい, kōhei na 公平な
justice [n.] seigi 正義, kōhei 公平, hanji 判事
justify [v.] seitō ka suru 正当化する,
   kaimei suru 解明する

K

kangaroo　[n.] kangarū カンガルー
keen　[a.] surudoi 鋭い, eiri na 鋭利な, eibin na 鋭敏な
keep　[v.] jizoku suru 持続する, hozon suru 保存する
keeper　[n.] hogo sha 保護者, kanri nin 管理人,
　shubi sha 守備者
keeping　[n.] kanri 管理, hozon 保存, icchi 一致
kettle　[n.] yakan やかん
key　[n.] kagi 鍵, kaiketsu saku 解決策
kick　[v.] keru 蹴る
kid　[n.] kodomo 子供 [v.] hiyakasu 冷やかす
kill　[v.] korosu 殺す, dai nashi ni suru 台なしにする
kin　[n.] shinseki 親戚, shinzoku 親族
　[a.] shinseki no 親戚の
kind　[n.] shurui 種類, tokushitsu 特質
　[a.] shinsetsu na 親切な
kindle　[v.] kogasu 焦がす, akaruku suru 明るくする
kindly　[a.] shinsetsu na 親切な
　[ad.] shinsetsu ni 親切に
kindness　[n.] shinsetsu 親切
kindred　[n.] shinseki 親戚 [a.] shinzoku no 親族の
king　[n.] ō 王
kingdom　[n.] ōkoku 王国
kiss　[n.] kisu キス [v.] kisu suru キスする
kitchen　[n.] daidokoro 台所
kite　[n.] dako 凧
kitten　[n.] koneko 子猫
knave　[n.] furyō 不良
knee　[n.] hiza 膝
kneel　[v.] hiza mazuku ひざまずく
knife　[n.] naifu ナイフ, hamono 刃物
knight　[n.] kishi 騎士
knit　[v.] amu 編む

knock　[n.] nokku ノック, tataku koto たたくこと
　[v.] tataku たたく
knot　[n.] musubi 結び [v.] musubu 結ぶ
know　[v.] shiru 知る
knowing　[a.] chishiki no aru 知識のある, kashikoi 賢い
knowledge　[n.] chishiki 知識
known　[a.] kichi no 既知の
Korea　[n.] kankoku 韓国
Korean　[n.] kankoku jin 韓国人, kankoku go 韓国語
　[a.] kankoku no 韓国の

L

label [n.] raberu ラベル
　[v.] harigami o haru はり紙をはる
labor [n.] rōdō 労働, shigoto 仕事 [v.] hataraku 働く
laboratory [n.] jikken shitsu 実験室, kenkyū jo 研究所
laborer [n.] rōdō sha 労働者
lace [n.] rēsu レース, kutsu himo 靴ひも
lack [v.] fusoku suru 不足する
　[n.] fusoku 不足, ketsubō 欠乏
lad [n.] shōnen 少年, wakamono 若者
ladder [n.] hashigo 梯子
lade [v.] nimotsu o tsumu 荷物を積む
laden [a.] nimotsu o tsunda 荷物を積んだ
lady [n.] shukujo 淑女, kifujin 貴婦人
lake [n.] mizu umi 湖
lamb [n.] ko hitsuji 子ヒツジ, hitsuji no niku 羊の肉
lame [a.] bikkoo hiku びっこを引く
lament [n.] hitan 悲嘆 [v.] hitan suru 悲嘆する
lamp [n.] ranpu ランプ, tō 灯
lance [n.] yari 槍 [v.] yari de sasu 槍で刺す
land [n.] rikuchi 陸地, tochi 土地
　[v.] chakuriku suru 着陸する
landing [n.] jōriku 上陸, chakuriku 着陸
landlord [n.] yanushi 家主, jinushi 地主
landmark [n.] kyōkai hyō 境界標,
　kakki tekina jiken 画期的な事件
landscape [n.] fūkei 風景, fūkei ga 風景画
lane [n.] semai michi 狭い道, kōro 航路, shasen 車線
language [n.] gengo 言語, kotoba zukai 言葉遣い
languish [v.] suijaku suru 衰弱する
lantern [n.] rantan ランタン, chōchin 提灯
lap [n.] hiza 膝, hito mawari ひと回り
lapse [n.] keika 経過, jikkō 失効

　[v.] keika suru 経過する
large [a.] ōkii 大きい, ōku no 多くの
largely [ad.] ōkiku 大きく, omo ni 主に
lark [n.] hibari ヒバリ
lash [n.] muchi uchi むち打ち
　[v.] muchi de utsu むちで打つ
lass [n.] wakai josei 若い女性
last [a.] saigo no 最後の [v.] tsuzuku 続く
lasting [a.] eien no 永遠の
latch [n.] kakekin 掛け金, kan'nuki かんぬき
　[v.] kan'nuki o kakeru かんぬきをかける
late [a.] osoi 遅い, saikin no 最近の
lately [ad.] saikin 最近
later [a.] ato de 後で
latest [a.] saikin no 最近の, saishin no 最新の
Latin [n.] ratengo ラテン語 [a.] ratengo no ラテン語の
Latin America [n.] raten amerika ラテン アメリカ
latitude [n.] ido 緯度
latter [a.] ushiro no 後ろの, saikin no 最近の
laugh [v.] warau 笑う
laughter [n.] warai 笑い
launch [v.] hassha suru 発射する,
　chakushu suru 着手する
laundry [n.] sentaku ya 洗濯屋, araimono 洗い物
laurel [n.] gekkeiju 月桂樹, gekkeikan 月桂冠
lava [n.] yōgan 溶岩, kazan gan 火山岩
law [n.] hō 法, hōritsu 法律, kisoku 規則
lawful [a.] gōhō tekina 合法的な, hōritsu jō no 法律上の
lawn [n.] shibafu 芝生
lawyer [n.] bengoshi 弁護士, hōritsu ka 法律家
lay [v.] nekaseru 寝かせる, shiku 敷く
layer [n.] sō 層, ~ o oku hito ~を置く人
lazy [a.] taida na 怠惰な
lead [n.] namari 鉛

lead [v.] hikiiru 率いる [n.] shidō 指導, sentō 先頭
leader [n.] rīdā リーダー, shidō sha 指導者
leadership [n.] tōsotsu ryoku 統率力
leading [a.] sendō suru 先導する
    [n.] shidō 指導, tōsotsu 統率
leaf [n.] ha 葉
league [n.] renmei 連盟, dōmei 同盟 [v.] dōmei o musubu 同盟を結ぶ
lean [a.] kawaita 乾いた
    [v.] katamuku 傾く, yorikakaru 寄りかかる
leap [n.] chōyaku 跳躍, hiyaku 飛躍
    [v.] chōyaku suru 跳躍する
learn [v.] manabu 学ぶ
learned [a.] gakushiki no aru 学識のある
learner [n.] gakushū sha 学習者
learning [n.] gakumon 学問, chishiki 知識
lease [n.] rīsu リース, shakuyō keiyaku 借用契約
least [a.] mottomo chiisai 最も小さい, mottomo sukunai 最も少ない
leather [n.] kawa 革
leave [v.] saru 去る [n.] yasumi 休み, wakare 別れ
lectern [n.] seisho dai 聖書台
lecture [n.] kōgi 講義, kōen 講演
    [v.] kōgi suru 講義する, kōen suru 講演する
lecturer [n.] kōen sha 講演者, kōshi 講師
ledge [n.] tana 棚, anshō 暗礁
lee [n.] kakusareta tokoro 隠された所, kasu かす
left [n.] hidari 左 [a.] hidari no 左の
leg [n.] ashi 脚
legal [a.] hōritsu jō no 法律上の, hō tekina 法的な
legend [n.] densetsu 伝説
legion [n.] gundan 軍団, guntai 軍隊
legislate [v.] rippō suru 立法する
legislation [n.] rippō 立法, rippō ken 立法権

legislative [a.] rippō no 立法の
legislature [n.] rippō fu 立法府
legitimate [a.] gōhō tekina 合法的な
leisure [n.] rejā レジャー, yoka 余暇
lemon [n.] remon レモン
lend [v.] kasu 貸す
length [n.] naga sa 長さ
lengthen [v.] nagaku suru 長くする
lens [n.] renzu レンズ
less [a.] ~ yori sukunai ~より少ない, ~ yori chiisai ~より小さい
lessen [v.] herasu 減らす, sukunaku suru 少なくする
lesson [n.] jugyō 授業, gakka 学科, kyōkun 教訓
lest [conj.] ~ shinai yōni suru ~しないようにする
let [v.] ~ saseru ~させる
letter [n.] moji 文字, tegami 手紙
level [n.] suihei 水平, suijun 水準, heichi 平地
    [a.] suihei no 水平の
liable [a.] ~ shi yasui ~しやすい, sekinin ga aru 責任がある
liar [n.] uso tsuki 嘘つき
liberal [a.] jiyū na 自由な, kandai na 寛大な, yutaka na 豊かな
liberty [n.] jiyū 自由
librarian [n.] shisho 司書
library [n.] toshokan 図書館, tosho shitsu 図書室
license [n.] menkyo 免許
    [v.] menkyo o ataeru 免許を与える
lick [n.] nameru koto なめること [v.] nameru なめる
lid [n.] futa 蓋
lie [n.] uso うそ
    [v.] yoko tawaru 横たわる, uso o iu うそを言う
lieutenant [n.] fukukan 副官, rikugun chūi 陸軍中尉
life [n.] seimei 生命, shōgai 生涯, jumyō 寿命

lifetime [n.] isshō 一生, shōgai 生涯
lift [v.] mochi ageru 持ち上げる
light [n.] hikari 光 [a.] karui 軽い
　　　[v.] hi o tsukeru 火をつける
lighten [v.] akaruku suru 明るくする,
　　　karuku suru 軽くする
lighthouse [n.] tōdai 灯台
lightly [ad.] karuku 軽く, kantan ni 簡単に
lightning [n.] inazuma 稲妻
like [v.] konomu 好む
　　　[a.] onaji 同じ, nita yōna 似たような
likely [a.] ari sōna ありそうな [ad.] osoraku おそらく
likeness [n.] nite iru koto 似ていること, sōji sei 相似性
likewise [ad.] dōyō ni 同様に, mata また
liking [n.] konomi 好み, shikō 嗜好
lily [n.] yuri 百合
limb [n.] teashi 手足, ōkina eda 大きな枝
lime [n.] sekkai 石灰, raimu ライム
　　　[v.] sekkai o maku 石灰をまく
limestone [n.] sekkaigan 石灰岩
limit [n.] gendo 限度, genkai 限界
　　　[v.] seigen suru 制限する
limitation [n] seigen 制限, genkai 限界, han'i 範囲
limited [a.] kagi rareta 限られた,
　　　seigen sareta 制限された
limp [n.] ashi no fujiyū na koto 足の不自由なこと
　　　[v.] bikkoohiku びっこをひく
line [n.] himo ひも, sen 線 [v.] sen o hiku 線を引く
linen [n.] rin'neru リンネル, ama nuno 亜麻布
linger [v.] guzuguzu suru ぐずぐずする
lining [n.] uraji 裏地, naiyō butsu 内容物
link [n.] renketsu 連結, kusari no wa 鎖の輪
lion [n.] raion ライオン
lip [n.] kuchi biru 唇

liquid [n.] ekitai 液体 [a.] ekitai no 液体の
liquor [n.] arukōru アルコール, inryō 飲料, sake 酒
list [n.] hyō 表, mokuroku 目録, meibo 名簿
listen [v.] keichō suru 傾聴する
listener [n.] chōshu sha 聴取者
literal [a.] moji no 文字の
literally [ad.] moji doori 文字どおり
literary [a.] bungaku no 文学の
literature [n.] bungaku 文学, bungei 文芸
litter [v.] chirakasu 散らかす [n.] gomi ごみ
little [a.] chiisai 小さい, shōryō no 少量の,
　　　hotondo nai ほとんどない
live [v.] ikiru 生きる, sumu 住む, seikatsu suru 生活する
live [a.] ikite iru 生きている, namahōsō no 生放送の
livelihood [n.] seikei 生計, gurashi 暮らし
lively [a.] genki no yoi 元気のよい, azayaka na 鮮やかな
liver [n.] kanzo 肝臓, kimo 肝
living [a.] ikite iru 生きている
　　　[n.] seizon 生存, seikatsu 生活
living room [n.] ima 居間
load [n.] nimotsu 荷物, futan 負担
　　　[v.] nimotsu o tsumu 荷物を積む
loaded [a.] nimotsu no tsunda 荷物を積んだ,
　　　sekisai shita 積載した
loaf [n.] pan no hito katamari パンの一塊
loan [n.] kashidashi 貸し出し, kashidashi kin 貸出金
　　　[v.] kashidashi suru 貸し出しする
lobby [n.] genkan 玄関, machiai shitsu 待合室,
　　　atsuryoku dantai 圧力団体
local [a.] chihō no 地方の [n.] donkō ressha 鈍行列車
locate [v.] ichi o sagashi dasu 位置を探し出す
location [n.] basho 場所, ichi 位置
lock [n.] jō 錠 [v.] jō o kakeru 錠をかける
locomotive [n.] kikan sha 機関車

lodge [n.] koya 小屋, keibi shitsu 警備室
　[v.] geshuku suru 下宿する
lodging [n.] shukusho 宿所, geshuku beya 下宿部屋
lofty [a.] hijō ni takai 非常に高い, jōhin na 上品な
log [n.] maruta 丸太, kōkai nisshi 航海日誌
logic [n.] ronri gaku 論理学, ronri 論理
logical [a.] ronri gaku no 論理学の,
　ronri tekina 論理的な
loiter [v.] burabura suru ぶらぶらする
London [n.] rondon ロンドン
lone [a.] hitori no 一人の,
　hissori to shita ひっそりとした
lonely [a.] kodoku na 孤独な
lonesome [a.] kodoku na 孤独な,
　hitozato hanareta 人里離れた
long [a.] nagai 長い [ad.] nagai aida 長い間
　[v.] akogareru 憧れる
longing [n.] dōkei 憧憬, netsubō 熱望
look [v.] miru 見る [n.] miru koto 見ること, yōsu 様子,
　gao no hyōjō 顔の表情
loom [v.] bonyarito mieru ぼんやりと見える
　[n.] shokki 織機
loop [n.] wa 輪, magari 曲がり, kanjō sen 環状線
loose [a.] yurui 緩い, yureru 揺れる,
　yurun de iru 緩んでいる
loosen [v.] yuruku suru 緩くする
lord [n.] shihai sha 支配者, kunshu 君主, kami 神
Los Angeles [n.] rosuanjerusu ロスアンジェルス
lose [v.] nakusu 無くす, nogasu 逃す
loss [n.] funshitsu 紛失, sonshitsu 損失, rōhi 浪費
lost [a.] funshitsu shita 紛失した
lot [n.] kuji くじ, chūsen 抽選, wakemae 分け前, un 運,
　shikichi 敷地
loud [a.] oto ga ōkii 音が大きい

　[ad.] ōkina koe de 大きな声で
loudly [ad.] ōkina koe de 大きな声で
loudness [n.] ōgoe 大声, sawagi 騒ぎ
love [v.] aisuru 愛する [n.] ai 愛, aijō 愛情
lovely [a.] utsukushii 美しい, tanoshii 楽しい
lover [n.] aijin 愛人, koibito 恋人
loving [a.] aisuru 愛する,
　aijō no komotta 愛情のこもった
low [a.] hikui 低い, yasui 安い [ad.] hikuku 低く
lower [n.] hikuku suru 低くする, sageru 下げる
loyal [a.] chūsei na 忠誠な
loyalty [n.] chūsei 忠誠
luck [n.] kōun 幸運
luckily [ad.] un yoku 運良く
lucky [a.] fu'un na 不運な
luggage [n.] tenimotsu 手荷物,
　ryokō yō baggu 旅行用バッグ
lull [v.] ayashite nekaseru あやして寝かせる,
　nadame sukasu なだめすかす
lumber [n.] zaimoku 材木, garakuta がらくた
luminous [a.] hikari o dasu 光を出す, meiryō na 明瞭な
luminously [ad.] meiryō ni 明瞭に
lump [n.] katamari 塊, kobu こぶ
lunch [n.] chūshoku 昼食
　[v.] chūshoku o toru 昼食を取る
luncheon [n.] gosan 午餐
lung [n.] hai 肺
lure [n.] miwaku 魅惑, giji esa 擬似餌
　[v.] yūwaku suru 誘惑する
lurk [v.] senpuku suru 潜伏する,
　senzai shite iru 潜在している
lust [n.] yokubō 欲望, shūnen 執念
　[v.] netsubō suru 熱望する
luster [n.] kōtaku 光沢, tsuya つや

luxurious [a.] zeitaku na 贅沢な, gōka na 豪華な

luxury [n.] zeitaku 贅沢, zeitaku hin 贅沢品

　　　[a.] zeitaku na 贅沢な

lying [n.] uso o tsuku koto 嘘をつくこと

　　　[a.] itsuwari no 偽りの

M

ma [n.] mama ママ
ma'am [n.] okusama 奥様, obasan おばさん, fujin 婦人
machine [n.] kikai 機械, kigu 器具
machine gun [n.] kikan jū 機関銃
machinery [n.] kikai rui 機械類
mad [a.] kurutta 狂った, mubō na 無謀な,
　muchū no 夢中の
madam [n.] fujin 夫人, okusama 奥様
madly [ad.] kurutte 狂って, mōretsu ni 猛烈に
madness [n.] kyōki 狂気, seishin sakuran 精神錯乱
magazine [n.] zasshi 雑誌
magic [n.] mahō 魔法, maryoku 魔力, yōjutsu 妖術
magician [n.] majutsu shi 魔術師
magistrate [n.] gyōsei chōkan 行政長官,
　chian hanji 治安判事
magnet [n.] jishaku 磁石
magnificence [n.] yūdai 雄大, sōdai 壮大
magnificent [a.] subarashii 素晴しい, sōdai na 壮大な
magnificently [ad.] migoto ni 見事に
magnify [v.] kakudai suru 拡大する,
　kochō suru 誇張する
maid [n.] shōjo 少女, shojo 処女, kasei fu 家政婦
maiden [n.] shōjo 少女, shojo 処女 [a.] mikon no 未婚の
mail [n.] yūbin butsu 郵便物, yūbin 郵便
　[v.] yūsō suru 郵送する
mailman [n.] yūbin haitatsu in 郵便配達員
main [a.] omo na 主な [n.] honkan 本管, kansen 幹線
mainly [ad.] omo ni 主に
maintain [v.] iji suru 維持する, shuchō suru 主張する
maintenance [n.] iji 維持, fuyō 扶養, seikatsu hi 生活費
majestic [a.] igen no aru 威厳のある,
　dōdōtaru 堂々たる
majesty [n.] igen 威厳, saikō ken'I 最高権威, heika 陛下
major [a.] jūyō na 重要な
　[n.] seijin 成人, senkō kamoku 専攻科目
majority [n.] dai tasū 大多数, kahansū 過半数,
　seinen 成年
make [v.] tsukuru 作る, ~ saseru ~させる
maker [n.] seisaku sha 製作者, seizō gyōsha 製造業者
Malaysia [n.] marēshia マレーシア
male [n.] dansei 男性, osu 雄 [a.] dansei no 男性の
malice [n.] akui 悪意
mamma [n.] okaasan お母さん
mammy [n.] okaasan お母さん
man [n.] danshi 男子, otona 大人, ningen 人間
manage [v.] keiei suru 経営する, atsukau 扱う
management [n.] keiei 経営, kanri 管理,
　kanri shoku 管理職
manager [n.] keiei sha 経営者, shihai nin 支配人
manhood [n.] otoko rashisa 男らしさ, seijin 成人
manifest [a.] akiraka na 明らかな
　[v.] akiraka ni suru 明らかにする
manifold [a.] tayō na 多様な, iroiro na いろいろな
mankind [n.] jinrui 人類, ningen 人間
manly [a.] otoko rashii 男らしい, yūkan na 勇敢な
manner [n.] hōhō 方法, taido 態度, reigi 礼儀
mansion [n.] manshon マンション, dai teitaku 大邸宅
mantle [n.] manto マント, gaitō 外套, kabā カバー
manual [n.] sankō sho 参考書, kyōhon 教本
　[a.] te no 手の, shudō no 手動の
manufacture [n.] seizō 製造, seihin 製品
　[v.] seizō suru 製造する
manufacturer [n.] seizō gyōsha 製造業者
manuscript [n.] genkō 原稿,, hitsusha hon 筆写本
many [a.] tasū no 多数の, ōku no 多くの

map [n.] chizu 地図
maple [n.] kōyō 紅葉
mar [v.] kizu tsuku 傷つく
marble [n.] dairi seki 大理石 [a.] dairi seki no 大理石の
march [n.] kōgun 行軍, kōshin kyoku 行進曲
　[v.] kōshin suru 行進する
March [n.] san gatsu 三月
mare [n.] hinba 牝馬
margin [n.] heri へり, yohaku 余白,
　hanbai mājin 販売マージン
marine [a.] umi no 海の
　[n.] kaihei taiin 海兵隊員, kaigun 海軍
mark [v.] arawasu 表す [n.] hyōji 表示, ato 跡
market [n.] shijō 市場
marriage [n.] kekkon 結婚, kekkon shiki 結婚式
married [a.] kekkon shita 結婚した
marry [v.] kekkon suru 結婚する
Mars [n.] kasei 火星
marsh [n.] numa 沼, shicchi 湿地
marshal [n.] rikugun gensui 陸軍元帥
　[v.] seiretsu saseru 整列させる
martyr [n.] junkyōsha 殉教者
marvel [n.] kyōi 驚異 [v.] odoroku 驚く
marvelous [a.] odoroku beki 驚くべき,
　totemo yoi とても良い
marvelously [ad.] odoroku hodo 驚くほど,
　hijō ni 非常に
masculine [n.] dansei 男性 [a.] otoko no 男の
mask [n.] masuku マスク, kamen 仮面
mason [n.] sekkō 石工, renga kō 煉瓦工
mass [n.] ippan taishū 一般大衆, tasū 多数, katamari 塊
massive [a.] ōkii 大きい, omoi 重い
mast [n.] ho bashira 帆柱, masuto マスト,
　takai hashira 高い柱

master [n.] shujin 主人, ōya 大家
　[v.] shihai suru 支配する
masterpiece [n.] meisaku 名作, kessaku 傑作
mat [n.] matto マット, goza ござ
　[v.] matto o shiku マットを敷く
match [n.] shiai 試合
　[v.] tagaini kyōsō saseru 互いに競争させる
mate [n.] dōryō 同僚, haigū sha 配偶者
　[v.] kōbi saseru 交尾させる
material [n.] genryō 原料, zairyō 材料
　[a.] busshitsu tekina 物質的な
math [n.] sūgaku 数学
mathematics [n.] sūgaku 数学
matter [n.] mondai 問題, busshitsu 物質, naiyō 内容
mature [a.] seijuku shita 成熟した,
　manki ni natta 満期になった
maturity [n.] seijuku 成熟, manki 満期
maxim [n.] kakugen 格言, zayū no mei 座右の銘
maximum [n.] saidaigen 最大限
　[a.] saikō no 最高の, saidai no 最大の
may [aux. v.] ~ shite mo yoi ~してもよい
May [n.] go gatsu 五月
maybe [ad.] osoraku おそらく
mayor [n.] shichō 市長
me [pron.] watashi wa 私は, watashi ni 私に
meadow [n.] bokusō chi 牧草地
meal [n.] shokuji 食事
mean [v.] imi suru 意味する [a.] chūi no 中位の
meaning [n.] imi 意味
means [n.] shudan 手段, hōhō 方法
meantime [ad.] sono aida ni その間に
　[n.] sono aida その間
measure [v.] sokutei suru 測定する
　[n.] sokutei 測定, makijaku 巻き尺

measurement [n.] sokutei 測定,, sokuryō 測量
meat [n.] kemono no niku 獣の肉
mechanic [n.] kikai shūrikō 機械修理工
mechanical [a.] kikai no 機械の
mechanism [n.] kikai 機械, kigu 器具, kōzō 構造
medal [n.] medaru メダル, kunshō 勲章
meddle [v.] kanshō suru 干渉する,
 osekkai o suru おせっかいをする
medical [a.] igaku no 医学の, naika no 内科の
medicine [n.] kusuri 薬, igaku 医学
medieval [a.] chūsei no 中世の
meditate [v.] meisō suru 瞑想する, takuramu 企む
meditation [n.] meisō 瞑想, mokusō 黙想
Mediterranean [n.] chichūkai 地中海
 [a.] chichūkai no 地中海の
medium [n.] chūkan 中間, shudan 手段,
 baikai butsu 媒介物
meek [a.] onjun na 温順な
meet [v.] au 会う [n.] kaigō 会合
meeting [n.] deai 出会い, kaigō 会合, shūkai 集会
melancholy [a.] yūutsu na 憂鬱な
 [n.] yūutsu 憂鬱, yūutsu shō 憂鬱症
mellow [a.] amai 甘い, kaori ga yoi 香りがよい,
 yawarakai 柔らかい
melody [n.] merodī メロディー, senritsu 旋律
melt [v.] tokeru 溶ける, yawaragu 和らぐ
member [n.] kaiin 会員, ichiin 一員, teashi 手足
membership [n.] kaiin shikaku 会員資格,
 kaiin sū 会員数
memorial [n.] kinen butsu 記念物, kinen hi 記念碑
 [a.] kinen no 記念の
memorialize [v.] kinen suru 記念する
memorize [v.] anki suru 暗記する, kiroku suru 記録する
memory [n.] kioku 記憶, kioku ryoku 記憶力

menace [n.] kyōi 脅威 [v.] obiyakasu 脅かす
mend [n.] kairyō 改良, shūri 修理 [v.] naosu 直す
mental [a.] seishin no 精神の, kokoro no 心の
mentally [ad.] seishin tekini 精神的に
mention [v.] genkyū suru 言及する [n.] genkyū 言及
menu [n.] menyū メニュー, kondate 献立
merchandise [n.] shōhin 商品
merchant [n.] shōnin 商人, bōeki shō 貿易商
merciful [a.] jihi bukai 慈悲深い
mercury [n.] suigin 水銀
mercy [n.] jihi 慈悲, dōjō 同情
mere [a.] tanjun na 単純な, ~ ni sugi nai ~に過ぎない
merely [ad.] tanjun ni 単純に, tada ただ
merit [n.] chōsho 長所, kachi 価値, kōseki 功績
merrily [ad.] tanoshiku 楽しく
merry [a.] yōki na 陽気な, yukai na 愉快な
mess [n.] konran jōtai 混乱状態
 [v.] dainashi ni suru 台無しにする
message [n.] messēji メッセージ, dengon 伝言
messenger [n.] shisha 使者
metal [n.] kinzoku 金属
meteor [n.] ryūsei 流星, inseki 隕石
meter [n.] mētā メーター, keiryō ki 計量器
method [n.] hōhō 方法
metropolis [n.] shuto 首都, daitoshi 大都市,
 chūshin chi 中心地
metropolitan [a.] shuto no 首都の, daitoshi no 大都市の
Mexican [n.] mekishiko jin メキシコ人
 [a.] mekishiko no メキシコの
Mexico [n.] mekishiko メキシコ
microphone [n.] maiku マイク
microscope [n.] kenbikyō 顕微鏡
microscopic [a.] kenbikyō no 顕微鏡の,
 goku chiisana ごく小さな

microscopical [a.] kenbikyō no 顕微鏡の,
　goku chiisana ごく小さな
mid [a.] chūkan no 中間の, chūō no 中央の
midday [n.] shōgo 正午, mahiru 真昼
middle [n.] chūō 中央, chūkan 中間
　[a.] chūkan no 中間の
middle aged [a.] chūnen no 中年の
midnight [n.] mayonaka 真夜中
midst [n.] man'naka 真ん中
might [aux. v.] ~ darō ~だろう,
　~ kamo shire nai ~かもしれない
mighty [a.] kyōryoku na 強力な, kyodai na 巨大な
migrate [v.] ijū suru 移住する, idō suru 移動する
migration [n.] ijū 移住, idō 移動
mild [a.] odayaka na 穏やかな, shinsetsu na 親切な,
　yasashii 優しい
mile [n.] mairu マイル
military [n.] guntai 軍隊, gunjin 軍人
　[a.] guntai no 軍隊の
milk [n.] gyūnyū 牛乳, chichi 乳
　[v.] chichi o shiboru 乳を搾る
mill [n.] seifun ki 製粉機, seifun jo 製粉所
　[v.] seifun suru 製粉する
miller [n.] seimai jo shujin 精米所主人,
　seifun gyōsha 製粉業者
million [n.] hyaku man 百万
millionaire [n.] hyaku man chōja 百万長者, kyofu 巨富
mind [n.] kokoro 心, kangae kata 考え方
　[v.] ki o tsukeru 気をつける
mine [pron.] watashi no mono 私の物
miner [n.] kōfu 鉱夫
mineral [n.] kōbutsu 鉱物
mingle [v.] mazeru 混ぜる
miniature [n.] chiisai mokei 小さい模型

[a.] kogata no 小型の
minimum [n.] saishōgen 最小限, kyokushō 極小
　[a.] saishō no 最小の
mining [n.] kōgyō 鉱業, saikō 採鉱
minister [n.] chōkan 長官, bokushi 牧師
ministry [n.] chōkan no ninki 長官の任期, naikaku 内閣
minor [a.] jūyō de nai 重要でない
　[n.] fuku senkō 副専攻
minority [n.] shōsū ha 少数派, miseinen 未成年
mint [n.] hakka はっか
minus [n.] fusū 負数 [a.] mainasu no マイナスの
minute [a.] hijō ni chiisai 非常に小さい,
　tsumaranai つまらない, kuwashii 詳しい
minute [n.] bun 分
miracle [n.] kiseki 奇跡
mirror [n.] kagami 鏡
mirth [n.] yōki 陽気
mischief [n.] gaiaku 害悪, itazura いたずら
mischievous [a.] yūgai na 有害な,
　iji no warui 意地の悪い
mischievously [ad.] yūgai ni 有害に,
　warufuzake te 悪ふざけて
miser [n.] kechinbō けちん坊
miserable [a.] kawaisō na かわいそうな, tsurai 辛い
misery [n.] fukō 不幸, hisan 悲惨
misfortune [n.] fukō 不幸, fu'un 不運
mislead [v.] ayamatte michibiku 誤って導く
misleading [a.] gokai saseru 誤解させる
Miss [n.] shōjo 少女, ojōsan お嬢さん,
　mikon josei 未婚女性
miss [v.] machigau 間違う, nogasu 逃す
missile [n.] misairu ミサイル
missing [a.] yukue fumei no 行方不明の
mission [n.] gaikō shisetsu 外交使節, ninmu 任務,

dendō 伝道
missionary [n.] senkyōshi 宣教師
mist [n.] kiri 霧
mistake [n.] ayamachi 過ち [v.] machigau 間違う
mistaken [a.] machigatta 間違った,
　gokai shita 誤解した
mistress [n.] jo shujin 女主人, shufu 主婦
misunder**stand** [v.] gokai suru 誤解する
misunder**stan**ding [n.] gokai 誤解
mitt [n.] yubi nashi tebukuro 指なし手袋
mix [n.] kongō 混合
　[v.] mazeru 混ぜる, kongō suru 混合する
mixed [a.] majitta 混じった, konsei no 混成の
mixture [n.] kongō butsu 混合物
moan [n.] umeki goe うめき声
　[v.] umeki goe o dasu うめき声を出す
mob [n.] gunshū 群衆, bōto 暴徒 [v.] osou 襲う
mock [n.] hiyakashi 冷やかし [v.] karakau からかう
mode [n.] hōhō 方法, yōshiki 様式
model [n.] moderu モデル, hon 本
　[v.] moderu o tsukuru モデルを作る
moderate [v.] tekitō ni suru 適当にする,
　yawarakaku naru 柔らかくなる
moderate [a.] tekido no 適度の, futsū no 普通の
moderately [ad.] tekisetsu ni 適切に, tekitō ni 適当に
modern [a.] gendai no 現代の, saishin no 最新の
modest [a.] heri kudatta へりくだった,
　otonashii おとなしい, shisso na 質素な
modesty [n.] kenson 謙遜, kenkyo 謙虚, shisso 質素
modifier [n.] shūshoku go 修飾語
modify [v.] shūsei suru 修正する,
　shūshoku suru 修飾する
moist [a.] shikke no aru 湿気のある
moisture [n.] shikke 湿気, suijōki 水蒸気

mold [n.] gata 型, kabi かび
　[v.] gata ni irete tsukuru 型に入れて造る
mole [n.] hifu no ten 皮膚の点, mogura モグラ
mom [n.] okaasan お母さん
moment [n.] shunkan 瞬間, jiki 時期
momentary [a.] shunkan no 瞬間の
monarch [n.] kunshu 君主, ō 王
Monday [n.] getsu yōbi 月曜日
money [n.] okane お金, kinsen 金銭, tsūka 通貨,
　zaisan 財産
monitor [n.] monitā モニター, kanshi 監視
　[v.] kanshi suru 監視する
monk [n.] sōryo 僧侶
monkey [n.] saru 猿
mono**po**ly [n.] dokusen 独占, senbai 専売
monotonous [a.] tanchō na 単調な, taikutsu na 退屈な
monotonously [ad.] tanchō ni 単調に
monster [n.] kaibutsu 怪物, kyojin 巨人
monstrous [a.] kyodai na 巨大な, kikai na 奇怪な
month [n.] tsuki 月
monthly [a.] maitsuki no 毎月の
　[n.] gekkan kankō butsu 月刊刊行物
monument [n.] kinen kan 記念館, kinen hi 記念碑
monumen**tal** [a.] kinen hi tekina 記念碑的な,
　kinen ni naru 記念になる
mood [n.] kibun 気分, fun'iki 雰囲気
moon [n.] tsuki 月
moonlight [n.] gekkō 月光
moor [n.] arechi 荒れ地, kōya 荒野
moral [n.] kyōkun 教訓, dōtoku 道徳
　[a.] dōtoku tekina 道徳的な
more [a.] yori ōku no より多くの
moreo**ver** [ad.] sara ni さらに
morn [n.] asa 朝

morning　[n.] asa 朝, gozen 午前
mortal　[n.] ningen 人間,
　　shinu unmei no mono 死ぬ運命の物
mortgage　[n.] teitō 抵当, teitō ken 抵当権
　　[v.] teitō ni torareru 抵当に取られる
Moscow　[n.] mosukuwa モスクワ
mosquito　[n.] ka 蚊
moss　[n.] koke コケ
most　[a.] mottomo ōi 最も多い,
　　mottomo ōkii 最も大きい
mostly　[ad.] omo ni 主に, taigai 大概
motel　[n.] mōteru モーテル
moth　[n.] ga 蛾
mother　[n.] haha 母
motion　[n.] miburi 身振り
　　[v.] miburi de shiraseru 身振りで知らせる
motionless　[a.] ugoka nai 動かない,
　　teishi shita 停止した
motive　[n.] dōki 動機, mokuteki 目的
　　[a.] dōki to naru 動機となる
motor　[n.] mōta モータ, hatsuden ki 発電機
motorcar　[n.] jidōsha 自動車
motorcycle　[n.] baiku バイク
motto　[n.] mottō モットー, zayū no mei 座右の銘,
　　kingen 金言
mound　[n.] maundo マウンド
mount　[v.] noboru 登る
mountain　[n.] yama 山
mountainous　[a.] yama ga ōi 山が多い,
　　sanchi no 山地の
mountainside　[n.] sanpuku 山腹
mourn　[v.] kanashimu 悲しむ, aitō suru 哀悼する
mournful　[a.] kanashii 悲しい
mourning　[n.] kanashimi 悲しみ, aitō 哀悼

mouse　[n.] hatsuka nezumi ハツカネズミ
mouth　[n.] guchi 口
move　[v.] ugoku 動く [n.] ugoki 動き, iten 移転
movement　[n.] dōsa 動作, ugoki 動き, idō 移動
movie　[n.] eiga 映画
movie star　[n.] eiga haiyū 映画俳優
moving　[a.] ugoku 動く, kandō tekina 感動的な
Mr.　[n.] ~ kika ~貴下, ~ sensei ~先生, ~ san ~さん
Mrs.　[n.] ~ fujin ~夫人
Ms.　[n.] ~ san ~夫人
Mt.　[n.] yama 山
much　[a.] ōi 多い [ad.] hijō ni 非常に [n.] tairyō 大量
mud　[n.] nendo 粘土
muddy　[a.] doro darake no 泥だらけの,
　　kondaku shita 混濁した
mule　[n.] raba ラバ
multiply　[v.] kakeru 掛ける, zōka suru 増加する
multitude　[n.] tasū 多数, gunshū 群集, taishū 大衆
municipal　[a.] shi no 市の, toshi no 都市の
murder　[n.] satsujin 殺人 [v.] korosu 殺す
murderer　[n.] satsujin sha 殺人者
murmur　[n.] sasayaki ささやき, monku 文句
　　[v.] monku o iu 文句を言う
muscle　[n.] kin niku 筋肉
muse　[v.] jukkō suru 熟考する, mokusō suru 黙想する
museum　[n.] hakubutsu kan 博物館, bijutsu kan 美術館
mushroom　[n.] kinoko キノコ
music　[n.] ongaku 音楽
musical　[n.] myūjikaru ミュージカル
　　[a.] ongaku no 音楽の, ongaku tekina 音楽的な
musician　[n.] ongaku ka 音楽家
musket　[n.] kyūshiki shōjū 旧式小銃
must　[aux. v.] ~ shi nakere ba nara nai
　　~しなければならない [n.] hitsuju hin 必需品

mute　[n.] guchi no kike nai hito 口のきけない人
　　　[a.] guchi no kike nai 口のきけない

mutter　[n.] tsubuyaki 呟き [v.] tsubuyaku 呟く

mutton　[n.] hitsuji no niku 羊肉

mutual　[a.] otagai no お互いの, kyōtsū no 共通の

my　[pron.] watashi no 私の

my**self**　[pron.] watashi jishin 私自身

mys**ter**ious　[a.] shinpi tekina 神秘的な,
　fushigi na 不思議な

mys**ter**iously　[ad.] shinpi tekini 神秘的に

mystery　[n.] shinpi 神秘, fukashigi 不可思議

myth　[n.] shinwa 神話

N

nail [n.] te no tsume 手の爪, kugi 釘
 [v.] kugi o utsu くぎを打つ
naked [a.] hadaka no 裸の, ratai no 裸体の
nakedness [n.] hadaka 裸, socchoku sei 率直性
name [n.] namae 名前, meisei 名声
 [v.] nazukeru 名づける
namely [ad.] tsumari つまり, iikaere ba 言い換えれば
nap [n.] hirune 昼寝 [v.] hirune o suru 昼寝をする
napkin [n.] napukin ナプキン
narration [n.] monogatari 物語, jojutsu 叙述
narrative [n.] mono gatari 物語
 [a.] mono gatari no 物語の
narrow [a.] semai 狭い, kagi rareta 限られた
 [v.] sebameru 狭める
nasty [a.] fukai na 不快な, kitanai 汚い
nation [n.] kokka 国家, kokumin 国民
national [a.] kokka no 国家の, kokumin no 国民の,
 zenkoku no 全国の
nationality [n.] kokuseki 国籍
native [a.] umare no 生れの, dochaku no 土着の
 [n.] genjūmin 原住民
natural [a.] shizen no 自然の,
 umaretsuki no 生まれつきの
naturally [ad.] shizen ni 自然に, umaretsuki 生まれつき
nature [n.] shizen 自然, tensei 天性, seishitsu 性質
naught [n.] rei 零, zero ゼロ, mu 無
naughty [a.] itazura no いたずらの,
 gyōgi ga warui 行儀が悪い
naval [a.] kaigun no 海軍の
navigation [n.] kōkō 航行, unkō 運航
navy [n.] kaigun 海軍
nay [ad.] iya いや [n.] hitei 否定

near [a.] chikai 近い
 [ad.] chikaku 近く, missetsu ni 密接に
nearby [a.] chikai 近い [ad.] chikaku de 近くで
nearly [ad.] hotondo ほとんど
neat [a.] sawayaka na さわやかな,
 kichinto shita きちんとした
neatly [ad.] kichinto きちんと
necessarily [ad.] hitsuzen tekini 必然的に
necessary [a.] hitsuyō na 必要な
necessity [n.] hitsuyō 必要, hitsuyō sei 必要性,
 hitsuju hin 必需品
neck [n.] kubi 首, eri 襟
necklace [n.] nekkuresu ネックレス, kubikazari 首飾り
need [v.] iru 要る [n.] hitsuyō 必要
needle [n.] hari 針
needless [a.] muda na 無駄な
negative [a.] hitei no 否定の, shōkyoku tekina 消極的な
 [n.] hitei 否定
negatively [ad.] hitei tekini 否定的に
neglect [n.] mushi 無視, taiman 怠慢
 [v.] mushi suru 無視する
negotiation [n.] kōshō 交渉, kyōshō 協商, jōto 譲渡
Negro [n.] kokujin 黒人 [a.] kokujin no 黒人の
neighbor [n.] rinjin 隣人 [v.] chikaku sumu 近くに住む
neighborhood [n.] kinjo 近所, tonari 隣
neighboring [a.] kinjo no 近所の,
 rinsetsu shite iru 隣接している
neither [ad.] dochira mo ~ nai どちらも~ない
nephew [n.] oi 甥, mei 姪
nerve [n.] shinkei 神経, yūki 勇気
nervous [a.] shinkei no 神経の,
 shinkeishitsu na 神経質な
nervously [ad.] shinkei shitsu ni 神経質に
nest [n.] su 巣, ansoku no ba 安息の場

net [n.] ami 網 [a.] junsui na 純粋な
Netherlands [n.] oranda オランダ
network [n.] hōsō mō 放送網
　　[v.] jōhō o kōkan suru 情報を交換する
neutral [a.] chūritsu no 中立の, chūsei no 中性の
　　[n.] chūritsu koku 中立国
never [ad.] kesshite ~ shinai 決して~しない
nevertheless [ad.] sore nimo kakawara zu
　　それにもかかわらず
new [a.] atarashii 新しい
newly [ad.] arata ni 新たに, saikin 最近
news [n.] nyūsu ニュース
newspaper [n.] shinbun 新聞
New World [n.] shin sekai 新世界, nishi hankyū 西半球
new year [n.] shin'nen 新年, gantan 元旦
New York [n.] nyūyōku ニューヨーク
New Zealand [n.] nyūjīrando ニュージーランド
next [a.] tsugi no 次の [ad.] tsugi ni 次に
nice [a.] yoi 良い, kimochi no yoi 気持ちの良い
nicely [ad.] yoku よく, migoto ni 見事に
nickel [n.] nikkeru ニッケル
nickname [n.] betsumei 別名, aishō 愛称
niece [n.] mei 姪
night [n.] yoru 夜, yakan 夜間
　　[a.] yoru no 夜の, yakan no 夜間の
nightmare [n.] akumu 悪夢, shinpai goto 心配事
nine [n.] kyū 9 [a.] kyū no 9の
nineteen [n.] jūkyū 19 [a.] jūkyū no 19の
nineteenth [n.] dai jūkyū 第19
　　[a.] dai jūkyū no 第19の
ninetieth [n.] dai kyūjū 第90 [a.] dai kyūjū no 第90の
ninety [n.] kyūjū 90 [a.] kyūjū no 90の
ninth [n.] kyū banme 九番目
　　[a.] kyū banme no 九番目の

nitrogen [n.] chisso 窒素
no [n.] hitei 否定 [a.] nani mo nai 何もない
nobility [n.] kizoku 貴族, kedaka sa 気高さ
noble [a.] kizoku no 貴族の, kōki na 高貴な
nobody [pron.] dare mo ~ nai 誰も~ない
　　[n.] mumei no hito 無名の人
nod [n.] unazuki うなずき, aisatsu 挨拶
　　[v.] unazuku うなずく
noise [n.] sōon 騒音, zatsuon 雑音
noiseless [a.] oto no nai 音のない, shizuka na 静かな
noisy [a.] urusai うるさい
nominal [a.] namae dakeno 名前だけの,
　　wazuka na わずかな
nominally [ad.] shimei shite 指名して,
　　meimoku jō 名目上
nominate [v.] shimei suru 指名する,
　　ninmei suru 任命する
nomination [n.] shimei 指名, ninmei 任命
none [pron.] dare mo ~ nai 誰も~ない,
　　nani mo ~ nai なにも~ない
nonsense [n.] nansensu ナンセンス,
　　tondemo nai kangae とんでもない考え
noon [n.] shōgo 正午 [a.] shōgo no 正午の
no one [pron.] dare mo ~ nai 誰も~ない
nor [conj.] ~ mo mata ~ nai ~もまた~ない
normal [a.] seijō no 正常の, hyōjun tekina 標準的な
normally [ad.] tsūjō tekini 通常的に, futsū wa 普通は
Norman [n.] noruman jin ノルマン人
　　[a.] noruman zoku no ノルマン族の
north [n.] kita 北 [a.] kita no 北の
North America [n.] kita amerika 北アメリカ
northeast [n.] hokutō bu 北東部 [a.] hokutō no 北東の
northern [a.] hokubu ni aru 北部にある, kita no 北の
northwest [n.] hokusei 北西, hokusei bu 北西部

northwestern　[a.] hokusei no　北西の
Norway　[n.] noruwē　ノルウェー
nose　[n.] hana　鼻, kyūkaku　嗅覚　[v.] kagu　嗅ぐ
nostril　[n.] hana no ana　鼻の穴
not　[ad.] ~ de wa nai ~ではない, ~ de nai ~でない
notable　[a.] chūmoku ni ataisuru　注目に値する
　[n.] meishi　名士
notch　[n.] kizamime　刻み目
　[v.] kizamime o tsukeru　刻み目をつける
note　[n.] memo　メモ, chūmoku　注目
　[v.] memo o toru　メモを取る
notebook　[n.] nōto　ノート, techō　手帳
noted　[a.] chomei na　著名な, yūmei na　有名な
nothing　[n.] mu　無　[pron.] nani mo ~ nai　何も～ない
notice　[n.] tsūchi　通知　[v.] kizuku　気づく
notify　[v.] tsūchi suru　通知する, tsūkoku suru　通告する
notion　[n.] kan'nen　観念, kangae　考え
notwithstanding　[prep.] ~ nimo kakawara zu
　~にもかかわらず
noun　[n.] meishi　名詞　[a.] meishi no　名詞の
nourish　[v.] sodateru　育てる,
　eiyōbun o ataeru　栄養分を与える
nourishment　[n.] eiyōso　栄養素, shokumotsu　食物
novel　[n.] shōsetsu　小説　[a.] atarashii　新しい
novelist　[n.] shōsetsu ka　小説家, sakka　作家
novelty　[n.] zanshin sa　斬新さ,
　mono mezurashi sa　物珍らしさ
November　[n.] jūichi gatsu　11月
now　[ad.] ima　今, genzai　現在
nowadays　[ad.] kyō wa　今日は
　[n.] genzai　現在, kyō　今日
nowhere　[n.] ~ suru tokoro ga nai　～するところがない
nuclear　[a.] kaku no　核の, genshiryoku no　原子力の
　[n.] kakuheiki　核兵器

nuisance　[n.] meiwaku　迷惑, meiwaku na hito　迷惑な人
number　[n.] sūji　数字, bangō　番号　[v.] kazoeru　数える
numerous　[a.] hijō ni ōku no　非常に多くの,
　musū no　無数の
nun　[n.] shūdō jo　修道女
nurse　[n.] kango shi　看護師, uba　乳母
　[v.] kango suru　看護する
nursery　[n.] hoikuen　保育園
nut　[n.] kenka　堅果, nattsu　ナッツ
nylon　[n.] nairon　ナイロン
nymph　[n.] yōsei　妖精, ninfu　ニンフ

O

o [interj.] ō！オー！, an'na！あんな！
oak [n.] ōku オーク [a.] ōku no オークの
oar [n.] ro 櫓 [v.] ro o kogu 櫓をこぐ
oasis [n.] oashisu オアシス, ikoi no ba 憩いの場
oat [n.] ōto mugi オート麦
oath [n.] sensei 宣誓, chikai 誓い
obedience [n.] ganko na 頑固な
obedient [a.] fukujū suru 服従する
obediently [ad.] jūjun ni 従順に
obey [v.] fukujū suru 服従する, shitagau 従う
object [n.] buttai 物体, mokuteki 目的,
    mokuteki go 目的語
object [v.] hantai suru 反対する
objection [n.] hantai 反対, igi 異議
obligation [n.] gimu 義務, sekinin 責任
oblige [v.] gimu o owaseru 義務を負わせる
obscure [a.] kurai 暗い [v.] kuraku suru 暗くする
observance [n.] junshu 遵守, shūkyō gishiki 宗教儀式,
    keii 敬意
observant [a.] chūibukai 注意深い,
    junshu suru 遵守する
observation [n.] kansatsu 観察, kansatsu ryoku 観察力
observe [v.] kansatsu suru 観察する,
    junshu suru 遵守する
observer [n.] kansatsu sha 観察者, junshu sha 遵守者
obstacle [n.] shōgai 障害, shōgai butsu 障害物
obstinate [a.] ganko na 頑固な, shitsukoi しつこい
obtain [v.] eru 得る, kakutoku suru 獲得する
obvious [a.] akiraka na 明らかな
obviously [ad.] akiraka ni 明らかに
occasion [n.] baai 場合, kikai 機会,
    tokubetsu na gyōji 特別な行事, riyū 理由

occasional [a.] tokidoki no 時々の, rinji no 臨時の
occasionally [ad.] tama ni たまに
occupation [n.] shokugyō 職業, sen'yū 占有,
    senryō 占領
occupy [v.] shimeru 占める, senryō suru 占領する
occur [v.] okoru 起る, shōjiru 生じる,
    kokoro ni ukabu 心に浮ぶ
occurrence [n.] jiken 事件, hassei 発生
ocean [n.] taiyō 大洋
o'clock [ad.] ~ ji ~時
October [n.] jū gatsu 10月
odd [a.] kisū no 奇数の, ~ amari no ~余りの,
    kimyō na 奇妙な
oddly [ad.] myō ni 妙に, ijō ni 異常に
odor [n.] nioi におい
of [prep.] ~ no ~の, ~ no tame ni ~のために,
    ~ ni zokusuru ~に属する
off [ad.] hanarete 離れて, hazurete 外れて
offend [v.] okoraseru 怒らせる, ihan suru 違反する
offense [n.] ihan 違反, ihō 違法
offensive [n.] kōgeki 攻撃 [a.] fukai na 不快な
offer [v.] teikyō suru 提供する
    [n.] teian 提案, teikyō 提供
offering [n.] kenkin 献金, kōken 貢献
office [n.] jimu shitsu 事務室, yakusho 役所
officer [n.] kōmuin 公務員, shōkō 将校, keikan 警官
official [a.] kōshiki no 公式の, kōnin no 公認の
    [n.] kōmuin 公務員
officially [ad.] kōshiki ni 公式に
offspring [n.] shison 子孫
often [ad.] hinpan ni 頻繁に
oh [interj.] ō おお, a あ
oil [n.] abura 油, sekiyu 石油
OK [ad.] yoroshii よろしい [a.] subarashii 素晴らしい

[n.] shōnin 承認
old [a.] toshi totta 年とった, furui 古い
old-fashioned [a.] kyūshiki na 旧式な,
　ryūkō okure no 流行遅れの
Old World [n.] kyū sekai 旧世界, yōroppa ヨーロッパ
olive [n.] orību オリーブ
Olympic **Games** [n.] orinpikku kyōgi taikai
オリンピック競技大会
omen [n.] zenchō 前兆 [v.] zenchō to naru 前兆となる
omit [v.] miotosu 見落とす, namakeru 怠ける
on [prep.] ~ no ue ni ~の上に,
　~ ni kakatte ~にかかって, ~ ni sotte ~に沿って
once [ad.] ichi do 一度, izen ni 以前に
one [a.] hitori no 一人の, hitotsu no 一つの, aru ある
oneself [pron.] jishin 自身, mizukara 自ら
onion [n.] tamanegi 玉ねぎ
only [a.] yui'itsu no 唯一の,
　[ad.] tada ただ, yatto やっと
onto [prep.] ~ no ue ni ~の上に
onward [ad.] kongo 今後
open [v.] hiraku 開く, kaishi suru 開始する
　[a.] hiraita 開いた
open **air** [a.] okugai no 屋外の
opening [n.] ana 穴, kaishi 開始, kaihō 開放,
　ketsuin 欠員
openly [ad.] kōzen to 公然と
opera [n.] opera オペラ, kageki 歌劇
operate [v.] sadō suru 作動する,
　shujutsu o suru 手術をする
operation [n.] sadō 作動, sōsa 操作, shujutsu 手術
operator [n.] gishi 技師, denwa kōkan in 電話交換員,
　shujutsu sha 手術者
opin**i**on [n.] iken 意見
opp**o**nent [n.] aite 相手, taikō sha 対抗者

[a.] hantai suru 反対する
oppor**tu**nity [n.] kikai 機会, kōki 好機
opp**ose** [v.] hantai suru 反対する, teikō suru 抵抗する
opp**osed** [a.] hantai no 反対の
opp**o**site [a.] hantai no 反対の, mukai no 向かいの
oppo**si**tion [n.] hantai 反対, teikō 抵抗, yatō 野党
opp**ress** [v.] appaku suru 圧迫する,
　yokuatsu suru 抑圧する
opp**ress**ion [n.] appaku 圧迫, yokuatsu 抑圧
or [conj.] aruiwa あるいは, matawa または
orange [n.] orenji オレンジ [a.] orenji no オレンジの
orbit [n.] kidō 軌道
　[v.] kidō ni shin'nyū suru 軌道に進入する
orchard [n.] kaju en 果樹園
orchestra [n.] ōkesutora オーケストラ,
　kangen gakudan 管弦楽団
ord**ain** [v.] ninmei suru 任命する,
　seishoku o ataeru 聖職を与える
order [v.] meirei suru 命令する
　[n.] meirei 命令, junjo 順序
orderly [a.] seiton sareta 整頓された
　[ad.] junjo yoku 順序よく
ordi**nar**ily [ad.] futsū 普通, tsūjō 通常
ordinary [a.] futsū no 普通の, tsūjō no 通常の
ore [n.] kōseki 鉱石
organ [n.] orugan オルガン, kikan 器官
organism [n.] yūki tai 有機体, seibutsu 生物
organi**za**tion [n.] soshiki 組織, dantai 団体
organize [v.] soshiki suru 組織する,
　taikei ka suru 体系化する
organized [a.] seiri sareta 整理された,
　soshiki ka sareta 組織化された
orient [v.] tekiō saseru 適応させる
Orient [n.] tōyō 東洋

Oriental [a.] tōyō no 東洋の [n.] tōyō jin 東洋人
origin [n.] kigen 起源, gensen 源泉
original [a.] saisho no 最初の
   [n.] genbutsu 原物, genkei 原形
originality [n.] dokusō sei 独創性, sōi 創意
originally [ad.] moto wa 元は, saisho wa 最初は,
   dokusō tekini 独創的に
originate [v.] hajimeru 始める, shōjiru 生じる
ornament [n.] sōshoku 装飾, sōshoku hin 装飾品
   [v.] kazaru 飾る
ornamental [n.] sōshoku hin 装飾品
   [a.] sōshoku yō no 装飾用の
orphan [n.] koji 孤児 [a.] koji no 孤児の
other [a.] ta no 他の
   [pron.] ta no mono 他の物, tanin 他人
otherwise [ad.] moshi sō de nakere ba
   もしそうでなければ
ought to [aux. v.] ~ shi nakere ba nara nai
   ~しなければならない [n.] hitsuju hin 必需品
ounce [n.] onsu オンス, goku shōryō 極少量
our [pron.] watashi tachi no 私達の
ours [pron.] watashi tachi no mono 私達の物
ourselves [pron.] watashi tachi jishin 私達自身
out [ad.] soto ni 外に, soto e 外へ [n.] gaibu 外部
outbreak [n.] boppatsu 勃発, bōdō 暴動
outcome [n.] kekka 結果
outdoor [a.] kogai no 戸外の, okugai no 屋外の
outdoors [a.] okugai no 屋外の [ad.] okugai de 屋外で
outer [a.] soto no 外の, gaibu no 外部の
outfit [n.] sōbi 装備, shitaku 支度
   [v.] shitaku o suru 支度をする
outlet [n.] haishutsu guchi 排出口, hanbai ten 販売店
outline [n.] rinkaku 輪郭, gaiyō 概要
   [v.] rinkaku o egaku 輪郭を描く

outlook [n.] chōbō 眺望, tenbō 展望, yosoku 予測
output [n.] seisan 生産, seisan butsu 生産物
outrage [n.] ihan 違反, bōkō 暴行
outside [n.] sotogawa 外側, gaibu 外部
   [a.] gaibu no 外部の
outstanding [a.] ichijirushii 著しい,
   mi kaiketsu no 未解決の, miharai no 未払いの
outstandingly [ad.] ichijiru shiku 著しく
outward [a.] soto ni mukatta 外に向かった,
   gaibu no 外部の, gaikan no 外観の
outwardly [ad.] soto ni 外に, gaikan jō 外見上
oven [n.] kama 釜, ōbun オーブン
over [prep.] ~ no ue ni ~の上に, ~ no ue no ~の上の
   [a.] kado no 過度の
overcoat [n.] gaitō 外套
overcome [v.] kokufuku suru 克服する,
   nori koeru 乗り越える
overflow [n.] hanran 氾濫 [v.] afureru あふれる
overhead [ad.] atama no ue ni 頭の上に
   [n.] kansetsu hi 間接費
overlook [n.] nagame no ii tokoro 眺めのいい所
   [v.] miorosu 見下ろす
overnight [a.] ichiya no 一夜の [ad.] yodōshi 夜通し
overtake [v.] oikosu 追い越す, bankai suru 挽回する
overthrow [n.] tenpuku 転覆 [v.] taosu 倒す
overturn [n.] tenpuku 転覆 [v.] taosu 倒す
overwhelm [v.] attō suru 圧倒する
overwork [n.] karou 過労, zangyō 残業
owe [v.] kari ga aru 借りがある
owing [a.] karite iru 借りている,
   ~ ni kiin suru ~に起因する
owl [n.] fukurō フクロウ
own [.a.] jibun no 自分の
owner [n.] shoyū sha 所有者, yanushi 家主

ox [n.] suiso 水素

oxygen [n.] sanso 酸素

oyster [n.] kaki カキ

P

pace [n.] ippo 一歩, aruku sokudo 歩く速度, pēsu ペース

pacific [a.] heiwa na 平和な, odayaka na 穏やかな

pack [n.] tsutsumi 包み, hainō 背嚢 [v.] nimotsu o matomeru 荷物をまとめる

package [n.] tsutsumi 包み, hōsō 包装 [a.] ikkatsu no 一括の

packed [a.] manin no 満員の, kataku asshuku sareta 固く圧縮された

pad [n.] shitajiki 下敷き, paddo パッド [v.] tsumeru 詰める

paddle [n.] kai 櫂

page [n.] pēji ページ [v.] pēji o tsukeru ページをつける

paid [a.] yūkyū no 有給の, koyō sareta 雇用された, shikyū sareta 支給された

pail [n.] teoke 手桶, baketsu バケツ

pain [n.] itami 痛み, kurushimi 苦しみ [v.] kurushimeru 苦しめる

painful [a.] itai 痛い, tsurai 辛い, kibishii 厳しい

paint [n.] penki ペンキ [v.] penki o nuru ペンキを塗る

painter [n.] peinto bōru ペイントボール, gaka 画家

painting [n.] e 絵, saishiki 彩色

pair [n.] hito kumi 一組 [v.] tai o nasu 対を成す

Pakistan [n.] pakisutan パキスタン

pal [n.] sākuru サークル, nakayoshi 仲良し

palace [n.] kyūden 宮殿, ōkyū 王宮

pale [a.] aojiroi 青白い [v.] aojiroku naru 青白くなる

palm [n.] teno hira 手のひら

pamphlet [n.] panfuretto パンフレット, shō sasshi 小冊子

pan [n.] hiratai nabe 平たい鍋

pane [n.] mado garasu 窓ガラス

panel [n.] hameita 羽目板, paneru パネル, tōronsha dan 討論者団

pang [n.] gekitsū 激痛, kutsū 苦痛

panic [n.] osore 恐れ [a.] tōwaku sareru 当惑される

panorama [n.] panorama パノラマ, zenkei 全景

pansy [n.] panjī パンジー

pantry [n.] shokuryō chozō shitsu 食料貯蔵室

papa [n.] papa パパ

paper [n.] kami 紙, kabe gami 壁紙, shinbun 新聞

parade [n.] eppei 閲兵, gyōretsu 行列 [v.] eppei suru 閲兵する

paradise [n.] tengoku 天国, rakuen 楽園

paradox [n.] gyaku setsu 逆説

paragraph [n.] setsu 節, danraku 段落 [v.] setsu ni wakeru 節に分ける

parallel [a.] heikō no 平行の [n.] heikō sen 平行線

paralysis [n.] mahi 麻痺

paralyze [v.] mahi saseru 麻痺させる, mahi suru 麻痺する

paraphrase [n.] parafurēzu パラフレーズ, kangen suru koto 換言すること

parasol [n.] parasoru パラソル, kasa 傘

parcel [n.] pakkēji パッケージ, kozutsumi 小包

pardon [pa:rdn] [v.] yurusu 許す [n.] yurushi 許し

parent [n.] kataoya 片親

parents [n.] oya 親

Paris [n.] pari パリ

parish [n.] shō kyōku 小教区

park [n.] kōen 公園 [v.] chūsha suru 駐車する

parliament [n.] gikai 議会, kokkai 国会

parlor [n.] kyaku shitsu 客室, ima 居間

parrot [n.] oumu オウム

parson [n.] kyōku bokushi 教区牧師

part [n.] ichibu 一部, buhin 部品 [v.] wakeru 分ける

partake [v.] sanyo suru 参与する,
　shokuji o issho ni suru 食事を一緒にする
partial [a.] bubun tekina 部分的な, fukōhei na 不公平な
partially [ad.] bubun tekini 部分的に,
　fukōhei ni 不公平に
participate [v.] sanka suru 参加する,
　kanyo suru 関与する
participial [a.] bunshi no 分詞の
participle [n.] bunshi 分詞
particle [n.] biryūshi 微粒子, goku shōryō 極少量
particular [a.] tokubetsu na 特別な, tokutei no 特定の
particularly [ad.] tokuni 特に, kuwashiku 詳しく
partisan [n.] nakama 仲間
partly [ad.] bubun tekini 部分的に
partner [n.] pātonā パートナー, haigū sha 配偶者,
　aite 相手
partnership [n.] kyōdō keiei 共同経営, kyōryoku 協力
partridge [n.] yama uzura ヤマウズラ
party [n.] kaigō 会合, pātī パーティー, seitō 政党,
　ikkō 一行
pass [v.] sugiru 過ぎる [n.] tsūkō 通行, tsūka 通過,
　gōkaku 合格
passage [n.] tsūro 通路, tsūkō 通行, tsūka 通過,
　keika 経過
passenger [n.] jōkyaku 乗客
passer-by [n.] tsūkōnin 通行人
passing [a.] tsūkō suru 通行する, tsūka suru 通過する
passion [n.] jōnetsu 情熱, netsuai 熱愛
passionate [a.] jōnetsu tekina 情熱的な
passionately [ad.] nesshin ni 熱心に,
　netsu retsu ni 熱烈に
passive [a.] shōkyoku tekina 消極的な,
　judō tekina 受動的な
passively [ad.] judō tekini 受動的に

passport [n.] ryoken 旅券, pasupōto パスポート
past [n.] kako 過去 [a.] kako no 過去の
paste [n.] nori 糊, neri kona 練り粉
　[v.] nori de haru 糊で貼る
pastime [n.] kibun tenkan 気分転換, goraku 娯楽
past participle [n.] kako bunshi kei 過去分詞形
past perfect [n.] kako kanryō 過去完了
pastry [n.] neri ko ねり粉
past tense [n.] kako jisei 過去時制
pasture [n.] bokujō 牧場, bokusō chi 牧草地
　[v.] hōboku suru 放牧する
pat [n.] karuku tataku koto 軽くたたくこと
patch [n.] nuno gire 布切れ, kōyaku 膏薬
patent [n.] tokkyo 特許 [a.] tokkyo no 特許の
path [n.] michi 道, hodō 歩道, kōro 行路
pathetic [a.] kinodoku na 気の毒な,
　kandō tekina 感動的な
pathway [n.] tsūro 通路
patience [n.] nintai 忍耐, koraeshō こらえ性
patient [a.] nintai tsuyoi 忍耐強い [n.] kanja 患者
patriot [n.] aikoku sha 愛国者
patriotic [a.] aikoku tekina 愛国的な
patriotism [n.] aikoku shin 愛国心
patron [n.] hogo sha 保護者, kōen sha 後援者
pattern [n.] mohan 模範, mihon 見本, genkei 原型,
　zuan 図案
pause [n.] kyūshi 休止, chūdan 中断
　[v.] chūdan suru 中断する
pave [v.] dōro o hosō suru 道路を舗装する
pavement [n.] hosō dōro 舗装道路
pavilion [n.] dai tento 大テント, tenji kan 展示館
paw [n.] kemono no ashi 獣の足
pay [v.] shiharau 支払う
　[n.] shiharai 支払い, kyūryō 給料

payment [n.] shiharai 支払い,
　shiharai kingaku 支払い金額, hensai 返済
pea [n.] endō mame エンドウ豆
peace [n.] heiwa 平和, anshin 安心, heisei 平静
peaceful [a.] heiwa na 平和な, odayaka na 穏やかな
peach [n.] momo 桃
peacock [n.] kujaku クジャク
peak [n.] zecchō 絶頂, chōjō 頂上
peal [n.] hibiki 響き [v.] hibiku 響く
pear [n.] nashi 梨
pearl [n.] shinju 真珠
peasant [n.] nōfu 農夫, tami 民
pebble [n.] koishi 小石, jari 砂利
peck [v.] kuchibashi de tsutsuku くちばしで つつく
peculiar [n.] hen na 変な, dokutoku na 独特な,
　koyū no 固有の
peculiarly [ad.] kimyō ni 奇妙に, mezurashiku 珍しく
pedestrian [n.] hokō sha 歩行者
peel [n.] kawa 皮 [v.] kawa o muku 皮をむく
peep [n.] nozoki のぞき [v.] nozoku のぞく
peer [n.] dōryō 同僚 [v.] hitteki suru 匹敵する
peg [n.] kusabi くさび, kui 杭 [v.] kui o utsu 杭を打つ
Peking [n.] Beijing, pekin 北京
pen [n.] pen ペン
penalty [n.] keibatsu 刑罰, bakkin 罰金
pencil [n.] enpitsu 鉛筆
penetrate [v.] tsuranuku 貫く, shintō suru 浸透する
peninsula [n.] hantō 半島
pen pal [n.] penparu ペンパル
pension [n.] nenkin 年金
people [n.] hitobito 人々, kokumin 国民
pepper [n.] koshō コショウ
per [prep.] ~ ni yotte ~によって, ~ goto ni ~ごとに
perceive [v.] chikaku suru 知覚する,

　kanchi suru 感知する
percent [n.] pāsento パーセント
percentage [n.] pāsento パーセント, hiritsu 比率
perch [n.] tori no tomari ki 鳥の止まり木,
　takai chii 高い地位
perfect [v.] kansei suru 完成する
perfect [a.] kanpeki na 完璧な, kanzen na 完全な
perfection [n.] kanpeki 完璧, kanzen 完全
perfectly [ad.] kanzen ni 完全に
perform [v.] jikkō suru 実行する, kōen suru 公演する,
　ensō suru 演奏する
performance [n.] jikkō 実行, kōen 公演, ensō 演奏
perfume [n.] kōsui 香水
perhaps [ad.] osoraku おそらく
peril [n.] kiken 危険, kigai 危害, kinan 危難
perilous [a.] kiken na 危険な
perilously [ad.] kiken ni 危険に
period [n.] kikan 期間, jidai 時代, shūshifu 終止符
perish [v.] horobiru 滅びる, shinu 死ぬ
permanent [a.] eikyū no 永久の, fuhen no 不変の
permanently [ad.] eikyū tekini 永久的に
permission [n.] kyoka 許可
permit [n.] ninka 認可, kyoka 許可, kyoka shō 許可証
permit [v.] yurusu 許す, kyoka suru 許可する
perpetual [a.] eikyū no 永久の, eizoku suru 永続する,
　togire nai 途切れない
perplex [v.] tōwaku saseru 当惑させる
persecute [v.] hakugai suru 迫害する,
　gyakutai suru 虐待する
perseverance [n.] nintai 忍耐, koraeshō こらえ性
Persian [n.] perusha jin ペルシャ人
　[a.] perusha no ペルシャの
persist [v.] koshitsu suru 固執する,
　shuchō suru 主張する, jizoku suru 持続する

persistent [a.] koshitsu suru 固執する, fukutsu no 不屈の, jizoku suru 持続する
person [n.] hito 人, jinbutsu 人物
personal [a.] kojin no 個人の, kojin tekina 個人的な, shi tekina 私的な
personality [n.] kosei 個性, seikaku 性格, jinkaku 人格
personally [ad.] mizukara 自ら, kojin tekini wa 個人的には
persuade [v.] settoku suru 説得する
Peru [n.] perū ペルー
pet [n.] petto ペット [v.] kawaigaru かわいがる
petition [n.] seigan 請願, tangan 嘆願 [v.] seigan suru 請願する
petrol [n.] gasorin ガソリン
petty [a.] tsumaranai つまらない, henkyō na 偏狭な
phase [n.] dankai 段階, kyokumen 局面, men 面
phenomenon [n.] genshō 現象
Philippines [n.] firipin フィリピン
philosopher [n.] tetsugaku sha 哲学者, kenjin 賢人
philosophic [a.] tetsugaku no 哲学の, risei tekina 理性的な
philosophical [a.] tetsugaku no 哲学の, risei tekina 理性的な
philosophy [n.] tetsugaku 哲学
phone [n.] denwa 電話, denwaki 電話機 [v.] denwa o kakeru 電話をかける
photo [n.] shashin 写真
photograph [n.] shashin 写真
phrase [n.] ku 句 [v.] hyōgen suru 表現する
physical [a.] nikutai no 肉体の, busshitsu no 物質の
physically [ad.] nikutai tekini 肉体的に, butsuri tekini 物理的に
physician [n.] ishi 医師, naika'i 内科医
physics [n.] butsuri gaku 物理学

pianist [n.] pianisuto ピアニスト, piano sōsha ピアノ奏者
piano [n.] piano ピアノ
pick [v.] toru 取る [n.] sentaku 選択, tsutsuku dōgu つつく道具
pickle [n.] yasai o tsuke ta mono 野菜を漬けた物 [v.] tsukeru 漬ける
picnic [n.] pikunikku ピクニック, ensoku 遠足
picture [n.] e 絵, shashin 写真, eiga 映画 [v.] egaku 描く
picturesque [a.] e no yōna 絵のような, utsukushii 美しい
pie [n.] pai パイ
piece [n.] gire 切れ, ichibu 一部, sakuhin 作品
pier [n.] futō 埠頭, kyōkyaku 橋脚
pierce [v.] kantsū suru 貫通する, ana o akeru 穴を開ける
pig [n.] buta 豚
pigeon [n.] hato 鳩
pile [n.] taiseki 堆積, yama 山 [v.] tsumi kasaneru 積重ねる
pilgrim [n.] junrei sha 巡礼者
pill [n.] gan'yaku 丸薬, keikō hinin yaku 経口避妊薬
pillar [n.] hashira 柱
pillow [n.] makura 枕
pilot [n.] sōjū shi 操縦士, pairotto パイロット [v.] ayatsuru 操る
pin [n.] pin ピン [v.] pin de sasu ピンでさす
pinch [n.] tsuneru koto つねること, hito tsumami 一つまみ [v.] tsuneru つねる
pine [n.] matsu 松 [v.] shitau 慕う
pineapple [n.] painappuru パイナップル
pink [n.] sakura iro 桜色, pinku ピンク
pioneer [n.] kaitaku sha 開拓者, senku sha 先駆者

[v.] kiri hiraku 切り開く

pious　[a.] shinjin bukai 信心深い, keiken na 敬虔な

pipe　[n.] paipu パイプ, kan 管, kangakki 管楽器

pirate　[n.] kaizoku 海賊, tōsaku sha 盗作者,
　hyōsetsu sha 剽窃者

pistol　[n.] pisutoru ピストル, kenjū 拳銃

pit　[n.] ana 穴　[v.] ana o horu 穴を掘る

pitch　[n.] nageru koto 投げること　[v.] nageru 投げる

pitcher　[n.] tōshu 投手, mizu sashi 水差し

pity　[n.] dōjō 同情　[v.] kinodoku ni omou 気の毒に思う

placard　[n.] purakādo プラカード, kanban 看板,
　harigami 張り紙

place　[n.] basho 場所, chii 地位　[v.] oku 置く

plague　[n.] densen byō 伝染病
　[v.] kurushimeru 苦しめる

plain　[a.] akiraka na 明らかな, heitan na 平坦な
　[n.] heichi 平地

plainly　[ad.] akiraka ni 明らかに, jimi ni 地味に

plan　[n.] keikaku 計画, sekkei zu 設計図
　[v.] keikaku suru 計画する

plane　[n.] heimen 平面, hikōki 飛行機, suijun 水準

planet　[n.] wakusei 惑星

plank　[n.] ita 板　[v.] ita o ateru 板を当てる

plankton　[n.] purankuton プランクトン

plant　[n.] shoku butsu 植物, kōjō 工場, setsubi 設備
　[v.] ueru 植える

plantation　[n.] saibai chi 栽培地, nōen 農園

plaster　[n.] shikkui しっくい
　[v.] shikkui o nuru しっくいを塗る

plate　[n.] sara 皿, gin shokki 銀食器,
　kinzoku ban 金属板, gishi 義歯

plateau　[n.] kōgen 高原

platform　[n.] dan 壇, purattofōmu プラットフォーム

plausible　[a.] mottomo rashii もっともらしい

play　[v.] asobu 遊ぶ, ensō suru 演奏する
　[n.] asobi 遊び

player　[n.] senshu 選手, ongaku ka 音楽家,
　engi sha 演技者

playground　[n.] undō jō 運動場

playmate　[n.] asobi tomodachi 遊び友達

plead　[v.] bengo suru 弁護する, tangan suru 嘆願する

pleasant　[a.] tanoshii 楽しい, yukai na 愉快な,
　yasashii 優しい

pleasantly　[ad.] tanoshiku 楽しく, yasashiku 優しく

please　[v.] yorokobaseru 喜ばせる, dōzo どうぞ

pleased　[a.] yorokobu 喜ぶ, manzoku shita 満足した

pleasing　[a.] tanoshii 楽しい,
　kōkan ga moteru 好感がもてる

pleasure　[n.] yorokobi 喜び, manzoku 満足

pledge　[n.] seiyaku 誓約, hoshō 保証　[v.] chikau 誓う

plentiful　[a.] hōfu na 豊富な

plenty　[n.] dakusan 沢山, hōfu 豊富

plight　[n.] kukyō 苦境, kyūchi 窮地

plot　[n.] inbō 陰謀, arasuji あらすじ

plow　[n.] suki すき, kōsaku 耕作
　[v.] suki de tagayasu すきで耕す

pluck　[n.] yūki 勇気　[v.] toru 取る, hipparu 引っ張る

plum　[n.] sumomo スモモ, puramu プラム

plume　[n.] hane 羽　[v.] hane de kazaru 羽で飾る

plump　[a.] fukuranda 膨らんだ, hōman na 豊満な
　[v.] fukuramu 膨らむ

plunder　[n.] ryaku datsu 略奪　[v.] ubau 奪う

plunge　[n.] tobikomi 飛び込み, kyūraku 急落
　[v.] tobi komu 飛び込む

plural　[a.] fukusū no 複数の　[n.] fukusū 複数

plus　[prep.] ~ o kuwaete ～を加えて
　[a.] purasu no プラスの

ply　[n.] shiwa しわ　[v.] nesshin ni hataraku 熱心に働く

p.m. [n.] gogo 午後
pocket [n.] poketto ポケット
　　[v.] poketto ni ireru ポケットに入れる
poem [n.] shi 詩
poet [n.] shijin 詩人
poetry [n.] shi 詩, shishū 詩集
point [n.] togatta sentan 尖った先端, ten 点,
　　sukoa スコア, yōten 要点
pointed [a.] saki no togatta 先の尖った
pointer [n.] shiji suru hito 指示する人, shiji bō 指示棒
poise [v.] kinkō ga toreru yōni suru
　　均衡が取れるようにする [n.] kinkō 均衡
poison [n.] doku 毒, heigai 弊害
　　[v.] dokusatsu suru 毒殺する
poke [n.] tsuku koto 突くこと [v.] tsuku 突く
Poland [n.] pōrando ポーランド
polar [a.] kyokuchi no 極地の
pole [n.] kyoku 極, kyokuchi 極地
police [n.] keisatsu 警察
policeman [n.] keisatsu kan 警察官
policy [n.] seisaku 政策, hōshin 方針,
　　hoken shōken 保険証券
polish [n.] kōtaku 光沢
　　[v.] migaku 磨く, suikō suru 推敲する
polite [a.] teinei na 丁寧な, senren sareta 洗練された,
　　yūga na 優雅な
politely [ad.] teinei ni 丁寧に, yūga ni 優雅に
politeness [n.] teinei 丁寧, reigi tadashi sa 礼儀正しさ
political [a.] seiji no 政治の, seiji tekina 政治的な
politician [n.] seiji ka 政治家
politics [n.] seiji 政治, seiji gaku 政治学,
　　saku ryaku 策略
poll [n.] tōhyō 投票 [v.] tōhyō suru 投票する
pollution [n.] osen 汚染, kōgai 公害

pomp [n.] karei 華麗, sōkan 壮観
pond [n.] ike 池, numa 沼
pool [n.] pūru プール, mizu tamari 水たまり,
　　kyōdō keisan 共同計算
poor [a.] mazushii 貧しい, misuborashii みすぼらしい,
　　kawaisō na かわいそうな
poorly [ad.] mazushiku 貧しく, hinjaku ni 貧弱に,
　　heta ni 下手に
pop [n.] taishū ongaku 大衆音楽
　　[v.] ikinari arawareru いきなり現れる
pope [n.] rōma kyōkō ローマ教皇
popular [a.] ninki no aru 人気のある, taishū no 大衆の
popularity [n.] ninki 人気, taishū sei 大衆性, ryūkō 流行
population [n.] jinkō 人口
porch [n.] genkan 玄関
pork [n.] buta niku 豚肉
porridge [n.] kayu 粥
port [n.] minato 港
portable [a.] keitai yō no 携帯用の
　　[n.] keitai yō kiki 携帯用機器
porter [n.] unpan nin 運搬人
portion [n.] ichibu 一部, wakemae 分け前
　　[v.] wakeru 分ける, bunpai suru 分配する
portrait [n.] shōzō ga 肖像画
Portugal [n.] porutogaru ポルトガル
pose [n.] shisei 姿勢 [v.] shisei o toru 姿勢をとる
position [n.] ichi 位置, basho 場所, chii 地位,
　　tachiba 立場
positive [a.] kōtei tekina 肯定的な,
　　dantei tekina 断定的な
possess [v.] shoyū suru 所有する, motsu 持つ
possession [n.] shoyū 所有, shoyū butsu 所有物
possessive [n.] shoyū kaku 所有格
　　[a.] shoyū no 所有の

possibility　[n.] kanō sei 可能性
possible　[a.] kanō na 可能な
　[n.] kanō na koto 可能なこと
possibly　[ad.] tabun 多分, dekiru kagiri できる限り
post　[n.] hashira 柱, chii 地位, yūbin 郵便
post card　[n.] yūbin hagaki 郵便はがき
postage　[n.] yūbin ryōkin 郵便料金
postage stamp　[n.] kitte 切手
postal　[a.] yūbin no 郵便の
postal code　[n.] yūbin bangō 郵便番号
posterity　[n.] shison 子孫, kōsei 後世
postman　[n.] yūbin haitatsu nin 郵便配達人
post office　[n.] yūbin kyoku 郵便局
postpone　[v.] enki suru 延期する
pot　[n.] chiisana kame 小さな甕, tsubo 壺
potato　[n.] jagaimo ジャガイモ
potential　[a.] senzai tekina 潜在的な
　[n.] senzai ryoku 潜在力
poultry　[n.] kakin 家禽,
　shokuyō shiiku chōrui 食用飼育鳥類
pour　[v.] sosogu 注ぐ, kobosu こぼす,
　furi sosogu 降り注ぐ, nagareru 流れる
poverty　[n.] kyūbō 窮乏, hinkon 貧困
powder　[n.] kona 粉, funmatsu 粉末
　[v.] seifun suru 製粉する
power　[n.] chikara 力, nōryoku 能力, denryoku 電力,
　kenryoku 権力
powerful　[a.] tsuyoi 強い, kyōryoku na 強力な
practical　[a.] jissai no 実際の, jissai tekina 実際的な,
　jitsuyō tekina 実用的な
practically　[ad.] jissai ni 実際に, jijitsu jō 事実上
practice　[v.] jikkō suru 実行する
　[n.] jikkō 実行, gyōmu 業務
prairie　[n.] dai sōgen 大草原

praise　[v.] homeru 褒める [n.] shōsan 賞賛, sūhai 崇拝
pray　[v.] inoru 祈る, kigan suru 祈願する
prayer　[n.] inori 祈り
prayer　[n.] inoru hito 祈る人, tangan sha 嘆願者
preach　[n.] sekkyō 説教 [v.] sekkyō suru 説教する
preacher　[n.] sekkyō sha 説教者, bokushi 牧師
precaution　[n.] chūi 注意, keikai 警戒,
　yobō saku 予防策
precede　[v.] senkō suru 先行する, saki datsu 先立つ
precious　[a.] kōka na 高価な, kichō na 貴重な
preciously　[ad.] nedan ga takaku 値段が高く
precise　[a.] seimitsu na 精密な, seikaku na 正確な
precisely　[ad.] seimitsu ni 精密に,
　machigai naku 間違いなく
predicate　[v.] dangen suru 断言する,
　dantei suru 断定する
predicate　[n.] jutsu bu 述部, jutsu go 述語
predict　[v.] yogen suru 予言する, yohō suru 予報する
preface　[n.] jobun 序文, kantō gen 巻頭言
　[v.] jobun o kaku 序文を書く
prefecture　[n.] ken 県
prefer　[v.] ～ no hō o konomu ～の方を好む
preference　[n.] hiiki ひいき, yori gonomi 選り好み
prefix　[n.] settō ji 接頭辞
prejudice　[n.] henken 偏見, sen'nyū kan 先入観
preliminary　[a.] yobi no 予備の
　[n.] junbi 準備, yobi kōi 予備行為
premier　[n.] shushō 首相, sōri daijin 総理大臣
　[a.] saisho no 最初の
preparation　[n.] junbi 準備
prepare　[v.] junbi suru 準備する, sonaeru 備える
prepared　[a.] junbi sarete iru 準備されている,
　kakugo shite iru 覚悟している
preposition　[n.] zenchi shi 前置詞

prescribe [v.] kitei suru 規定する, shiji suru 指示する,
　shohō suru 処方する
presence [n.] sonzai 存在, shusseki 出席
present [n.] okuri mono 贈り物
　[a.] ima no 今の, okuri mono 贈り物
present [v.] okuru 贈る, zōtei suru 贈呈する,
　teishutsu suru 提出する, shōkai suru 紹介する
presently [ad.] sugu ni すぐに, ima 今
preserve [v.] hozon suru 保存する
　[n.] bin zume びん詰, kan zume かん詰
preside [v.] shikai o tsutomeru 司会を務める,
　kanshō suru 管掌する
president [n.] daitōryō 大統領, shachō 社長, sōchō 総長
presidential [a.] daitōryō no 大統領の
press [v.] osu 押す [n.] oshi 押し, hōdō kikan 報道機関
pressing [a.] kinkyū na 緊急な, seppaku shita 切迫した
pressure [n.] atsuryoku 圧力, asshuku 圧縮
　[v.] atsuryoku o kuwaeru 圧力を加える
presume [v.] suitei suru 推定する, katei suru 仮定する
pretend [v.] furi o suru ふりをする, damasu だます
pretense [n.] misekake 見せかけ, gisō 偽装,
　kōjitsu 口実, kyosei 虚勢
pretty [a.] kirei na きれいな, suteki na 素敵な
　[ad.] kanari かなり
prevail [v.] yūsei de aru 優勢である,
　hiroku fukyū suru 広く普及する
prevailing [a.] yūsei na 優勢な,
　hiroku fukyū shite iru 広く普及している
prevalent [a.] fukyū shita 普及した,
　hiroku okonawarete iru 広く行われている
prevent [v.] fusegu 防ぐ, yobō suru 予防する
prevention [n.] bōshi 防止, yobō 予防
previous [a.] mae no 前の, izen no 以前の
previously [ad.] mae niwa 前には, jizen ni 事前に

prey [n.] esa 餌 [v.] totte ku'u 捕って食う
price [n.] kakaku 価格, nedan 値段, taika 対価
　[v.] nedan o tsukeru 値段をつける
prick [n.] sasu koto 刺すこと, surudoi itami 鋭い痛み
　[v.] sasu 刺す
pride [n.] hokori 誇り, jison shin 自尊心
priest [n.] seishoku sha 聖職者, bokushi 牧師
primary [a.] dai ichii no 第一位の, saisho no 最初の,
　shotō no 初等の
prime [a.] sai jūyō na 最重要な
　[n.] zenseiki 全盛期, saisho 最初
prime minister [n.] kokumu sōri 国務総理, shushō 首相
primitive [a.] genshi no 原始の, genshi tekina 原始的な,
　yaban no 野蛮の
prince [n.] ōji 王子
princess [n.] hime 姫
principal [n.] kōchō 校長, gankin 元金
　[a.] shuyō na 主要な
principle [n.] genri 原理, gensoku 原則
print [v.] insatsu suru 印刷する [n.] insatsu 印刷
printer [n.] purintā プリンター, insatsu ki 印刷機,
　insatsu ya 印刷屋
printing [n.] insatsu 印刷, insatsu jutsu 印刷術
prior [a.] mae no 前の [ad.] ~ yori mae ni ~より前に
prison [n.] kangoku 監獄, keimu sho 刑務所
prisoner [n.] shūjin 囚人, horyo 捕虜
private [a.] shitekina 私的な, kojin tekina 個人的な
　[n.] heishi 兵士
privilege [n.] tokken 特権, tokuten 特典
prize [n.] shōhin 商品, keihin 景品
probability [n.] mikomi 見込み, kakuritsu 確率
probable [a.] ari sōna ありそうな
probably [ad.] osoraku おそらく
problem [n.] mondai 問題 [a.] mondai no 問題の

procedure [n.] junjo 順序, tetsuzuki 手続き
proceed [v.] susumu 進む, tsuzuku 続く
proceedings [n.] giji roku 議事録,
　soshō tetsuzuki 訴訟手続き
process [n.] shinkō 進行, katei 過程
　[v.] shori suru 処理する
procession [n.] kōshin 行進, gyōretsu 行列
proclaim [v.] sengen suru 宣言する, kōfu suru 公布する
procure [v.] kakutoku suru 獲得する,
　chōtatsu suru 調達する
procurement [n.] shutoku 取得, chōtatsu 調達,
　tassei 達成
produce [v.] sanshutsu suru 産出する,
　seisan suru 生産する, seisaku suru 製作する
producer [n.] seisan sha 生産者, seisaku sha 製作者
product [n.] sanbutsu 産物, seisan hin 生産品
production [n.] seisan 生産, seisan ryō 生産量,
　sakuhin 作品
productive [a.] seisan tekina 生産的な,
　hiyoku na 肥沃な
profess [v.] kōgen suru 公言する, sengen suru 宣言する
profession [n.] shokugyō 職業, kōgen 公言
professional [a.] shokugyō no 職業の,
　senmon no 専門の [n.] senmon ka 専門家
professionally [ad.] senmon tekini 専門的に,
　shokugyō jō 職業上
professor [n.] kyōju 教授
profit [n.] rieki 利益
　[v.] ~ no rieki ni naru ~の利益になる
profitable [a.] yūri na 有利な, rieki ga ōi 利益が多い
profound [a.] fukai 深い, shin'ō na 深奥な
　[n.] shin'en 深淵
profoundly [ad.] fukaku 深く, setsu ni 切に
program [n.] puroguramu プログラム

　[v.] keikaku suru 計画する
progress [n.] zenshin 前進, shinpo 進歩
progress [v.] zenshin suru 前進する,
　shinpo suru 進歩する
progressive [a.] zenshin suru 前進する,
　shinpo tekina 進歩的な
progressively [ad.] shinpo tekini 進歩的に
prohibit [v.] kinshi suru 禁止する
prohibition [n.] kinshi 禁止
project [v.] kōan suru 考案する, tōsha suru 投射する
project [n.] keikaku 計画, keikaku jigyō 計画事業
prolong [v.] enchō suru 延長する, enki suru 延期する
prominent [a.] kencho na 顕著な, chomei na 著名な
promise [v.] yakusoku suru 約束する
　[n.] yakusoku 約束, yūbō sei 有望性
promising [a.] yūbō na 有望な
promote [v.] sokushin saseru 促進させる,
　shōshin saseru 昇進させる
promotion [n.] sokushin 促進, shōshin 昇進,
　shinkyū 進級
prompt [a.] jinsoku na 迅速な
　[v.] shigeki suru 刺激する
promptly [ad.] sumiyaka ni 速やかに,
　sonoba de その場で
pronoun [n.] daimeishi 代名詞
pronounce [v.] hatsuon suru 発音する,
　sengen suru 宣言する
pronounced [a.] hakkiri shita はっきりした,
　kencho na 顕著な
pronouncement [n.] kōkoku 公告, sengen 宣言,
　hanketsu 判決
pronunciation [n.] hatsuon 発音
proof [n.] shōmei 証明, shōko 証拠
propaganda [n.] senden 宣伝

propeller [n.] puropera プロペラ, suishin ki 推進機
proper [a.] tekitō na 適当な, tadashii 正しい,
　koyū no 固有の
properly [ad.] tōzen 当然, massugu ni まっすぐに,
　tekitō ni 適当に
property [n.] zaisan 財産, shoyū butsu 所有物,
　shoyū ken 所有権
prophecy [n.] yogen 予言
prophet [n.] yogen sha 予言者
proportion [n.] hiritsu 比率, kinkō 均衡,
　wakemae 分け前
proposal [n.] tei'an 提案, kyūkon 求婚,
　puropōzu プロポーズ
propose [v.] teian suru 提案する, kyūkon suru 求婚する
proposition [n.] teian 提案, chin jutsu 陳述
proprietor [n.] shoyū sha 所有者, keiei sha 経営者
prose [n.] sanbun 散文 [a.] sanbun no 散文の
prospect [n.] tenbō 展望, kanō sei 可能性
　[v.] tōsa suru 踏査する
prosper [v.] han'ei suru 繁栄する
prosperity [n.] han'ei 繁栄
prosperous [a.] han'ei suru　繁栄する, fuyū na 富裕な
prosperously [ad.] han'ei shite 繁栄して,
　junchō ni 順調に
protect [v.] hogo suru 保護する, fusegu 防ぐ
protection [n.] hogo 保護, kōen 後援
protector [n.] hogo sha 保護者, hogo sōchi 保護装置
protein [n.] tanpaku shitsu 蛋白質
protest [v.] kōgi suru 抗議する
protest [n.] kōgi 抗議
Protestant [a.] purotesutanto no プロテスタントの,
　shinkyō no 新教の
proud [a.] jiman ni suru 自慢にする, kōman na 高慢な
proudly [ad.] hokorashige ni 誇らしげに,

　tokuige ni 得意気に
prove [v.] shōmei suru 証明する, risshō suru 立証する
proverb [n.] kotowaza ことわざ, kakugen 格言
provide [v.] ataeru 与える, kyōkyū suru 供給する,
　kitei suru 規定する
providence [n.] setsuri 摂理, senken no mei 先見の明
province [n.] chihō 地方, shū 州, shō 省
provision [n.] yobi 予備, junbi 準備, kyōkyū 供給,
　jōkō 条項
provoke [v.] chōhatsu suru 挑発する,
　sendō suru 扇動する
prudent [a.] bunbetsu no aru 分別のある,
　shinchō na 慎重な
prune [n.] hoshita puramu 干したプラム
　[v.] kari komu 刈込む
psalm [n.] sanbi ka 賛美歌, shihen 詩篇
psychology [n.] shinri gaku 心理学, shinri 心理
pubic [a.] inbu no 陰部の
public [n.] taishū 大衆
　[a.] kōkyō no 公共の, kōkai no 公開の
publication [n.] happyō 発表, shuppan 出版
publicity [n.] shūchi 周知, kōhyō 公表, senden 宣伝
publish [v.] happyō suru 発表する, kōhyō suru 公表する,
　shuppan suru 出版する
publisher [n.] shuppan sha 出版者, hakkō sha 発行者
pudding [n.] purin プリン
puff [n.] putto fuku koto ぷっと吹くこと
　[v.] putto fuku ぷっと吹く
pull [v.] hiku 引く, yaburu 破る [n.] hiku koto 引くこと
pulse [n.] myaku haku 脈拍, kodō 鼓動
　[v.] myaku utsu 脈打つ
pump [n.] ponpu ポンプ, yōsui ki 揚水器
pumpkin [n.] kabocha カボチャ
punch [n.] ana o akeru kigu 穴を開ける器具

[v.] ana o akeru 穴を開ける

punctual　[a.] jikan o genshu suru 時間を厳守する,
　　kigen o genshu suru 期限を厳守する

punish　[v.] bassuru 罰する, imashimeru 戒める

punishment　[n.] batsu 罰, keibatsu 刑罰

pupil　[n.] seito 生徒, gakusei 学生

puppy　[n.] koinu 子犬

purchase　[n.] kōnyū 購入, kōnyū hin 購入品
　　[v.] kau 買う

pure　[a.] junsui na 純粋な, junketsu na 純潔な

purely　[ad.] junsui ni 純粋に, kiyoraka ni 清らかに

purge　[n.] jōka 浄化, tsuihō 追放
　　[v.] jōka suru 浄化する

puritan　[n.] seikyōto 清教徒, pyūritan ピューリタン

purple　[a.] murasaki no 紫の
　　[n.] murasaki iro 紫色, murasaki 紫

purpose　[n.] mokuteki 目的, ito 意図
　　[v.] ito suru 意図する

purposely　[ad.] koi ni 故意に, wazato わざと

purse　[n.] saifu 財布, handobaggu ハンドバッグ

pur**sue**　[v.] ato o ou 後を追う, tsuikyū suru 追求する

pur**suit**　[n.] tsuiseki 追跡, tsuikyū 追求

push　[v.] osu 押す [n.] osu koto 押すこと, appaku 圧迫

put　[v.] oku 置く, mukeru 向ける

puzzle　[n.] nazo 謎 [v.] tōwaku saseru 当惑させる

pyramid　[n.] piramiddo ピラミッド, kinjitō 金字塔

Q

quaint [a.] kimyō na 奇妙な, mezurashii 珍しい

qualify [v.] shikaku o ataeru 資格を与える

quality [n.] shitsu 質, hinshitsu 品質, seishitsu 性質,
  tokushoku 特色

quantity [n.] ryō 量, sūryō 数量, taryō 多量

quarrel [n.] tatakai 戦い, kōron 口論

quarter [n.] yon bun no ichi 四分の一

quarterly [a.] nen yon kai no 年四回の
  [n.] kikan shi 季刊誌

quartz [n.] sekiei 石英, suishō 水晶

queen [n.] joō 女王

queer [a.] hen na 変な, ayashii 怪しい,
  kimochi ga warui 気持ちが悪い

queerly [ad.] mezura shiku 珍しく, kimyō ni 奇妙に

quench [v.] hi o kesu 火を消す,
  kawaki o iyasu 渇きを癒す

quest [n.] tansaku 探索, tankyū 探究

question [n.] shitsumon 質問, mondai 問題

quick [a.] hayai 速い, sokkoku tekina 即刻的な,
  kashikoi 賢い

quicken [v.] hayameru 早める, hayaku naru 早くなる

quickly [ad.] jinsoku ni 迅速に

quiet [a.] shizuka na 静かな, odayaka na 穏やかな

quietly [ad.] shizuka ni 静かに, hissori to ひっそりと

quit [v.] yameru やめる, saru 去る

quite [ad.] kanzen ni 完全に, hijō ni 非常に

quiver [n.] furue 震え, shindō 振動 [v.] furueru 震える

quiz [n.] kuizu クイズ, kantan na tesuto 簡単なテスト

quotation [n.] inyō 引用, inyō ku 引用句

quote [v.] inyō suru 引用する, mitsumoru 見積る

R

rabbit　[n.] kai usagi 飼いウサギ
race　[n.] kyōsō 競走, jinshu 人種
　[v.] kyōsō suru 競走する
rack　[n.] tana 棚, bōshi kake 帽子掛け
　[v.] tana ni kakeru 棚にかける
racket　[n.] raketto ラケット, sawagi 騒ぎ
radar　[n.] rēdā レーダー, denpa tanchi ki 電波探知機
radiant　[a.] hikaru 光る, akarui 明るい
radical　[a.] kageki na 過激な, konpon tekina 根本的な
　[n.] kageki ha 過激派
radically　[ad.] konpon tekini 根本的に,
　kyūshin tekini 急進的に
radio　[n.] rajio ラジオ, musen tsūshin 無線通信
radium　[n.] rajiumu ラジウム
rag　[n.] boro kire ぼろきれ
rage　[n.] gekido 激怒 [v.] gekido suru 激怒する
ragged　[a.] boro no ぼろの, arai 荒い
rail　[n.] tesuri 手すり, rēru レール, senro 線路
railroad　[n.] tetsudō 鉄道, senro 線路
railroad station　[n.] tetsudō eki 鉄道駅
railway　[n.] tetsudō 鉄道
rain　[n.] ame 雨 [v.] ame ga furu 雨が降る
rainbow　[n.] niji 虹
raincoat　[n.] amagi 雨着
raindrop　[n.] amatsubu 雨粒
rainfall　[n.] kōu 降雨, kōu ryō 降雨量
rainy　[a.] ame no 雨の, uten no 雨天の
raise　[v.] ageru 上げる, bokin suru 募金する
　[n.] shōkyū 昇給
rake　[n.] kumade 熊手
rally　[n.] shūkai 集会 [v.] kyūgō suru 糾合する,
　atsumaru 集まる

ram　[n.] osu hitsuji 雄ヒツジ
　[v.] gekitotsu suru 激突する
random　[a.] musakui no 無作為の,
　teatari shidai no 手当たり次第の
range　[n.] retsu 列, sanmyaku 山脈, han'i 範囲
　[v.] haichi suru 配置する
rank　[n.] retsu 列, chii 地位
　[v.] seiretsu saseru 整列させる
ransom　[n.] minoshiro kin 身代金, baishō kin 賠償金
rap　[v.] kotsun to tataku こつんとたたく
rapid　[a.] jinsoku na 迅速な
　[n.] kyūryū 急流, kōsoku ressha 高速列車
rapidly　[ad.] jinsoku ni 迅速に
rapture　[n.] kanki 歓喜, ō yorokobi 大喜び
rare　[a.] mezurashii 珍しい, chinki na 珍奇な,
　namanie no 生煮えの
rarely　[ad.] mare ni まれに
rascal　[n.] akutō 悪党, furyō 不良
rash　[a.] mukōmizu no 向う見ずの [n.] hasshin 発疹
rat　[n.] nezumi ネズミ
rate　[n.] ritsu 率, hiritsu 比率, sokudo 速度, ryōkin 料金
rather　[ad.] mushiro むしろ
ratio　[n.] ritsu 率, hiritsu 比率
rational　[a.] risei tekina 理性的な
rattle　[n.] gatagata suru oto ガタガタする音
raw　[a.] nama no 生の, kakō shite inai 加工していない
ray　[n.] kōsen 光線, hikari 光
razor　[n.] kamisori 剃刀, denki kamisori 電気かみそり
reach　[v.] tōchaku suru 到着する, tsuku 着く
re**act**　[v.] han'nō suru 反応する, hantai suru 反対する
re**ac**tion　[n.] han'nō 反応, hansayō 反作用
read　[v.] yomu 読む
reader　[n.] dokusha 読者
readily　[ad.] yorokon de 喜んで, kantan ni 簡単に

readiness　[n.] junbi sei 準備性, jinsoku 迅速
reading　[n.] dokusho 読書
ready　[a.] junbi ga dekita 準備ができた
　[v.] junbi suru 準備する
readymade　[n.] kisei hin 既製品
　[a.] kisei hin no 既製品の
real　[a.] shinjitsu no 真実の, honmono no 本物の,
　genjitsu no 現実の
reality　[n.] genjitsu 現実, jijitsu 事実
realization　[n.] jitsugen 実現, genjitsu ka 現実化
realize　[v.] jitsugen suru 実現する,
　genjitsu ka suru 現実化する
really　[ad.] mattaku 全く, hontōni 本当に
realm　[n.] ōkoku 王国, bunya 分野
reap　[v.] shūkaku suru 収穫する
rear　[n.] ato 後, haigo 背後, shiri 尻 [v.] kau 飼う
reason　[n.] riyū 理由, risei 理性
　[v.] suiron suru 推論する
reasonable　[a.] gōri tekina 合理的な, tekitō na 適当な
rebel　[n.] hangyaku sha 反逆者
　[a.] muhon suru 謀反する
rebel　[v.] hankō suru 反抗する
rebellion　[n.] hanran 反乱, hankō 反抗
rebuke　[n.] hinan 非難, shisseki 叱責 [v.] shikaru 叱る
recall　[n.] shōkan 召喚, kaisō 回想
　[v.] omoidasu 思い出す
receipt　[n.] juryō 受領, ryōshū shō 領収証
receive　[v.] ukeru 受ける, juri suru 受理する
receiver　[n.] juryō nin 受領人, jushin ki 受信機,
　juwa ki 受話器
recent　[a.] saikin no 最近の
recently　[ad.] saikin 最近
reception　[n.] shūyō 収容, ōsetsu 応接, hirōen 披露宴
recess　[n.] yasumi 休み, kyūsoku 休息

recipe　[n.] chōri hō 調理法, shohō 処方, hiketsu 秘訣
recital　[n.] dokusō kai 独奏会, ensō kai 演奏会,
　anshō 暗誦
recite　[v.] anshō suru 暗誦する
reckless　[a.] mubō na 無謀な, seikyū na 性急な
recklessly　[ad.] funbetsu naku 分別なく
reckon　[v.] minasu 見なす, keisan suru 計算する
recognition　[n.] ninshiki 認識, shōnin 承認,
　menshiki 面識
recognize　[v.] miwakeru 見分ける, mitomeru 認める,
　aisatsu suru 挨拶する
recollect　[v.] kaisō suru 回想する
recollection　[n.] kaisō 回想
recommend　[v.] suisen suru 推薦する
recommendation　[n.] suisen 推薦, suisen jō 推薦状
recompense　[n.] mukui 報い, hōshō 報償
　[v.] mukuiru 報いる
reconcile　[v.] wakai saseru 和解させる,
　chōwa saseru 調和させる
reconciliation　[n.] wakai 和解, chōwa 調和
reconstruct　[v.] saiken suru 再建する,
　kaizō suru 改造する
reconstruction　[n.] saiken 再建, kaizō 改造
record　[n.] kiroku 記録, rekōdo レコード, onban 音盤
record　[v.] kiroku suru 記録する, tōroku suru 登録する,
　rokuon suru 録音する
recorder　[n.] kiroku sha 記録者, rokuon ki 録音機
record player　[n.] rekōdo purēyā レコードプレーヤー,
　chikuon ki 蓄音機
recover　[v.] tori modosu 取り戻す,
　kaifuku suru 回復する, fukkyū sareru 復旧される
re-cover　[v.] futatabi ōu 再び覆う
recovery　[n.] kaifuku 回復, fukkyū 復旧
recreation　[n.] kibun tenkan 気分転換, goraku 娯楽,

kyūyō 休養

re**cruit** [v.] shin'nyū shain o boshū suru 新入社員を募集する

red [a.] akai 赤い, akairo no 赤色の
　[n.] aka 赤, akaji 赤字

Red Cross [n.] sekijūji 赤十字

re**deem** [v.] kai modosu 買い戻す,
　kaifuku suru 回復する, shōkan suru 償還する

re**duce** [v.] herasu 減らす, shukushō suru 縮小する,
　sageru 下げる

re**duc**tion [n.] genshō 減少, shukushō 縮小,
　setsugen 節減

reed [n.] ashi アシ, gakki no shita 楽器の舌

reel [n.] itomaki 糸巻, rīru リール
　[v.] ito guruma ni maku 糸車に巻く

re**fer** [v.] sanshō suru 参照する,
　~ no seini suru ~のせいにする

re**fer**ence [n.] sanshō 参照, shōkai 照会,
　mimoto shōkai saki 身元照会先

re**fine** [v.] seisei suru 精製する, seiren suru 精錬する

re**fined** [a.] seisei shita 精製した,
　seiren sareta 精錬された, senren sareta 洗練された

re**fine**ment [n.] seisei 精製, seiren 精錬, senren 洗練

re**flect** [v.] hansha suru 反射する, han'ei suru 反映する,
　hansei suru 反省する

re**flec**tion [n.] hansha 反射, han'ei 反映, hansei 反省

re-**form** [v.] tsukuri naosu 作り直す,
　sai hensei suru 再編成する

re**form** [v.] kaikaku suru 改革する, kairyō suru 改良する

re**frain** [v.] yameru やめる, tsutsushimu 慎む
　[n.] kuri kaeshi 繰り返し, rifurein リフレイン

re**fresh** [v.] seishin ni suru 清新にする,
　genki zukeru 元気づける

re**fresh**ments [n.] tabemono 食べ物, chaka 茶菓

re**fri**gerator [n.] reizōko 冷蔵庫

re**fuge** [n.] hinan 避難, hinan jo 避難所

re**fus**al [n.] kyozetsu 拒絶, kyohi 拒否

re**fuse** [v.] kobamu 拒む, kotowaru 断る

re**gain** [v.] tori modosu 取り戻す

re**gard** [n.] sonkei 尊敬, chūmoku 注目
　[v.] sonkei suru 尊敬する

re**gard**ing [prep.] ~ ni tsuite ~について

re**gard**less [a.] kankei naku 関係なく,
　mukanshin na 無関心な

re**gards** [n.] dengon 伝言, aisatsu 挨拶

re**gi**ment [n.] rentai 連隊 [v.] tōsei suru 統制する

re**gion** [n.] chiiki 地域, chiku 地区

re**gis**ter [v.] tōroku suru 登録する [n.] tōroku 登録

re**gret** [v.] kōkai suru 後悔する
　[n.] ikan 遺憾, kōkai 後悔

re**gu**lar [a.] kisoku tekina 規則的な,
　teiki tekina 定期的な [n.] jōren 常連

re**gu**larly [ad.] kisoku tadashiku 規則正しく,
　teiki tekini 定期的に

re**gu**late [v.] kitei suru 規定する, tōsei suru 統制する,
　chōsei suru 調整する

re**gu**lation [n.] kisoku 規則, tōsei 統制, chōsetsu 調節

reign [n.] chisei 治世, tōchi 統治
　[v.] kunrin suru 君臨する

rein [n.] tazuna 手綱, tōsei shudan 統制手段

re**ject** [v.] kobamu 拒む

re**joice** [v.] yorokobu 喜ぶ

re**late** [v.] kankei saseru 関係させる,
　kankei suru 関係する

re**lat**ed [a.] kankei no aru 関係のある,
　ketsuen no 血縁の

re**la**tion [n.] kankei 関係, kanren 関連,
　shinzoku kankei 親族関係

relations [n.] kokusai kankei 国際関係, ningen kankei 人間関係
relationship [n.] shinzoku kankei 親族関係, enko kankei 縁故関係
relative [a.] hikaku jō no 比較上の, sōtai tekina 相対的な [n.] shinseki 親戚
relatively [ad.] hikaku teki 比較的, sōtai tekini 相対的に
relax [v.] okuraseru 遅らせる, yurumeru 緩める
relaxed [a.] kutsuroi da くつろいだ, kinchō o toita 緊張を解いた
release [v.] kaihō suru 解放する [n.] kaihō 解放, kaifū 開封
reliable [a.] tanomoshii 頼もしい, kakujitsu na 確実な
relic [n.] iseki 遺跡, ibutsu 遺物, ihin 遺品, kyūjo busshi 救助物資
relief [n.] keigen 軽減, kyūen 救援, kyūjo busshi 救助物資, kōtai 交替
relieve [v.] keigen suru 軽減する, ando saseru 安堵させる
religion [n.] shūkyō 宗教
religious [a.] shūkyō no 宗教の, shūkyō tekina 宗教的な
reluctant [a.] ki no susuma nai 気の進まない
reluctantly [ad.] shikata naku 仕方なく
rely [v.] tayoru 頼る, shinrai suru 信頼する
remain [n.] nokori 残り, seizon sha 生存者 [v.] nokoru 残る
remainder [n.] nokori 残り, zan'yo 残余
remark [n.] chūmoku 注目, chūi 注意 [v.] chūmoku suru 注目する
remarkable [a.] chūmoku subeki 注目すべき, kencho na 顕著な
remarkably [ad.] ichijiru shiku 著しく
remedy [n.] chiryō 治療, kyōsei 矯正 [v.] chiryō suru 治療する

remember [v.] kangae dasu 考え出す, oboete iru 覚えている
remembrance [n.] kioku 記憶, kaisō 回想, kinen 記念
remind [v.] omoi dasu 思い出す
remnant [n.] nokori 残り, ato 跡
remorse [n.] kōkai 後悔, ryōshin no kashaku 良心の呵責
remote [a.] tōi 遠い, tōi tokoro no 遠いところの [ad.] tōku hanarete 遠く離れて
remote control [n.] rimokon リモコン, enkaku seigyo sōchi 遠隔制御装置
removal [n.] idō 移動, jokyo 除去
remove [v.] utsusu 移す, tori nozoku 取り除く
Renaissance [n.] runesansu ルネサンス, bungei fukkō 文芸復興
render [v.] ~ ni suru ~にする, mukuiru 報いる
renew [v.] atarashiku suru 新しくする, kōshin suru 更新する
renown [n.] meisei 名声
rent [v.] kariru 借りる, chintai suru 賃貸する [n.] yachin 家賃
repair [n.] shūri 修理, shūzen 修繕 [v.] shūri suru 修理する
repay [v.] hensai suru 返済する, mukuiru 報いる
repeat [n.] kuri kaeshi 繰り返し, sai hōsō 再放送 [v.] kuri kaesu 繰り返す
repeated [a.] kuri kaesareta 繰り返された
repeatedly [ad.] kuri kae shite 繰り返して
repent [v.] kōkai suru 後悔する, kui aratameru 悔い改める
repetition [n.] kuri kaeshi 繰り返し, hanpuku 反復
replace [v.] moto ni modosu もとに戻す, kawaru 代わる
replacement [n.] gaeshi 返し, daitai 代替, kōkan 交換

reply [v.] kotaeru 答える [n.] kotae 答え
report [n.] hōkoku sho 報告書
　[v.] hōkoku suru 報告する, shinkoku suru 申告する
report card [n.] seiseki tsūchi sho 成績通知書
reporter [n.] hōkoku sha 報告者, hōdō kisha 報道記者
repose [n.] kyūsoku 休息, suimin 睡眠
　[v.] nekaseru 寝かせる, yasumu 休む
represent [v.] shimesu 示す, daihyō suru 代表する
representation [n.] hyōji 表示, byōsha 描写,
　kijutsu 記述, daihyō 代表
representative [n.] daihyō sha 代表者
　[a.] daihyō tekina 代表的な
reproach [n.] hinan 非難 [v.] hinan suru 非難する
republic [n.] kyōwa koku 共和国
republican [a.] kyōwa shugi no 共和主義の,
　kyōwatō no 共和党の
reputation [n.] hyōban 評判, meisei 名声
request [n.] yōkyū 要求, yōbō 要望
　[v.] yōsei suru 要請する
require [v.] yōkyū suru 要求する,
　hitsuyō to suru 必要とする
requirement [n.] yōkyū 要求,
　hitsuyō na mono 必要な物, shikaku 資格
rescue [n.] kyūjo 救助 [v.] kyūjo suru 救助する
research [v.] shiraberu 調べる, kenkyū suru 研究する
research [n.] chōsa 調査, kenkyū 研究
resemble [v.] niru 似る
resent [v.] uramu 恨む, fungai suru 憤慨する
resentment [n.] urami 恨み, fungai 憤慨
reservation [n.] yoyaku 予約,
　ryūho sareta kenri 留保された権利, jōken 条件
reserve [n.] bichiku 備蓄, yobi 予備
　[v.] bichiku suru 備蓄する
reside [v.] sumu 住む, kyojū suru 居住する

residence [n.] jūkyo 住居, kyojū 居住
resident [n.] kyojū sha 居住者
　[a.] kyojū suru 居住する, koyū no 固有の
resign [v.] jinin suru 辞任する, akirameru 諦める
resist [v.] teikō suru 抵抗する, taeru 耐える
resistance [n.] teikō 抵抗, hankō 反抗
resolute [a.] ketsuzen taru 決然たる,
　dankotaru 断固たる
resolution [n.] ketsui 決意, kaiketsu 解決, kettei 決定
resolve [v.] kaiketsu suru 解決する, ketsui suru
　決意する, yōkai suru 溶解する
resort [n.] hoyō chi 保養地, tayori 頼り
　[v.] tayoru 頼る
resource [n.] shigen 資源, shudan 手段
respect [n.] sonkei 尊敬, kanshin 関心
respectable [a.] sonkei subeki 尊敬すべき,
　rippa na 立派な
respective [a.] sorezore no それぞれの
respond [v.] ōtō suru 応答する, ōjiru 応じる
response [n.] ōtō 応答, han'nō 反応
responsibility [n.] sekinin 責任
responsible [a.] sekinin aru 責任ある,
　shinrai dekiru 信頼できる
responsibly [ad.] sekinin o motte 責任を持って
rest [n.] kyūkei 休憩, nokori 残り
restaurant [n.] resutoran レストラン,
　inshoku ten 飲食店
restless [a.] ochitsuka nai 落ち着かない,
　anmin deki nai 安眠できない
restoration [n.] kaifuku 回復, fukkyū 復旧
restore [v.] tori modosu 取り戻す, fukkō suru 復興する,
　fukkyū suru 復旧する
restrain [v.] yokusei suru 抑制する,
　seishi suru 制止する

restraint [n.] yokusei 抑制, seishi 制止, jisei 自制
restrict [v.] seigen suru 制限する
restriction [n.] seigen 制限
result [n.] kekka 結果
　[v.] kekka toshite okiru 結果として起きる
resume [n.] rireki sho 履歴書
resume [v.] saikai suru 再開する
retail [a.] kouri no 小売の [v.] kouri suru 小売する
retain [v.] hoyū suru 保有する, iji suru 維持する
retire [v.] intai suru 引退する
retort [n.] hōfuku 報復, hanpatsu 反発
　[v.] hōfuku suru 報復する, hanpatsu suru 反発する
retreat [n.] kōtai 後退, intai 引退
　[v.] kōtai suru 後退する, intai suru 引退する
return [v.] modotte iku 戻っていく
　[n.] fukki 復帰, henkan 返還
reveal [n.] keiji 啓示, bakuro 暴露 [v.] arawasu 現す
revenge [n.] fukushū 復讐, shikaeshi 仕返し
　[v.] fukushū suru 復讐する
revenue [n.] shūnyū 収入, sainyū 歳入
reverence [n.] sūhai 崇拝, sonkei 尊敬
reverend [a.] tōtoi 尊い, seinaru 聖なる
reverse [a.] hantai no 反対の [n.] gyaku 逆
　[v.] uragaesu 裏返す
review [v.] kentō suru 検討する
　[n.] kentō 検討, fukushū 復習
revision [n.] kaitei 改訂, kaitei ban 改訂版
revive [v.] sosei saseru 蘇生させる,
　fukkatsu saseru 復活させる
revolt [n.] hanran 反乱, hankō 反抗
　[v.] hankō suru 反抗する
revolting [a.] hanran suru 反乱する,
　hankō suru 反抗する
revolution [n.] kakumei 革命, henkaku 変革

revolutionary [a.] kakumei tekina 革命的な
　[n.] kakumei ka 革命家
revolve [v.] kaiten suru 回転する
reward [v.] mukuiru 報いる
　[n.] hōshū 報酬, mukui 報い
rewrite [v.] kaki naosu 書き直す
rhyme [n.] inbun 韻文 [v.] sakushi suru 作詩する
rhythm [n.] rizumu リズム, ritsudō 律動
rib [n.] rokkotsu 肋骨, abara bone あばら骨,
　karubi カルビ
ribbon [n.] ribon リボン, obi 帯
rice [n.] kome 米
rich [a.] kane mochi no 金持ちの, ōku no 多くの
riches [n.] tomi 富, zaisan 財産
richly [ad.] hōfu ni 豊富に
rid [v.] tori nozoku 取り除く, kyūjo suru 救助する
riddle [n.] nazo 謎 [v.] nazo o kakeru なぞを掛ける
ride [v.] noru 乗る, jōba suru 乗馬する
　[n.] jōsha 乗車, jōba 乗馬
rider [n.] noru hito 乗る人, kishu 騎手
ridge [n.] yama no se 山の背, bunsui sen 分水線
ridiculous [a.] okashina おかしな, baka geta ばかげた
ridiculously [ad.] baka gete ばかげて
rifle [n.] shōjū 小銃
right [a.] tadashii 正しい [n.] kenri 権利,
　tadashii jōtai 正しい状態, migi gawa 右側
right angle [n.] chokkaku 直角
rightly [ad.] seikaku ni 正確に, tadashiku 正しく,
　tekitō na 適当な
rigid [a.] katai 固い, kibishii 厳しい
rim [n.] fuchi 縁, heri へり
ring [n.] wa 輪, yubiwa 指輪, denwa no oto 電話の音
　[v.] kane ga naru 鐘が鳴る
riot [n.] bōdō 暴動 [v.] bōdō o okosu 暴動を起こす

rip [v.] wareru 割る, yaburu 破る [n.] hikisaki 引裂き
ripe [a.] juku shita 熟した,
　kikai ga juku shita 機会が熟した
ripen [v.] minoru 実る
ripple [n.] hamon 波紋
　[v.] hamon o okosu 波紋を起こす
rise [v.] tachi agaru 立ち上がる, agaru 上がる
　[n.] jōshō 上昇
risk [n.] kiken 危険 [v.] obiyakasu 脅かす
rival [n.] raibaru ライバル [v.] kyōsō suru 競争する
river [n.] kawa 江
road [n.] michi 道, dōro 道路, tsūro 通路
roam [v.] buratsuku ぶらつく, samayou さまよう
roar [n.] sakebi goe 叫び声, gōon 轟音
　[v.] ōkiku sakebu 大きく叫ぶ
roast [v.] yaku 焼く, niru 煮る [n.] yaki niku 焼肉
rob [v.] ubau 奪う, ryaku datsu suru 略奪する
robber [n.] gōtō 強盗
robbery [n.] gōtō kōi 強盗行為
robe [n.] ifuku 衣服,
　nagakute yuttari shita soto gi 長くてゆったりした外着
robin [n.] shima goma シマゴマ
rock [n.] iwa 岩 [v.] yuri ugokasu 揺り動かす
rocket [n.] roketto ロケット
rocky [a.] ganseki ga ōi 岩石が多い,
　iwa no yōna 岩のような
rod [n.] bō 棒, tsue 杖
rogue [n.] akkan 悪漢, itazurakko いたずらっ子
　[v.] damasu だます
role [n.] haiyaku 配役, yakuwari 役割
roll [v.] korogaru 転がる
　[n.] maki mono 巻き物, kaiten 回転
roller [n.] rōrā ローラー, entō jō no bō 円筒状の棒
rolling [a.] korogaru 転がる

[n.] korogari 転がり, kaiten 回転
Roman [n.] rōma jin ローマ人 [a.] rōma no ローマの
romance [n.] romansu ロマンス,
　renai no hanashi 恋愛の話
romantic [a.] roman chikku na ロマンチックな,
　ren'ai shōsetsu tekina 恋愛小説的な
Rome [n.] rōma ローマ
roof [n.] yane 屋根
room [n.] heya 部屋, basho 場所, yochi 余地
root [n.] ne 根, minamoto 源
　[v.] ne o orosu 根を下ろす
rope [n.] rōpu ロープ, himo ひも
　[v.] rōpu de shibaru ロープで縛る
rose [n.] bara バラ
rosy [a.] bara iro no バラ色の
rotten [a.] kusatta 腐った, fuhai shita 腐敗した
rough [a.] arai 荒い, ranbō na 乱暴な,
　ōyoso no おおよその
roughly [ad.] araku 荒く, ōmaka ni 大まかに
round [a.] marui 丸い [n.] en 円
　[v.] maruku suru 丸くする
rouse [v.] okosu 起こす, mezameru 目覚める
　[n.] kakusei 覚醒
route [n.] dōro 道路, michi 道
routine [n.] gata ni hamatta shigoto 型にはまった仕事,
　nikka 日課, kanrei 慣例
rove [v.] mayou 迷う, urotsuku うろつく
row [n.] retsu 列, gyō 行 [v.] bōto o kogu ボートをこぐ
royal [a.] ō no 王の, ōzoku no 王族の [n.] ōzoku 王族
rub [v.] kosuru 擦る [n.] masatsu 摩擦
rubber [n.] gomu ゴム, gomu seihin ゴム製品
rubber band [n.] gomu bando ゴムバンド
rubbish [n.] gomi ごみ, haiki butsu 廃棄物,
　muda na shigoto 無駄な仕事

rude [a.] busahō na 無作法な, ara arashii 荒々しい

ruffle [n.] shiwa しわ, hamon 波紋

[v.] nami ga tatsu 波が立つ

rug [n.] shiki mono 敷物, jūtan じゅうたん

rugby [n.] ragubī ラグビー

rugged [a.] dekoboko shita でこぼこした

ruin [n.] hametsu 破滅, hakai 破壊

[v.] hametsu suru 破滅する

rule [v.] shihai suru 支配する

[n.] kisoku 規則, shihai 支配

ruler [n.] tōchi sha 統治者, jōgi 定規

ruling [a.] shihai suru 支配する, yūsei na 優勢な

[n.] shihai 支配, hanketsu 判決

Rumania [n.] rūmania ルーマニア

rumor [n.] uwasa うわさ [v.] uwasa suru うわさする

run [v.] hashiru 走る, keiei suru 経営する,

rikkōho suru 立候補する

runner [n.] hashiru hito 走る人, rēsā レーサー,

kyōsō sha 競走者

running [a.] hashiru 走る, nagareru 流れる

rural [a.] inaka no 田舎の

rush [v.] tosshin suru 突進する

[n.] tosshin 突進, sattō 殺到

Russia [n.] roshia ロシア

Russian [a.] roshia jin no ロシア人の,

roshia go no ロシア語の

rust [n.] sabi 錆 [v.] sabiru 錆びる

rustic [a.] inaka no 田舎の, soboku na 素朴な

rustle [n.] kasakasa oto カサカサ音

rusty [a.] sabita 錆びた

S

sack [n.] fukuro 袋, ryaku datsu 略奪
sacred [a.] shinsei na 神聖な, shūkyō tekina 宗教的な
sacrifice [n.] gisei 犠牲
　[v.] ike nie toshite sasageru いけにえとしてささげる
sacrificial [a.] gisei no 犠牲の, gisei tekina 犠牲的な
sad [a.] kanashii 悲しい
saddle [n.] kura 鞍 [v.] kura o oku 鞍を置く
sadly [ad.] kanashi geni 悲しげに,
　kanashi sō ni 悲しそうに
sadness [n.] kanashimi 悲しみ, hiai 悲哀
safe [n.] kinko 金庫
　[a.] anzen na 安全な, buji ni 無事に
safely [ad.] anzen ni 安全に
safety [n.] anzen 安全
sage [n.] kenjin 賢人
　[a.] kashikoi 賢い, kenmei na 賢明な
sail [v.] kōkai suru 航海する [n.] ho 帆, kōkai 航海
sailor [n.] sen'in 船員
saint [n.] seijin 聖人, seija 聖者
sake [n.] tame ため, riyū 理由
salad [n.] sarada サラダ, seisai ryōri 生彩料理
salary [n.] kyūryō 給料
　[v.] kyūryō o ataeru 給料を与える
salaryman [n.] kyūryō seikatsu sha 給料生活者
sale [n.] hanbai 販売, uriage 売上,
　geki yasu hanbai 激安販売
salesman [n.] sērusu man セールスマン
sally [n.] shutsu geki 出撃
　[v.] shutsu geki suru 出撃する
salmon [n.] sake サケ
saloon [n.] dai hōru 大ホール, pabu パブ,
　kyaku shitsu 客室

salt [n.] shio 塩 [v.] shio o maku 塩をまく
salute [n.] aisatsu 挨拶, keirei 敬礼
　[v.] aisatsu suru 挨拶する
salvation [n.] kyūjo 救助, kyūsai 救済
same [a.] onaji 同じ, dōitsu no 同一の
sample [n.] mihon 見本, sanpuru サンプ
　[v.] tamesu 試す
sanction [n.] seisai 制裁 [v.] seisai suru 制裁する
sand [n.] suna 砂
sandwich [n.] sandoicchi サンドイッチ
sandy [a.] suna no 砂の, suna darake no 砂だらけの
sane [a.] shōki no 正気の, bunbetsu aru 分別ある
sanitary [a.] eisei no 衛生の, seiketsu na 清潔な
　[n.] kōshū benjo 公衆便所
sap [n.] jueki 樹液 [v.] jakka saseru 弱化させる
sarcastic [a.] hiniku na 皮肉な
sash [n.] obi 帯, kazari tai 飾帯, mado waku 窓わく,
　sasshi サッシ
Satan [n.] akuma 悪魔, satan サタン
satellite [n.] jinkō eisei 人工衛星
satire [n.] fūshi 諷刺
satisfaction [n.] manzoku 満足
satisfactorily [a.] mōshibun no nai 申し分のない,
　manzoku no iku 満足のいく
satisfactory [a.] manzoku shita 満足した
satisfy [v.] manzoku saseru 満足させる, mitasu 満たす
Saturday [n.] doyōbi 土曜日
sauce [n.] sōsu ソース, awase chōmi ryō 合わせ調味料
saucer [n.] ukezara 受け皿
saucy [a.] namaiki na 生意気な
Saudi Arabia [n.] saujiarabia サウジアラビア
sausage [n.] sōsēji ソーセージ
savage [n.] yaban jin 野蛮人 [a.] yaban no 野蛮の
save [v.] sukuu 救う, setsuyaku suru 節約する,

bichiku suru 備蓄する
savings [n.] chochiku 貯蓄
saw [n.] nokogiri のこぎり
　[v.] nokogiri de kiru のこぎりで切る
say [v.] hanasu 話す [n.] iibun 言い分, shuchō 主張
saying [n.] kakugen 格言, kotowaza ことわざ
scale [n.] hakari 秤, memori 目盛り, kibo 規模
scandal [n.] sukyandaru スキャンダル, shūbun 醜聞
Scandinavia [n.] sukanjinabia スカンジナビア
scanty [a.] fusoku shite iru 不足している
scar [n.] kizu 傷, ato 跡, kizuato 傷跡
scarce [a.] tari nai 足りない, mezurashii 珍しい
scarcely [ad.] yōyaku ようやく, yatto やっと
scare [v.] obiyakasu 脅かす [n.] kyōfu 恐怖
scarecrow [n.] kakashi かかし
scared [a.] osoreru 恐れる
scarf [n.] sukāfu スカーフ, eri maki えり巻き
scarlet [n.] shinku shoku 深紅色, mazenta マゼンタ
　[a.] shinku shoku no 深紅色の
scary [a.] kowai 怖い
scatter [n.] sanpu 散布 [v.] oisuteru 追い捨てる,
　furimaku 振りまく
scene [n.] bamen 場面, kōkei 光景
scenery [n.] fūkei 風景, butai haikei 舞台背景
scent [n.] nioi 匂い, kaori 香り
　[v.] nioi o kagu 匂いをかぐ
schedule [n.] jikan hyō 時間表, yotei hyō 予定表
　[v.] yotei suru 予定する
scheme [n.] keikaku 計画, inbō 陰謀
　[v.] kuwadateru 企てる
scholar [n.] gakusha 学者
scholarly [a.] gakusha tekina 学者的な,
　gakkyū tekina 学究的な, hakushiki aru 博識ある
scholarship [n.] shōgaku kin 奨学金, gakumon 学問

school [n.] gakkō 学校, gakubu 学部
schoolboy [n.] danshi gakusei 男子学生
schoolgirl [n.] jogakusei 女学生
schoolhouse [n.] kōsha 校舎
schoolmaster [n.] danshi kyōshi 男子教師
schoolroom [n.] kyōshitsu 教室
science [n.] kagaku 科学
scientific [a.] kagaku tekina 科学的な
scientist [n.] kagaku sha 科学者
scissors [n.] hasami はさみ
scold [v.] shikaru 叱る
scope [n.] han'i 範囲, ryōiki 領域
scorch [v.] hi de aburu 火であぶる
score [n.] tokuten 得点, tasū 多数, nijū 20
　[v.] tokuten suru 得点する
scorn [n.] keibetsu 軽蔑 [v.] keibetsu suru 軽蔑する
scornful [a.] keibetsu ni michita 軽蔑に満ちた
scornfully [ad.] keibetsu shite 軽蔑して
Scot [n.] sukotto rando jin スコットランド人
Scotch [a.] sukotto rando no スコットランドの
Scottish [a.] sukotto rando no スコットランドの
scourge [n.] muchi むち, tenbatsu 天罰,
　wazawai no gen'in 災いの原因
scout [n.] teisatsu 偵察, sukauto スカウト
　[v.] teisatsu suru 偵察する
scramble [n.] hai agari 這い上がり
　[v.] hai agaru 這い上がる
scrap [n.] haibutsu 廃物 [v.] haiki suru 廃棄する
scrape [n.] kosuru koto 擦ること [v.] kosuru 擦る
scratch [n.] kaku koto かくこと, surikizu 擦り傷
　[v.] kaku かく, hikkaku 引っかく
scream [n.] himei 悲鳴
　[v.] sakebu 叫ぶ, himei o ageru 悲鳴を上げる
screen [n.] majikiri 間仕切り [v.] saegiru 遮る

screw [n.] neji ねじ [v.] neji de shimeru ねじで締める
script [n.] tegaki 手書き, kyakuhon 脚本
scrub [v.] goshigoshi kosuru ゴシゴシ擦る
sculptor [n.] chōkoku ka 彫刻家
sculpture [n.] chōkoku 彫刻
sea [n.] umi 海
seal [n.] natsuin 捺印, fūin 封印
　[v.] natsuin suru 捺印する, fūin suru 封印する
seam [n.] musubi me 結び目 [v.] hōgō suru 縫合する
seaman [n.] sen'in 船員
seaport [n.] minato 港, minato machi 港町
search [n.] sōsaku 捜索, tansaku 探索
　[v.] sōsaku suru 捜索する
searching [a.] sōsaku suru 捜索する
seashore [n.] kaihin 海浜, umibe 海辺
seaside [a.] umibe no 海辺の
season [n.] shīzun シーズン, kisetsu 季節
　[v.] ajitsuke suru 味付けする
seat [n.] seki 席, zaseki 座席, giseki 議席
　[v.] suwaraseru 座らせる
second [a.] ni banme no 二番目の
　[n.] ni banme 二番目, byō 秒
secondary [a.] nirui no 二類の, dai nii no 第二位の
second hand [n.] tokei no byōshin 時計の 秒針
secrecy [n.] himitsu 秘密
secret [n.] himitsu 秘密 [a.] himitsu no 秘密の
secretary [n.] hisho 秘書, daijin 大臣
secretly [ad.] himitsu de 秘密で
section [n.] bubun 部分, chiiki 地域
　[v.] bunkatsu suru 分割する
secure [a.] anzen na 安全な
　[v.] anzen ni suru 安全にする
security [n.] anzen 安全, bōei 防衛
see [v.] miru 見る, densō suru 伝送する

seed [n.] tane 種 [v.] tane o maku 種をまく
seeing [n.] miru koto 見ること
seek [v.] sagasu 探す, tsuikyū suru 追求する
seem [v.] ~ no yōni mieru ~のように見える,
　~ no yōda ~のようだ
seen [a.] me ni mieru 目に見える
seesaw [n.] shīsō シーソー
　[v.] shīsō ni noru シーソーに乗る
seize [v.] tsukamaeru 捕まえる, gōdatsu suru 強奪する,
　bottō suru 没頭する
seldom [ad.] nakanaka ~ nai なかなか~ない,
　mare ni まれに
select [a.] senbatsu sareta 選抜された
　[v.] sentaku suru 選択する
selection [n.] sentaku 選択
self [n.] jibun 自分, jishin 自身
self-confidence [n.] jishin 自信
self-denial [n.] kokki 克己, kin'yoku 禁欲
selfish [a.] riko tekina 利己的な
sell [v.] uru 売る, ureru 売れる
seller [n.] hanbai in 販売員, ureru mono 売れる物
seminal [a.] seieki no 精液の, shushi no 種子の,
　seishoku no 生殖の
senate [n.] jōin 上院
senator [n.] jōin giin 上院議員
send [v.] okuru 送る
senior [n.] nenchō sha 年長者, jōshi 上司, senpai 先輩
sensation [n.] kankaku 感覚, kokoro 心
sense [n.] kankaku 感覚, ishiki 意識 [v.] kanjiru 感じる
sensible [a.] bunbetsu no aru 分別のある,
　kenmei na 賢明な
sensibly [ad.] ichijiru shiku 著しく, kanari かなり,
　bunbetsu yoku 分別よく
sensitive [a.] binkan na 敏感な, sensai na 繊細な

sentence [n.] bunshō 文章, hanketsu 判決
　[v.] hanketsu o kudasu 判決を下す
sentiment [n.] kanjō 感情, shokan 所感
Seoul [n.] souru ソウル
separate [a.] wareta 割れた, bunri sareta 分離された
separate [v.] bunri suru 分離する,
　bekkyo suru 別居する, wakareru 別れる
separation [n.] bunri 分離, bekkyo 別居, wakare 別れ
September [n.] ku gatsu 9月
sequence [n.] zokuhen 続編, kōhen 後編, keika 経過
serene [a.] shizuka na 静かな
sergeant [n.] kashikan 下士官
series [n.] shirīzu シリーズ, renzoku 連続, ichiren 一連
serious [a.] shinken na 真剣な, shinkoku na 深刻な,
　jūdai na 重大な
seriously [ad.] shinken ni 真剣に, shinkoku ni 深刻に
sermon [n.] sekkyō 説教
serpent [n.] hebi ヘビ
servant [n.] meshi tsukai 召使い, jūgyō in 従業員
serve [v.] tsukaeru 仕える, tasuke ni naru 助けになる
service [n.] sābisu サービス, hōshi 奉仕, kea ケア,
　shokumu 職務
session [n.] kaikai chū 開会中, kaiki 会期, kōza 講座
set [n.] setto セット [a.] kotei sareta 固定された
　[v.] oku 置く
settle [v.] teichaku saseru 定着させる,
　kaiketsu suru 解決する
settlement [n.] teichaku 定着, kaiketsu 解決,
　kettei 決定
settler [n.] teichaku sha 定着者, kaiketsu sha 解決者
seven [n.] shichi 七 [a.] shichi no 七の
seventeen [n.] jū shichi 十七 [a.] jū shichi no 十七の
seventeenth [n.] dai jūshichi 第17
　[a.] dai jūshichi no 第17の

seventh [n.] dai nana 第七
　[a.] nana banme no 七番目の
seventieth [n.] dai nanajū 第70
　[a.] dai nanajū no 第70の
seventy [n.] nanajū 70 [a.] nanajū no 70の
several [a.] ikutsuka no いくつかの
severe [a.] kibishii 厳しい, kakoku na 過酷な
severely [ad.] genkaku ni 厳格に, kibishiku 厳しく
sew [v.] nu'u 縫う
sewing [n.] saihō 裁縫, sōingu ソーイング,
　hari shigoto 針仕事
sex [n.] sei 性, sei betsu 性別
sexual [a.] sei no 性の, sei tekina 性的な
shabby [a.] misuborashii みすぼらしい, boro no ぼろの
shade [n.] hikage 日陰
　[v.] hikari o saegiru 光をさえぎる
shadow [n.] kage 影
shady [a.] hikage no 日陰の
shaft [n.] gara 柄, totte 取っ手
shake [v.] furu 振る, furi mawasu 振り回す
shall [aux. v.] ~ daro u ~だろう, zehi ~ suru ぜひ~する
shallow [a.] asai 浅い
shame [n.] hanikami はにかみ, haji 恥じ
　[v.] haji o kakaseru 恥をかかせる
shameful [a.] hazukashii 恥ずかしい
Shanghai [n.] shanhai 上海
shape [n.] keitai 形体, katachi 形
　[v.] katachi zukuru 形づくる
share [v.] bunpai suru 分配する, buntan suru 分担する
　[n.] wakemae 分け前, buntan 分担
shark [n.] same サメ
sharp [a.] surudoi 鋭い, azayaka na 鮮やかな,
　kashikoi 賢い
sharpen [v.] surudoku suru 鋭くする

sharply [ad.] surudoku 鋭く
shatter [v.] konagona ni kudaku 粉々に砕く
shave [v.] hige o soru ひげをそる
she [pron.] kanojo wa 彼女は
shear [v.] karu 刈る, kiri toru 切り取る
shed [n.] koya 小屋 [v.] nagasu 流す
sheep [n.] hitsuji 羊
sheer [a.] mattaku no まったくの, kanzen na 完全な
sheet [n.] shīto シート, kami ichi mai 紙一枚, usui ita 薄い板
shelf [n.] tana 棚
shell [n.] kara 殻, kai 貝 [v.] gawa o muku 皮をむく
shellfish [n.] kairui 貝類, kōkaku rui 甲殻類
shelter [n.] hinan jo 避難所, kakure ga 隠れ家 [v.] hinan suru 避難する
shepherd [n.] hitsuji kai 羊飼い
sheriff [n.] hoan kan 保安官
shield [n.] tate 盾, hogo sōchi 保護装置 [v.] hogo suru 保護する
shift [n.] hensen 変遷, kōtai 交替 [v.] idō suru 移動する
shine [v.] kagayaku 輝く [n.] kagayaki 輝き, kōtaku 光沢
ship [n.] fune 船 [v.] yusō suru 輸送する
shipment [n.] funazumi 船積み, takusō kamotsu 託送貨物
shipping [n.] funazumi 船積み, takusō 託送, kaiun gyō 海運業
shirt [n.] shatsu シャツ
shiver [v.] samusa ni furueru 寒さに震える, miburui suru 身震いする
shock [n.] shōgeki 衝撃 [v.] shōgeki o ataeru 衝撃を与える
shoe [n.] hakimono 履物, kutsu 靴
shoemaker [n.] kutsu ya 靴屋

shoot [n.] shageki 射撃, hassha 発射 [v.] hassha suru 発射する
shooting [n.] shageki 射撃, hassha 発射
shop [n.] mise 店, shōten 商店 [v.] mono o kau 物を買う
shopkeeper [n.] tenshu 店主
shopping [n.] shoppingu ショッピング, kaimono 買い物
shore [n.] hama 浜, kaigan 海岸
short [a.] mijikai 短い, fujūbun na 不十分な
shortage [n.] fusoku 不足
shorten [v.] mijikaku suru 短くする
shorthand [n.] sokki 速記 [a.] sokki no 速記の
shortly [ad.] sugu すぐ, kantan ni 簡単に
shortness [n.] fusoku 不足, kantan 簡単, buaisō sa 無愛想さ
short-sighted [a.] kinshigan tekina 近視眼的な, tanken no 短見の
shot [n.] hassha 発射
should [aux. v.] ~ shina kereba nara nai ～しなければならない
shoulder [n.] kata 肩 [v.] kata ni ninau 肩に担う
shout [v.] sakebu 叫ぶ [n.] kansei 喚声
shove [n.] oshi 押し [v.] osu 押す
shovel [n.] shaberu シャベル [v.] shaberu de horu シャベルで掘る
show [v.] miseru 見せる [n.] tenji 展示, tenran kai 展覧会
shower [n.] niwaka ame にわか雨 [v.] niwaka ame ga furu にわか雨が降る
shrewd [a.] kashikoi 賢い, surudoi 鋭い
shriek [n.] himei 悲鳴 [v.] himei o ageru 悲鳴を上げる
shrill [a.] surudoi 鋭い
shrine [n.] chiisana seidō 小さな聖堂, shidō 祠堂
shrink [n.] shūshuku 収縮

[v.] heru 減る, shirizoku 退く
shrub　[n.] kanboku 潅木, shiroppu シロップ
shrug　[v.] kata o sukumeru 肩をすくめる
shudder　[n.] senritsu 戦慄
　　[v.] miburui suru 身震いする
shun　[v.] sakeru 避ける
shut　[v.] shimeru 閉める, ōu 覆う
shutter　[n.] yoroi do よろい戸, amado 雨戸
　　[v.] amado o tsukeru 雨戸をつける
shy　[a.] hanikamu はにかむ
sick　[a.] byōki no 病気の, unzari shite うんざりして
sickness　[n.] byōki 病気
side　[a.] sokumen no 側面の [n.] sokumen 側面,
　　wakibara わき腹
sidewalk　[n.] jindō 人道, hodō 歩道
siege　[n.] hōi 包囲 [v.] kakomu 囲む
sift　[v.] furui wakeru ふるい分ける,
　　yori wakeru より分ける
sigh　[n.] tameiki ため息, nageki 嘆き
　　[v.] tameiki o haku ため息を吐く
sight　[n.] miru koto 見ること, shiryoku 視力, shikai 視界
sightseeing　[n.] kankō 観光 [a.] kankō no 観光の
sign　[n.] hyō 表, hyōji 表示, shingō 信号
　　[v.] shomei suru 署名する
signal　[n.] shingō 信号, kizashi 兆し
　　[v.] shingō o okuru 信号を送る
signature　[n.] shomei 署名, tēma ongaku テーマ音楽
signboard　[n.] kanban 看板, keijiban 掲示板
significance　[n.] imi 意味, jūyō sei 重要性
significant　[a.] jūyō na 重要な, jūdai na 重大な,
　　imi no aru 意味のある
signify　[v.] imi suru 意味する,
　　zenchō o miseru 前兆を見せる
silence　[n.] chinmoku 沈黙

[v.] chinmoku saseru 沈黙させる
silent　[a.] shizuka na 静かな, chinmoku no 沈黙の
silently　[ad.] shizuka ni 静かに, damatte 黙って
silk　[n.] kenshi 絹糸, kinu 絹
silly　[a.] oroka na 愚かな [n.] baka バカ
silver　[n.] gin 銀, ginka 銀貨, ginki 銀器
　　[a.] gin no 銀の
similar　[a.] ruiji shita 類似した [n.] ruiji butsu 類似物
similarly　[ad.] dōyō ni 同様に
simple　[a.] kantan na 簡単な, tanjun na 単純な,
　　soboku na 素朴な
simplicity　[n.] kantan 簡単, tanjun 単純, soboku 素朴
simplify　[v.] tanjun ka suru 単純化する,
　　kantan ni suru 簡単にする
simply　[a.] kantan ni 簡単に,
　　wakari yasuku 分かりやすく, sunao ni 素直に
sin　[n.] zaiaku 罪悪 [v.] tsumi o okasu 罪を犯す
since　[conj.] ~ irai ~以来, ~ no tame ni ~のために
　　[ad.] sono go その後
sincere　[a.] seijitsu na 誠実な
sincerely　[ad.] seijitsu ni 誠実に
sincerity　[n.] seijitsu 誠実
sing　[v.] utau 歌う [n.] utau koto 歌うこと
Singapore　[n.] shingapōru シンガポール
singer　[n.] kashu 歌手
singing　[n.] utau koto 歌うこと, shōka 唱歌
　　[a.] utau 歌う
single　[a.] yui'itsu no 唯一の, dokushin no 独身の
　　[n.] yui'itsu 唯一, dokushin 独身
singular　[a.] chūmoku subeki 注目すべき,
　　kimyō na 奇妙な, tansū no 単数の
sink　[v.] chinbotsu suru 沈没する
　　[n.] daidokoro no shinku 台所のシンク
sip　[n.] hito kuchi ひと口

[v.] chibi chibi nomu ちびちび飲む
sir [n.] kika 貴下, sensei 先生, ~ kei ~卿
sister [n.] shimai 姉妹, ane 姉, imōto 妹
sit [v.] suwaru 座る
site [n.] ichi 位置, basho 場所
sitting room [n.] ima 居間
situate [v.] oku 置く, ichi o kimeru 位置を決める
situated [a.] ~ ni ichi shite iru ~に位置している,
　~ ni okareta ~に置かれた
situation [n.] basho 場所, tachiba 立場, jōkyō 状況
six [n.] roku 6 [a.] roku no 6 の
sixteen [n.] jūroku 16 [a.] jūroku no 16 の
sixteenth [n.] dai jūroku 第 16
　[a.] dai jūroku no 第 16 の
sixth [n.] roku banme 六番目
　[a.] roku banme no 六番目の
sixtieth [n.] dai rokujū 第 60 [a.] dai rokujū no 第 60 の
sixty [n.] rokujū 60 [a.] rokujū no 60 の
size [n.] ōki sa 大きさ, sunpō 寸法
skate [n.] sukēto スケート
skating [n.] sukēto de suberu koto スケートで滑ること
skeleton [n.] kokkaku 骨格, gaikotsu 骸骨
sketch [n.] sukecchi スケッチ, shasei ga 写生画,
　sōkō 草稿
ski [n.] sukī スキー [v.] sukī o suru スキーをする
skiing [n.] sukī de suberu koto スキーで滑ること
skill [n.] gijutsu 技術, rikiryō 力量
skilled [a.] jukuren shita 熟練した, rōren na 老練な
skillful [a.] takumi na 巧みな
skim [v.] sukui toru すくい取る
skin [n.] hifu 皮膚, kawa 皮
skip [n.] karuku tobikosu koto 軽く跳び越すこと
　[v.] karuku tobikosu 軽く跳び越す
skirt [n.] sukāto スカート, sentan bubun 先端部分

skull [n.] tōgai 頭蓋, atama 頭
skunk [n.] sukanku スカンク, iya na yatsu 嫌な奴
sky [n.] sora 空, tengoku 天国
skylark [n.] hibari ヒバリ [v.] sawagi tateru 騒ぎたてる
slab [n.] hiroi ita 広い板
slang [n.] zokugo 俗語, ingo 隠語
　[v.] zokugo o tsukau 俗語を使う
slant [n.] keisha 傾斜, saka 坂
slap [n.] hirate uchi 平手打ち
slate [n.] surēto スレート, yane yō sekiban 屋根用石板
slaughter [n.] gyakusatsu 虐殺, tosatsu 屠殺
　[v.] tosatsu suru 屠殺する
slave [n.] dorei 奴隷
　[v.] dorei no yōni hataraku 奴隷のように働く
slavery [n.] dorei no mibun 奴隷の身分,
　dorei seido 奴隷制度
slay [v.] satsugai suru 殺害する,
　gyakusatsu suru 虐殺する
sleep [v.] neru 寝る, tomaru 泊まる
　[n.] nemuri 眠り, suimin 睡眠
sleeping [a.] nemutte iru 眠っている [n.] suimin 睡眠
sleeping car [n.] shindai sha 寝台車
sleepy [a.] nemuta sōna 眠たそうな,
　kakki ga nai 活気がない
sleeve [n.] fuku no sode 服の袖
slender [a.] hossori shite iru ほっそりしている
slice [n.] usui kire 薄い切れ [v.] usuku kiru 薄く切る
slide [v.] suberu 滑る [n.] kassō 滑走, suraido スライド
slight [a.] jakkan no 若干の [n.] keibetsu 軽蔑
　[v.] keibetsu suru 軽蔑する
slightly [ad.] jakkan 若干, sukoshi 少し
slim [a.] hossori shite iru ほっそりしている,
　tsumara nai つまらない
slip [v.] suberu 滑る [n.] surippu スリップ

slipper　[n.] surippa スリッパ
slippery　[a.] subesube suru すべすべする,
　yoku suberu よく滑る
slope　[n.] saka 坂, shamen 斜面 [v.] katamuku 傾く
slow　[a.] osoi 遅い, noroi のろい
　[v.] sokudo o otosu 速度を落とす
slowly　[ad.] yukkuri ゆっくり, yukkuri to ゆっくりと
slumber　[n.] utatane 転寝
　[v.] utatane o suru 転寝をする
sly　[a.] kōkatsu na 狡猾な, waru gashikoi 悪賢い
small　[a.] sukunai 少ない, chiisana 小さな
smart　[a.] subayai 素早い, kashikoi 賢い [n.] itami 痛み
smash　[n.] funsai 粉砕, gekiha 撃破
　[v.] funsai suru 粉砕する
smell　[v.] nioi o kagu 匂いを嗅ぐ [n.] nioi 匂い
smelt　[v.] yōkai suru 溶解する
smile　[v.] hohoemu 微笑む [n.] hohoemi 微笑み
smite　[n.] kyōda 強打 [v.] kyōda suru 強打する
smoke　[n.] kemuri 煙, tabako タバコ
　[v.] kemuri ga deru 煙が出る
smooth　[a.] nameraka na 滑らかな
　[v.] nameraka ni suru 滑らかにする
smoothly　[ad.] nameraka ni 滑らかに,
　odayaka ni 穏やかに
snail　[n.] katatsumuri カタツムリ
snake　[n.] hebi 蛇
snap　[n.] kurikku oto クリック音,
　shunkan satsuei 瞬間撮影
snare　[n.] wana 罠 [v.] wana de tsukamu 罠でつかむ
snarl　[n.] unari goe うなり声 [v.] unaru うなる
snatch　[n.] hittakuri ひったくり
　[v.] hittakuru ひったくる
sneer　[n.] chōshō 嘲笑
　[v.] chōshō suru 嘲笑する, azakeru あざける

sniff　[v.] hana de suikomu 鼻で吸い込む
snow　[n.] yuki 雪 [v.] yuki ga furu 雪が降る
snowy　[a.] yuki ga ōi 雪が多い
snug　[a.] igokochi no yoi 居心地の良い
　[v.] kutsurogu くつろぐ
so　[ad.] sono yōni そのように, sō そう
　[conj.] sono kekka その結果
soak　[v.] shizumu 沈む, shimi komu 染み込む
soaked　[a.] bisshori nureta びっしょり濡れた
soap　[n.] sekken 石鹸
soar　[n.] hijō 飛上 [v.] tobi tatsu 飛び立つ
sob　[n.] susuri naki すすり泣き
　[v.] susuri naku すすり泣く
sober　[a.] sake ni yowa nai 酒に酔わない,
　kingen na 謹厳な
so-called　[a.] iwayuru いわゆる, iwaba いわば
soccer　[n.] sakkā サッカー
social　[a.] shakai no 社会の, shakai tekina 社会的な,
　shakō tekina 社交的な
socialist　[n.] shakai shugi sha 社会主義者
　[a.] shakai shugi sha no 社会主義者の
society　[n.] shakai 社会, soshiki 組織, shūdan 集団
sock　[n.] mijikai kutsushita 短い靴下
soda　[n.] sōda ソーダ, tansan inryō 炭酸飲料
soda water　[n.] sōda sui ソーダ水
sofa　[n.] sofa ソファ, nagai āmuchea 長いアームチェア
soft　[a.] yawarakai 柔らかい, kaiteki na 快適な
softball　[n.] sofutobōru ソフトボール
soften　[v.] yawarakaku suru 柔らかくする
softly　[ad.] yasashiku 優しく, shizuka ni 静かに
soil　[n.] tsuchi 土, dojō 土壌
solar　[a.] taiyō no 太陽の
soldier　[n.] heishi 兵士
sole　[a.] yui'itsu no 唯一の

[n.] ashi ura 足裏, kutsu soko 靴底
solely [ad.] hitori de 一人で, yui'itsu no 唯一の
solemn [a.] shinken na 真剣な, jūdai na 重大な
solicit [v.] setsuni nozomu 切に望む,
 konsei suru 懇請する
solid [a.] kotai no 固体の, nakami no aru 中身のある,
 katai 堅い
solitary [a.] hitori no 一人の, kodoku na 孤独な,
 yui'itsu no 唯一の
solitude [n.] kodoku 孤独
solution [n.] kaiketsu 解決, yōkai 溶解, yōeki 溶液
solve [v.] kaiketsu suru 解決する
some [a.] tashō no 多少の, aru ある
somebody [pron.] aru hito ある人
 [n.] sugoi jinbutsu すごい人物
somehow [ad.] nanrakano katachi de 何らかの形で
someone [pron.] dare ka 誰か
something [pron.] don'na mono どんな物
sometime [ad.] itsuka いつか
sometimes [ad.] tama ni たまに, toki niwa 時には
somewhat [ad.] aru teido ある程度
somewhere [ad.] dokoka de どこかで
son [n.] musuko 息子
song [n.] uta 歌
soon [ad.] sugu ni すぐに, hayaku 早く
soothe [v.] nadameru なだめる, nagusameru 慰める
sore [n.] kizu 傷 [a.] itai 痛い
sorely [ad.] tsuraku つらく, gekiretsu ni 激烈に,
 hijō ni 非常に
sorrow [n.] kanashimi 悲しみ [v.] nageku 嘆く
sorrowful [a.] kanashii 悲しい,
 kanashiku saseru 悲しくさせる
sorry [a.] aware na 哀れな, zan'nen na 残念な,
 kōkai suru 後悔する

sort [n.] shurui 種類, seishitsu 性質
 [v.] bunrui suru 分類する
soul [n.] damashii 魂
sound [n.] oto 音 [a.] kenkō na 健康な
soup [n.] sūpu スープ
sour [a.] suppai すっぱい,
 kibun ga sugure nai 気分が優れない
source [n.] minamoto 源, shussho 出所
south [n.] minami 南, minami gawa 南側
 [a.] minami no 南の
South Ame**ri**ca [n.] nanbei 南米
southeast [n.] tōnan 東南, tōnan gawa 東南側
 [a.] tōnan no 東南の
southern [a.] minami gawa no 南側の
southward [n.] minami gawa 南側
 [a.] minami gawa no 南側の [ad.] minami ni 南に
southwest [n.] seinan 西南 [ad.] seinan ni 西南に
southwes**tern** [a.] seinan no 西南の
sovereign [a.] shuken no 主権の
 [n.] shuken sha 主権者, dokuritsu kokka 独立国家
sow [v.] tane o maku 種をまく
sow [n.] mesu buta 雌豚
space [n.] kūkan 空間, uchū 宇宙
 [v.] kankaku o oku 間隔を置く
spaceman [n.] uchū hikōshi 宇宙飛行士,
 uchū jin 宇宙人
spaceship [n.] uchūsen 宇宙船
space shuttle [n.] uchū ōfuku sen 宇宙往復船
spacious [a.] kōdai na 広大な, hiroi 広い
spade [n.] suki 鋤 [v.] suki de horu 鋤で掘る
Spain [n.] supein スペイン
span [n.] isshi shaku 一指尺 [v.] oyobu 及ぶ
Spaniard [n.] supein jin スペイン人
Spanish [n.] supein jin スペイン人,

119

supein go スペイン語 [a.] supein no スペインの
spare [a.] yobi no 予備の [v.] yurusu 許す
spark [n.] hibana 火花, kōsai 光彩
　[v.] hibana ga chiru 火花が散る
sparkle [n.] hibana 火花
　[v.] hibana ga chiru 火花が散る
sparrow [n.] suzume スズメ
spat [n.] kōron 口論 [v.] kōron suru 口論する
speak [v.] hanasu 話す, enzetsu suru 演説する
speaker [n.] hanasu hito 話す人, enzetsu sha 演説者,
　supīkā スピーカー
spear [n.] yari 槍 [v.] yari de sasu 槍で刺す
special [a.] tokubetsu na 特別な, senmon no 専門の
specialist [n.] senmon ka 専門家, senmon i 専門医
specialize [v.] senkō suru 専攻する
specially [ad.] tokubetsu ni 特別に
specialty [n.] senkō 専攻, senmon 専門
species [n.] shurui 種類
specific [a.] tokushu na 特殊な, dokutoku no 独特の
specifically [ad.] meikaku ni 明確に,
　honshitsu tekini 本質的に
specimen [n.] sanpuru サンプル, hyōhon 標本
speck [n.] yogore 汚れ, hanten 斑点
spectacle [n.] sōkan 壮観, kōkei 光景, megane メガネ
spectacular [a.] sōkan na 壮観な
spectator [n.] kanshū 観衆
speculation [n.] shinshi jukkō 深思熟考, suisoku 推測,
　tōki 投機
speech [n.] hanasu koto 話すこと, enzetsu 演説,
　hanasu nōryoku 話す能力
speed [n.] sokudo 速度 [v.] isogaseru 急がせる
speedy [a.] hayai 速い, jinsoku na 迅速な
spell [v.] tsuzuru 綴る [n.] jumon 呪文
spelling [n.] superingu スペリング, teiji hō 綴字法

spend [v.] shōhi suru 消費する,
　jikan o sugosu 時間を過ごす
spent [a.] shōhi sareta 消費された
sphere [n.] kyū 球, chikyūgi 地球儀
sphinx [n.] sufinkusu スフィンクス
spice [n.] ajitsuke 味付け [v.] ajitsuke suru 味付けする
spider [n.] kumo クモ
spill [n.] koboshi こぼし [v.] kobosu こぼす
spin [n.] kaiten 回転, supin スピン
　[v.] kaiten suru 回転する, bōseki suru 紡績する
spire [n.] sentō 尖塔 [v.] tsuki deru 突き出る
spirit [n.] seishin 精神, kokoro 心, tamashii 魂
spiritual [a.] tamashii no 魂の, seishin no 精神の
spit [v.] tsuba o haku つばを吐く [n.] tsuba 唾
spite [n.] akui 悪意, urami 恨み
splash [n.] hane はね
　[v.] mizu o hane tobasu 水をはね飛ばす
splendid [a.] hanayaka na 華やかな, suteki na 素敵な
splendor [n.] karei sa 華麗さ, sōkan 壮観
split [n.] bunkatsu 分割, wareme 割れ目
　[v.] wareru 割る
spoil [n.] ryaku datsu hin 略奪品
　[v.] dainashi ni suru 台無しにする
spoke [n.] sharin no supōku 車輪のスポーク
spoken [a.] guchi de iu 口で言う, kōgo no 口語の
sponge [n.] suponji スポンジ
spoon [n.] supūn スプーン
sport [n.] supōtsu スポーツ, undō 運動
　[v.] undō suru 運動する
sportsman [n.] supōtsuman スポーツマン,
　undō ka 運動家
sportsmanship [n.] supōtsuman shippu
　スポーツマンシップ, undō ka seishin 運動家精神
spot [n.] shimi 染み, oten 汚点

[v.] shimi o tsukeru 染みをつける
spray [n.] suien 水煙, funmu ki 噴霧器
spread [n.] kakudai 拡大, hirogari 広がり
　　　 [v.] hirogeru 広げる
sprig [n.] koeda 小枝
spring [n.] chōyaku 跳躍, izumi 泉, haru 春
springtime [n.] haru 春, shunki 春季, seishun 青春
sprinkle [v.] maku まく
sprout [n.] wakame 若芽 [v.] me ga deru 芽が出る
spun [a.] tsumuida 紡いだ
spur [n.] hakusha 拍車, shigeki 刺激
　　　 [v.] hakusha o kakeru 拍車をかける
spurn [n.] ketobasu koto 蹴飛ばすこと
　　　 [v.] ketobasu 蹴飛ばす
spy [n.] tantei 探偵
　　　 [v.] hisoka ni shiraberu ひそかに調べる
squadron [n.] kihei daitai 騎兵大隊, dantai 団体
square [n.] seihōkei 正方形, hiroba 広場
　　　 [a.] seihōkei no 正方形の
squarely [ad.] seihōkei ni 正方形に, shōjiki ni 正直に
squeeze [n.] shiboru koto 絞ること
　　　 [v.] shibori dasu 絞り出す
squire [n.] dai jinushi 大地主
squirrel [n.] risu リス
stab [v.] sasu 刺す [n.] sashi kizu 刺し傷
stability [n.] antei sei 安定性
stable [a.] antei shita 安定した [n.] umaya 馬屋
stadium [n.] sutajiamu スタジアム,
　　　 rikujō kyōgi jō 陸上競技場
staff [n.] shokuin 職員, kanbu 幹部
stage [n.] butai 舞台, dankai 段階
　　　 [v.] jōen suru 上演する
stagger [n.] yoromeki よろめき [v.] yorokeru よろける
stain [n.] yogore 汚れ, aka あか [v.] yogosu 汚す

stainless [n.] sutenresu ステンレス
　　　 [a.] kizu no nai 傷のない
staircase [n.] kaidan 階段
stairs [n.] kaidan 階段
stake [n.] kui 杭, kake 賭け [v.] kakeru 賭ける
stale [a.] shinsen de nai 新鮮でない, chinpu na 陳腐な
stalk [n.] kuki 茎 [v.] kossori chikayoru こっそり近寄る
stall [n.] majikiri 間仕切り, chikusha 畜舎, roten 露店
stammer [n.] kuchi gomoru hito 口ごもる人
　　　 [v.] kuchi gomoru 口ごもる
stamp [n.] hanko はんこ, kitte 切手
　　　 [v.] kitte o haru 切手をはる
stand [v.] tachi agaru 立ち上がる
　　　 [n.] kiritsu 起立, baiten 売店
standard [a.] hyōun no 標準の
　　　 [n.] hyōjun 標準, kijun 基準
standing [a.] tatte iru 立っている
　　　 [n.] tatsu koto 立つこと, chii 地位
standpoint [n.] kenchi 見地, tachiba 立場
stanza [n.] shi no ren 詩の連, shi no setsu 詩の節
star [n.] hoshi 星, sutā スター
　　　 [v.] hoshi no yōni kagayaku 星のように輝く
stare [n.] gyōshi 凝視 [v.] misueru 見据える
start [v.] shuppatsu suru 出発する
　　　 [n.] shuppatsu 出発, hajimari 始まり
startle [v.] bikkuri suru びっくりする
startling [a.] odoroku beki 驚くべき
starve [v.] ueru 飢える, gashi suru 餓死する
state [v.] chinjutsu suru 陳述する
　　　 [n.] jōtai 状態, shū 州
stately [a.] dōdōtaru 堂々たる [ad.] dōdō to 堂々と
statement [n.] seimei 声明, seimei sho 声明書,
　　　 jigyō hōkoku sho 事業報告書
statesman [n.] seiji ka 政治家

station　[n.] eki 駅, hōsō kyoku 放送局,
　　chūton chi 駐屯地
statistics　[n.] tōkei 統計, tōkei gaku 統計学
statue　[n.] zō 像
stature　[n.] shinchō 身長, gyōseki 業績
statute　[n.] hōki 法規, hōrei 法令
stay　[v.] taizai suru 滞在する [n.] taizai 滞在
steadfast　[a.] kakko taru 確固たる
steadily　[ad.] shikkari to しっかりと, taezu 絶えず
steady　[a.] shikkari shita しっかりした,
　　taema nai 絶え間ない, ochi tsuita 落ち着いた
steak　[n.] sutēki ステーキ
steal　[v.] nusumu 盗む [n.] settō 窃盗
steam　[n.] suijōki 水蒸気 [v.] jōki o dasu 蒸気を出す
steamboat　[n.] jōki sen 蒸気船
steamer　[n.] jōki sen 蒸気船, jōki kikan 蒸気機関
steamship　[n.] jōki sen 蒸気船
steed　[n.] jōyōba 乗用馬
steel　[n.] tekkō 鉄鋼 [a.] tekkō no 鉄鋼の
steep　[a.] kyū na 急な [n.] kewashii tokoro 険しい所
steeple　[n.] sentō 尖塔
steer　[v.] ayatsuru 操る
stem　[n.] kuki 茎, gokan 語幹 [v.] yurai suru 由来する
step　[v.] aruku 歩く [n.] ayumi 歩み, hohaba 歩幅,
　　dankai 段階
stern　[a.] genkaku na 厳格な [n.] senbi 船尾
stew　[n.] shichū シチュー [v.] fukasu 蒸す
steward　[n.] suchuwādo スチュワード, jimu chō 事務長
stewardess　[n.] josei jōmu in 女性乗務員
stick　[n.] bō 棒, konbō こん棒 [v.] sasu 刺す
sticky　[a.] beta tsuku べたつく
stiff　[a.] katai 固い, kōchoku shita 硬直した
　　[ad.] kataku 固く
stiffly　[ad.] kataku 堅く, kachikachi ni カチカチに

still　[a.] shizuka na 静かな
　　[v.] chinsei saseru 鎮静させる
stillness　[n.] shizukesa 静けさ, seijaku 静寂
stimulate　[v.] shigeki suru 刺激する
sting　[n.] sasu koto 刺すこと [v.] sasu 刺す
stir　[n.] kaki maze かき混ぜ
　　[v.] kaki mazeru かき混ぜる
stitch　[n.] hito hari 一針 [v.] nu'u 縫う
stock　[n.] zaiko 在庫, chikuseki 蓄積, kabushiki 株式
　　[v.] shi'ireru 仕入れる
stocking　[n.] sutokkingu ストッキング,
　　nagai kutsushita 長い靴下
stolen　[a.] nusumareta 盗まれた
stomach　[n.] i 胃
stone　[n.] ishi 石, hōseki 宝石
　　[v.] ishi o nageru 石を投げる
stony　[a.] ishi no ōi 石の多い, katai 堅い
stool　[n.] koshi kake 腰掛け
stoop　[n.] kagamu koto 屈むこと [v.] kagameru 屈める
stop　[v.] tomeru 止める
　　[n.] tomeru koto 止めること, teishi 停止
storage　[n.] sōko 倉庫
store　[n.] mise 店, bichiku 備蓄 [v.] takuwaeru 蓄える
storm　[n.] arashi 嵐 [v.] arashi ga fuku 嵐が吹く
stormy　[a.] arashi no 嵐の
story　[n.] hanashi 話, sutōrī ストーリー, sō 層
stout　[a.] futotta 太った, gōken na 剛健な
stove　[n.] sutōbu ストーブ, danro 暖炉,
　　chōri yō ōbun 調理用オーブン
straight　[a.] massugu na まっすぐな,
　　socchoku na 率直な [ad.] massugu ni まっすぐに
straighten　[v.] massugu ni suru まっすぐにする,
　　seiton suru 整とんする
straightway　[ad.] tadachi ni 直ちに

strain [n.] hippari 引張り, kinchō 緊張
strait [n.] kaikyō 海峡, nankyoku 難局
strange [a.] kimyō na 奇妙な, mishiranu 見知らぬ
strangely [ad.] kimyō ni 奇妙に
stranger [n.] mishiranu hito 見知らぬ人,
   mongaikan 門外漢
strap [n.] kawaobi 革帯, tsuri himo つりひも
straw [n.] wara わら, mugiwara 麦わら
strawberry [n.] ichigo イチゴ
straw-hat [n.] mugiwara bōshi 麦わら帽子
stray [v.] michi ni mayou 道に迷う [n.] hōrō sha 放浪者
streak [n.] shima 縞
   [v.] shima gara o ireru 縞柄を入れる
stream [n.] ogawa 小川, nagare 流れ
   [v.] nagareru 流れる
street [n.] gairo 街路, tōri 通り, shadō 車道
streetcar [n.] shinai densha 市内電車
strength [n.] chikara 力, nōryoku 能力, seiryoku 勢力
strengthen [v.] kyōka suru 強化する,
   zōkyō suru 増強する
stress [n.] kyōchō 強調 [v.] kyōchō suru 強調する
stretch [v.] hirogeru 広げる
   [n.] shinchō 伸張, kikan 期間
stricken [a.] atatta 当った
strict [a.] genkaku na 厳格な, genmitsu na 厳密な
strictly [ad.] genkaku ni 厳格に, genmitsu ni 厳密に
stride [v.] ōmata ni aruku 大股に歩く
strife [n.] funsō 紛争
strike [v.] utsu 打つ
   [n.] dageki 打撃, dōmei sutoraiki 同盟ストライキ
strike-out [n.] sanshin 三振
striking [a.] dageki no 打撃の, medatsu 目立つ
string [n.] himo ひも, gengakki 弦楽器
   [v.] himo o tsukeru ひもをつける

strip [v.] muku むく, ryaku datsu suru 略奪する
stripe [n.] shima gara 縞柄
   [v.] shima gara o ireru 縞柄を入れる
striped [a.] shima moyō no aru 縞模様のある
strive [v.] doryoku suru 努力する, funtō suru 奮闘する
stroke [n.] utsu koto 打つこと, nōsocchū 脳卒中
stroll [n.] sanpo 散歩 [v.] sanpo suru 散歩する
stroller [n.] sanpo suru hito 散歩する人,
   uba guruma 乳母車
strong [a.] tsuyoi 強い, kenkō na 健康な,
   jōbu na 丈夫な
strongly [ad.] tsuyoku 強く, jōbu ni 丈夫に
   , mōretsu ni 猛烈に
struck [a.] higyō chū no 罷業中の
structure [n.] kōzō 構造, kōzō butsu 構造物
struggle [n.] tōsō 闘争, mimodae 身もだえ
   [v.] arasou 争う
stubborn [a.] ganko na 頑固な
student [n.] gakusei 学生
studied [a.] ito tekina 意図的な,
   jukkō sareta 熟考された, kenkyū sareta 研究された
studio [n.] sagyō shitsu 作業室, gashitsu 画室,
   shashin satsuei jo 写真撮影所
study [v.] benkyō suru 勉強する
   [n.] benkyō 勉強, shosai 書斎
stuff [n.] zairyō 材料, mono 物 [v.] tsumeru 詰める
stumble [v.] yoromeku よろめく,
   kuchi gomoru 口ごもる
stump [n.] kiri kabu 切り株
stupid [n.] manuke 間抜け, baka 馬鹿
   [a.] oroka na 愚かな
stupidly [ad.] oroka nimo 愚かにも
sturdy [a.] jōbu na 丈夫な, kengo na 堅固な
style [n.] tokutei no shurui 特定の種類, hōshiki 方式,

yōshiki 様式
subdue [v.] seifuku suru 征服する,
　　chin'atsu suru 鎮圧する
subject [n.] shudai 主題, kerai 家来
　　[a.] fukujū suru 服従する
subjunctive [n.] katei hō 仮定法
sublime [n.] sūkō na mono 崇高な物
　　[a.] sūkō na 崇高な
submarine [n.] sensui kan 潜水艦 [a.] kaichū no 海中の
submerge [v.] moguru 潜る
submit [v.] fukujū saseru 服従させる,
　　teishutsu suru 提出する
subordinate [n.] buka 部下
　　[a.] kai no 下位の, fukujū suru 服従する
subscribe [v.] kifu suru 寄付する, kōdoku suru 購読する,
　　shomei suru 署名する
subscription [n.] kifu 寄付, yoyaku kōdoku 予約購読
subsequent [a.] nochi no 後の, chokugo no 直後の
subsequently [ad.] ato 後,
　　sono kekka toshite その結果として
substance [n.] busshitsu 物質, yōshi 要旨
substantial [a.] kanari no かなりの,
　　genjitsu tekina 現実的な, jōbu na 丈夫な
substantially [ad.] jū bun ni 十分に, jissai ni 実際に
substitute [n.] dairi nin 代理人, dai yōhin 代用品
　　[v.] daiyō suru 代用する
subtle [a.] takumi na 巧みな
subtraction [n.] hiku koto 引くこと, kōjo 控除,
　　hikizan 引き算
suburb [n.] kōgai 郊外, kinkō 近郊
subway [n.] chika tetsu 地下鉄
succeed [v.] seikō suru 成功する, han'ei suru 繁栄する,
　　uketsugu 受け継ぐ
success [n.] seikō 成功

successful [a.] seikō shita 成功した
successfully [ad.] seikō tekini 成功的に
succession [n.] renzoku 連続, keishō 継承
successive [a.] renzoku suru 連続する
successor [n.] kōkei sha 後継者
such [a.] sō shita そうした, kono yōna このような
suck [v.] nameru なめる
sudden [a.] totsuzen no 突然の
　　[n.] fuji 不時, totsuzen 突然
suddenly [ad.] totsuzen 突然
suffer [v.] kutsū o ukeru 苦痛を受ける,
　　kurushimu 苦しむ
suffering [n.] rōku 労苦, junan 受難
　　[a.] kurushinde iru 苦しんでいる
suffice [v.] manzoku saseru 満足させる,
　　jū bunde aru 十分である
sufficient [a.] jūbun na 十分な
sufficiently [ad.] jūbun ni 十分に
suffix [n.] setsubi ji 接尾辞, fuka butsu 付加物
sugar [n.] satō 砂糖 [v.] satō o ireru 砂糖を入れる
suggest [v.] anji suru 暗示する, shisa suru 示唆する,
　　teigi suru 提議する
suggestion [n.] anji 暗示, shisa 示唆, teigi 提議
suicide [n.] jisatsu 自殺 [v.] jisatsu suru 自殺する
suit [n.] sūtsu スーツ [v.] tekiō saseru 適応させる
suitable [a.] tekitō na 適当な, tekikaku no 適格の
suitcase [n.] sūtsukēsu スーツケース
sulfur [n.] iō 硫黄 [a.] iō no 硫黄の
sullen [a.] fukigen na 不きげんな, inki na 陰気な
sum [n.] gōkei 合計, yōyaku 要約
　　[v.] gōkei suru 合計する
summary [n.] yōyaku 要約
　　[a.] yōyaku sareta 要約された
summer [n.] natsu 夏 [v.] natsu o sugosu 夏を過ごす

124

summit [n.] chōjō 頂上, chōten 頂点
summon [v.] shōkan suru 召喚する,
 shuttō saseru 出頭させる
sun [n.] taiyō 太陽 [v.] hi ni ataru 日に当たる
sunbeam [n.] taiyō no hikari 太陽の光
Sunday [n.] nichi yōbi 日曜日
sunk [a.] kurushii 苦しい
sunken [a.] chinbotsu shita 沈没した
sunlight [n.] nikkō 日光
sunny [a.] hiatari no yoi 日当りのよい, taiyō no 太陽の
sunrise [n.] hinode 日の出
sunset [n.] nichi botsu 日没
sunshine [n.] nikkō 日光, hizashi 日差し
super [a.] tokutō hin no 特等品の
 [n.] kantoku 監督, tokutō hin 特等品
superficial [a.] hyōmen tekina 表面的な,
 hyōmen jō no 表面上の
superficially [ad.] gaimen tekini 外面的に
superintendent [n.] kantoku 監督, kanri sha 管理者
 [a.] kantoku suru 監督する
superior [n.] jōkan 上官
 [a.] ~ yori sugureta ~より優れた
superlative [a.] saijō no 最上の [n.] saijōkyū 最上級
supermarket [n.] sūpā māketto スーパーマーケット
superstition [n.] meishin 迷信
supervision [n.] kantoku 監督, kanri 管理, shiki 指揮
supper [n.] yūshoku 夕食
supplement [n.] tsuika butsu 追加物, hojū butsu 補充物
supplement [v.] oginau 補う
supply [n.] kyōkyū 供給 [v.] kyōkyū suru 供給する
support [v.] shiji suru 支持する
 [n.] shiji 支持, fuyō 扶養
supporter [n.] shiji sha 支持者, kōen sha 後援者
suppose [v.] katei suru 仮定する

supposed [a.] katei no 仮定の, suitei jō no 推定上の
suppress [v.] yokuatsu suru 抑圧する,
 chinatsu suru 鎮圧する, kinshi suru 禁止する
supreme [a.] saikō no 最高の, saijō no 最上の
sure [a.] kakujitsu na 確実な [ad.] tashika ni 確かに
surely [ad.] kakujitsu ni 確実に, tashika ni 確かに
surface [n.] hyōmen 表面, gaikan 外観
surge [v.] denatsu ga kyūni takaku naru
 電圧が急に高くなる
surgeon [n.] geka'i 外科医
surmise [n.] suisoku 推測, suiryō 推量
 [v.] oshi hakaru 推し測る
surpass [v.] shinogu 凌ぐ
surplus [n.] yojō butsu 余剰物, jōyo kin 剰余金
surprise [v.] odorokasu 驚かす
 [n.] igai no koto 意外のこと
surprising [a.] odoroku beki 驚くべき
surprisingly [ad.] igai ni 意外に
surrender [n.] kōfuku 降伏 [v.] kōfuku suru 降伏する
surround [v.] tori kakomu 取り囲む
surroundings [n.] mawari no jōkyō 周りの状況
survey [n.] gaikan 外観, tenbō 展望
survey [v.] gaikan suru 概観する, tenbō suru 展望する
survive [v.] ~ yori nagaku ikiru ~より長く生きる,
 seizon suru 生存する
suspect [v.] utagau 疑う
suspect [n.] yōgi sha 容疑者 [a.] ayashii 怪しい
suspend [v.] tsurusu つるす, horyū suru 保留する
suspicion [n.] utagai 疑い, giwaku 疑惑
suspicious [a.] utagai bukai 疑い深い,
 utagawashii 疑わしい
sustain [v.] sasaeru 支える, taeru 耐える
swallow [n.] nomi komi 飲み込み, tsubame ツバメ
 [v.] nomi komu 飲み込む

swamp [n.] numa 沼
swan [n.] hakuchō 白鳥
swarm [n.] hachi no mure 蜂の群れ, gunshū 群衆
 [v.] muragaru 群がる
sway [n.] dōyō 動揺 [v.] yureru 揺れる
swear [v.] chikau 誓う, seiyaku suru 誓約する
sweat [n.] ase 汗 [v.] ase o kaku 汗をかく
Sweden [n.] suwēden スウェーデン
sweep [n.] sōji 掃除
 [v.] hataku はたく, sōji suru 掃除する
sweeping [n.] sōji 掃除, issō 一掃
 [a.] issō suru 一掃する
sweet [a.] amai 甘い
 [n.] amai mono 甘い物, kyandē キャンデー
sweetheart [n.] koibito 恋人 [v.] ren'ai suru 恋愛する
sweetly [ad.] tanoshiku 楽しく, amaku 甘く
sweetness [n.] amami 甘味, ama sa 甘さ
swell [n.] bōchō 膨張, hareagaru koto 腫れ上がること
 [v.] bōchō suru 膨張する
swift [a.] subayai 素早い [ad.] subayaku 素早く
swiftly [ad.] ichi hayaku いち早く
swim [v.] oyogu 泳ぐ [n.] suiei 水泳
swimmer [n.] suimā スイマー
swimming [n.] oyogi 泳ぎ, suiei 水泳
 [a.] suiei yō no 水泳用の
swimming pool [n.] suiei jō 水泳場, pūru プール
swing [n.] shindō 振動, dōyō 動揺, buranko ブランコ
 [v.] furu 振る
Swiss [n.] suisu jin スイス人 [a.] suisu no スイスの
switch [n.] suicchi スイッチ, kirikae 切り替え
 [v.] tenkan suru 転換する
Switzerland [n.] suisu スイス
swollen [a.] hare agatta 腫れ上がった
swoop [n.] kyūkōka 急降, kyūshū 急襲

 [v.] kyūkōka suru 急降下する
sword [n.] ken 剣, gatana 刀, buryoku 武力
sworn [a.] chikatta 誓った, sensei shita 宣誓した
syllable [n.] onsetsu 音節
symbol [n.] shōchō 象徴, kigō 記号
symmetry [n.] taishō 対称, chōwa 調和
sympathetic [a.] dōjō tekina 同情的な
sympathize [v.] dōjō suru 同情する
sympathy [n.] dōjō 同情
symphony [n.] shinfonī シンフォニー,
 kōkyō kyoku 交響曲, kōkyō gakudan 交響楽団
symptom [n.] chōkō 兆候, shōjō 症状
syntax [n.] kōbun ron 構文論, bunshō ron 文章論
system [n.] shisutemu システム, seido 制度, taikei 体系
systematic [a.] taikei tekina 体系的な

T

table [n.] tēburu テーブル, shokutaku 食卓
tablespoon [n.] tēburu supūn テーブルスプーン
tablet [n.] taburetto タブレット, meiban 銘板,
　nōto paddo ノートパッド
tackle [n.] takkuru タックル [v.] tobi kakaru 飛び掛かる
tail [n.] shippo しっぽ
　[v.] ~ ni shippo o tsukeru ~に尾をつける,
　bikō suru 尾行する
tailor [n.] yōfuku ten 洋服店
　[v.] yōfuku o nu'u 洋服を縫う
Taiwan [n.] taiwan 台湾
take [v.] nigiru 握る, tsukamu つかむ
tale [n.] hanashi 話
talent [n.] sainō 才能, geinōjin 芸能人
talented [a.] sainō no aru 才能のある
talk [v.] hanasu 話す [n.] hanashi 話, kaidan 会談
talkie [n.] hassei eiga 発声映画
talking [n.] kaiwa 会話, zatsudan 雑談
　[a.] mono o iu 物を言う
tall [a.] se ga takai 背が高い
tame [a.] kai narasareta 飼いならされた
　[v.] kai narasu 飼いならす
tan [v.] hiyake suru 日焼けする
tank [n.] tanku タンク, chosuichi 貯水池
tap [v.] karuku tataku 軽くたたく
tape [n.] tēpu テープ [v.] rokuon suru 録音する
taper [v.] shidaini hosoku naru 次第に細くなる,
　shidaini heru 次第に減る
tape recorder [n.] tēpu rekōdā テープレコーダー,
　rokuon ki 録音機
tar [n.] tāru タール [v.] tāru o nuru タールを塗る
target [n.] hyōteki 標的, tōtatsu mokuhyō 到達目標

tariff [n.] kanzei 関税 [v.] kanzei o kasuru 関税を課する
task [n.] kagyō 課業 [v.] shigoto o kasuru 仕事を課する
taste [v.] aji o miru 味を見る
　[n.] mikaku 味覚, shumi 趣味
tavern [n.] izakaya 居酒屋
tax [n.] zeikin 税金 [v.] kazei suru 課税する
taxation [n.] kazei 課税
taxi [n.] takushī タクシー
　[v.] takushī de iku タクシーで行く
tea [n.] ocha お茶 [v.] ocha o nomu お茶を飲む
teach [v.] oshieru 教える
teacher [n.] sensei 先生, kyōshi 教師
teaching [n.] kyōiku 教育, kyōshoku 教職
team [n.] chīmu チーム
tear [n.] namida 涙 [v.] namida o nagasu 涙を流す
tear [v.] yaburu 破る [n.] yaburu koto 破ること
tease [n.] ijime いじめ
　[v.] kurushimeru 苦しめる, karakau からかう
teaspoon [n.] tī supūn ティースプーン
technical [a.] gijutsu tekina 技術的な,
　gijutsu jō no 技術上の
technically [ad.] gijutsu tekini 技術的に,
　senmon tekini 専門的に
technique [n.] tekunikku テクニック, gijutsu 技術
tedious [n.] taikutsu na 退屈な
teenager [n.] jūdai no hito 十代の人
teens [n.] jūdai 十代
telegram [n.] denpō 電報, denshin 電信
telegraph [n.] denpō 電報, denshin 電信
telephone [n.] denwa 電話
　[v.] denwa o kakeru 電話をかける
telescope [n.] bōenkyō 望遠鏡
television [n.] terebi テレビ
tell [v.] hanasu 話す, shiraseru 知らせる

temper [n.] seishitsu 性質, kibun 気分
  [v.] keigen suru 軽減する
temperament [n.] seishitsu 性質
temperance [n.] jisei 自制, sessei 節制
temperate [a.] setsudo aru 節度ある, sesshu no 節酒の,
  odayaka na 穏やかな
temperature [a.] ondo 温度, taion 体温
tempest [n.] arashi 嵐, ōsawagi 大騒ぎ
temple [n.] shinden 神殿, kyōkaidō 教会堂, tera 寺
temporarily [ad.] ichiji tekini 一時的に
temporary [a.] rinji no 臨時の,
  [n.] sono ba nogare その場逃れ
tempt [v.] sasou 誘う, yūwaku suru 誘惑する
temptation [n.] yūwaku 誘惑
ten [n.] jū 十 [a.] jū no 十の
tenant [n.] tenanto テナント,
  tochi no karite 土地の借り手
tend [v.] ~ no keikō ga aru ～の傾向がある,
  sewa suru 世話する
tendency [n.] keikō 傾向, seikō 性向
tender [a.] yawarakai 柔らかい
  [v.] teishutsu suru 提出する
tender-**hear**ted [a.] kidate no yasashii 気立ての優しい
tenderly [ad.] yawarakaku 柔らかく, yasashiku 優しく
tenderness [n.] yawaraka sa 柔らかさ,
  yasashi sa 優しさ
tennis [n.] tenisu テニス, teikyū 庭球
tense [a.] hari tsumeta 張り詰めた,
  kinchō shita 緊張した [n.] jisei 時制
tension [n.] kinchō 緊張, fuan 不安
tent [n.] tento テント [v.] tento o haru テントを張る
tenth [n.] jū banme 十番目 [a.] jū banme no 十番目の
term [n.] yōgo 用語, kikan 期間, gakki 学期
terminate [a.] yūgen no 有限の [v.] oeru 終える

terms [n.] kotoba zukai 言葉遣い, jōken 条件
terrace [n.] terasu テラス,
  kaidan jō no niwa 階段状の庭
terrible [a.] osoroshii 恐ろしい, kyodai na 巨大な,
  tohō mo nai 途方も無い
terribly [ad.] osoroshiku 恐ろしく, hijō ni 非常に
terrific [a.] taihen na 大変な, sugoi すごい,
  subarashii 素晴らしい
terrify [v.] kowa garaseru 怖がらせる,
  odorokasu 驚かす
territorial [a.] ryōdo no 領土の, tochi no 土地の,
  junshū no 準州の
territory [n.] ryōdo 領土, ryōiki 領域, junshū 準州
terror [n.] kyōfu 恐怖
terrorist [n.] terorisuto テロリスト,
  bōryoku shugi sha 暴力主義者
test [n.] tesuto テスト, shiken 試験 [v.] tamesu 試す
testament [n.] seisho 聖書, yuigon 遺言, isho 遺書
testify [v.] shōgen suru 証言する, shōmei suru 証明する
testimony [n.] shōgen 証言, shōmei 証明, shōko 証拠
text [n.] genkō 原稿, honbun 本文
textbook [n.] tekisuto テキスト, kyōkasho 教科書
textile [n.] orimono 織物, sen'i 繊維
  [a.] bōseki sareta 紡績された, orimono no 織物の
Thailand [n.] tai タイ
than [conj.] ~ yori ～より
thank [v.] kansha suru 感謝する
thankful [a.] kansha shite iru 感謝している
thanks [n.] kansha 感謝, shai 謝意
thanksgi**ving** [n.] kansha 感謝, shaon 謝恩,
  kansha sai 感謝祭
that [pron.] are あれ, sore それ
thaw [v.] tokeru 溶ける, kanwa suru 緩和する
  [n.] yukidoke 雪解け

the [art.] kono この, ano あの, sono その
theater [n.] gekijō 劇場, butai 舞台
thee [pron.] kimi o 君を, kimi ni 君に
theft [n.] nusumi 盗み
their [pron.] karera no 彼らの, kanojo tachi no 彼女達の, sorera no それらの
theirs [pron.] karera no mono 彼らの物, kanojo tachi no mono 彼女達の物
them [pron.] sorera o それらを, kanojo tachi o 彼女達を, sorera o それらを
theme [n.] shudai 主題, rondai 論題, sakubun 作文, ronbun 論文
them**selves** [pron.] karera jishin 彼ら自身, kanojo tachi jishin 彼女達自身
then [ad.] sono toki その時, sono koro その頃
thence [ad.] soko de そこで, sono go その後
theo**re**tic [a.] riron jō no 理論上の, riron no 理論の
theory [n.] riron 理論, gakusetsu 学説
there [ad.] soko ni そこに, asoko ni あそこに
there**af**ter [ad.] sono go その後
there**by** [ad.] soreni yotte それによって
therefore [ad.] sono kekka その結果, shitagatte 従って
there**of** [ad.] soreni tsuite それについて, sono yōna riyū kara そのような理由から
thereupon [ad.] suru to すると, sugu ni すぐに, sono kekka その結果
there**with** [ad.] sore totomoni それとともに, sarani さらに
ther**mo**meter [n.] ondo kei 温度計
these [pron.] korera これら [a.] korera no これらの
thesis [n.] gakui ronbun 学位論文, sotsugyō ronbun 卒業論文
they [pron.] karera 彼ら, kanojora 彼女ら, sorera それら

thick [a.] atsui 厚い, futoi 太い
thicket [n.] shigemi 茂み, zōki bayashi 雑木林
thickly [ad.] atsuku 厚く, koku 濃く, hakkiri shinai yōni はっきりしないように
thickness [n.] futoi koto 太いこと, atsusa 厚さ, nōdo 濃度
thief [n.] dorobō 泥棒
thigh [n.] momo もも, daitai 大腿
thin [a.] usui 薄い, hosoi 細い, kawaita 乾いた
thine [pron.] kimi no mono 君の物
thing [n.] buttai 物体, mono 物
things [n.] fūbutsu 風物, bunbutsu 文物, jijō 事情, jōkyō 状況
think [v.] kangaeru 考える
thinking [n.] shisaku 思索 [a.] kangaeru 考える, risei tekina 理性的な
third [n.] san banme 三番目 [a.] san banme no 三番目の
thirdly [ad.] san banme ni 三番目に
third-**rate** [a.] santō no 三等の, hijō ni ototta 非常に劣った
thirst [n.] kawaki 渇き, katsubō 渇望 [v.] nodo ga kawaku のどが渇く
thirsty [a.] nodo no kawaita のどの渇いた, katsubō suru 渇望する
thir**teen** [n.] jūsan 13 [a.] jūsan no 13 の
thir**teenth** [n.] dai jūsan 第13 [a.] dai jūsan no 第13の
thirtieth [n.] dai sanjū 第30 [a.] dai sanjū no 第30の
thirty [n.] sanjū 30 [a.] sanjū no 30 の
this [pron.] kore これ, ima 今 [a.] koko ni aru ここにある
thither [a.] mukō no 向こうの [ad.] mukō ni 向こうに
thorn [n.] shokubutsu no toge 植物のとげ

thorny [a.] toge no ōi とげの多い, kurushii 苦しい	**thr**ust [n.] sashi 刺し [v.] sasu 刺す
thorough [a.] kanzen na 完全な, tettei shita 徹底した	**thu**mb [n.] oyayubi 親指
thoroughly [ad.] kanzen ni 完全に, tettei tekini 徹底的に	**thu**mp [n.] tsuyoi dageki 強い打撃 [v.] naguru 殴る
those [pron.] sorera それら [a.] sorera no それらの	**thun**der [n.] kaminari 雷 [v.] kaminari ga naru 雷が鳴る
thou [pron.] kimi 君, anata 貴方	**thun**derous [a.] kaminari no 雷の, kaminari no yōna 雷のような
though [conj.] ~ ni mo kakawara zu ~にもかかわらず, ~ da ga ~だが	**Thur**sday [n.] moku yōbi 木曜日
thought [n.] kangae 考え, kenkai 見解, ito 意図, shisō 思想	**thu**s [ad.] kono yōni このように, sorede それで
thoughtful [a.] shiryo bukai 思慮深い, omoiyari no aru 思いやりのある	**thy** [pron.] anata no 貴方の, kimi no 君の
thoughtfully [ad.] kangae bukaku 考え深く, shiryo bukaku 思慮深く	**thy**self [pron.] kimi jishin 君自身
thousand [n.] sen 千 [a.] sen no 千の	**tic**k [n.] kachikachi oto カチカチ音
thousandth [n.] sen banme 千番目 [a.] sen banme no 千番目の	**tic**ket [n.] kippu 切符, nyūjō ken 入場券, jōsha ken 乗車券
thread [n.] ito 糸, myaku raku 脈絡 [v.] ito o tōsu 糸を通す	**tic**kle [v.] kusuguru くすぐる
threat [n.] ikaku 威嚇, kyōhaku 脅迫	**ti**de [n.] shio 潮, chōryū 潮流
threaten [v.] obiyakasu 脅かす, kyōhaku suru 脅迫する	**ti**dings [n.] tayori 便り, shōsoku 消息
three [n.] san 三 [a.] san no 三の	**ti**dy [a.] seiton sareta 整頓された [v.] totonoeru 整える
threshold [n.] shikii 敷居, shuppatsu ten 出発点	**tie** [v.] musubu 結ぶ [n.] musubime 結び目, nekutai ネクタイ
thrice [ad.] san do 三度, san kai 三回	**tig**er [n.] tora 虎
thrill [n.] zotto suru kanji ぞっとする感じ, suriru スリル	**tig**ht [a.] katai 堅い, pittari atta ぴったり合った, gisshiri tsumatta ぎっしり詰まった
thrive [v.] hanjō suru, han'ei suru	**tig**hten [v.] shikkari shimeru しっかり締める
throat [n.] nodo のど	**tig**htly [ad.] shikkari しっかり, seikaku ni 正確に, kichinto きちんと
throne [n.] ōza 王座, ōi 王位	**tile** [n.] tairu タイル [v.] tairu o haru タイルを張る
throng [n.] gunshū 群衆, hitonami 人波	**till** [prep.] ~ made ~まで [v.] kōsaku suru 耕作する, tagayasu 耕す
through [prep.] ~ otōshite ~を通して, ~ o sugite ~を過ぎて	**til**t [n.] keisha 傾斜 [v.] katamukeru 傾ける
throughout [prep.] itaru tokoro ni いたる所に [ad.] zenbu 全部	**tim**ber [n.] zaimoku 材木, shinrin 森林
throw [v.] nageru 投げる [n.] nage 投げ	**time** [n.] toki 時, jikan 時間, kikan 期間
	timely [a.] jigi o eta 時宜を得た, tekiji no 適時の [ad.] chōdo yoku ちょうどよく

timid [a.] okubyō na 臆病な, shōshin na 小心な
tin [n.] suzu 錫, suzu ki 錫器
tint [n.] iroai 色合い, shikisai 色彩
　　　[v.] iroai o tsukeru 色合いをつける
tiny [a.] sasayaka na ささやかな,
　　　hijō ni chiisai 非常に小さい
tip [n.] hashi 端, chōjō 頂上 [v.] katamukeru 傾ける
tiptoe [n.] tsuma saki つま先
　　　[v.] tsuma saki de aruku つま先で歩く
tire [v.] tsukare saseru 疲れさせる, tsukareru 疲れる
tired [a.] tsukareta 疲れた, unzari shita うんざりした
tiresome [a.] taikutsu na 退屈な,
　　　unzari saseru うんざりさせる, mendō na 面倒な
tissue [n.] soshiki 組織, usui orimono 薄い織物
title [n.] hyōdai 表題, katagaki 肩書き, kenri 権利
to [prep.] ～ e ～へ, ～ ni ～に, ～ made ～まで
toad [n.] hiki gaeru ヒキガエル
toast [n.] tōsuto トースト, kanpai 乾杯
to**ba**cco [n.] tabako タバコ
to**day** [n.] kyō 今日, genzai 現在
　　　[ad.] kyō 今日, genzai 現在
toe [n.] ashi no yubi 足の指
to**ge**ther [ad.] issho ni 一緒に, issho ni shite 一緒にして
toil [n.] kurō 苦労 [v.] tsukusu 尽くす
toilet [n.] benki 便器, toire トイレ
to**ken** [n.] shōchō 象徴, kinen hin 記念品,
　　　jōsha yō koin 乗車用コイン
To**kyo** [n.] tōkyō 東京
toll [n.] kane no ne 鐘の音, tsūkō ryōkin 通行料金
　　　[v.] utsu 打つ
to**ma**to [n.] tomato トマト
tomb [n.] haka 墓
to**mo**rrow [n.] ashita 明日, mirai 未来
ton [n.] ton トン, taryō 多量, tasū 多数

tone [n.] oto 音, onshitsu 音質, gochō 語調,
　　　yokuyō 抑揚
tongue [n.] shita 舌, gengo 言語
to**night** [n.] kon'ya 今夜 [ad.] kon'ya ni 今夜に
too [ad.] shikamo しかも, mata また,
　　　amari nimo ～ あまりにも～
tool [n.] dōgu 道具
tooth [n.] ha 歯
toothache [n.] shitsū 歯痛
toothbrush [n.] haburashi 歯ブラシ
top [n.] chōjō 頂上 [a.] saikō no 最高の
topic [n.] shudai 主題, wadai 話題
torch [n.] taimatsu 松明,
　　　keitai yō sekiyu tō 携帯用石油灯
torment [n.] kutsū 苦痛, gōmon 拷問
　　　[v.] gōmon suru 拷問する
tor**pe**do [n.] gyorai 魚雷
　　　[v.] gyorai de hakai suru 魚雷で破壊する
torrent [n.] kyūryū 急流, niwaka ame にわか雨
tortoise [n.] kame 亀
torture [n.] gōmon 拷問, kutsū 苦痛
　　　[v.] gōmon suru 拷問する
toss [n.] nage ageru koto 投げ上げること
　　　[v.] nage ageru 投げ上げる
total [n.] sōkei 総計, sōgaku 総額 [a.] zentai no 全体の
totally [ad.] subete すべて, zenbu 全部,
　　　kanzen ni 完全に
touch [v.] sawaru 触る
　　　[n.] sesshoku 接触, shokkan 触感
touching [a.] kandō tekina 感動的な
touchingly [ad.] kawaisō ni かわいそうに
tough [a.] ganjō na 頑丈な, kyōjin na 強靭な,
　　　takumashii たくましい, gōjō na 強情な
tour [n.] ryokō 旅行 [v.] ryokō suru 旅行する

tourist   [n.] kankō kyaku 観光客
tournament   [n.] tōnamento トーナメント, shiai 試合
toward   [prep.] ~ no hō ni ~の方に,
　~ ni mukatte　~に向かって
towel   [n.] taoru タオル, tenugui 手ぬぐい
tower   [n.] tō 塔
town   [n.] machi 町
toy   [n.] omocha おもちゃ
　[v.] itazura suru いたずらする
trace   [n.] ato 跡, konseki 痕跡
　[v.] tsuiseki suru 追跡する
track   [n.] tetsudō senro 鉄道線路, kidō 軌道
　[v.] tsuiseki suru 追跡する
tract   [n.] hiroi jimen 広い地面
tractor   [n.] torakutā トラクター, ken'in sha 牽引車
trade   [n.] shōgyō 商業, bōeki 貿易, torihiki 取引,
　kōkan 交換, shokugyō 職業
tradition   [n.] dentō 伝統
traffic   [n.] kōtsū 交通, kōtsū ryō 交通量
tragedy   [n.] higeki 悲劇,
　higeki tekina jiken 悲劇的な事件
tragic   [a.] higeki no 悲劇の, higeki tekina 悲劇的な
trail   [n.] ato 跡, komichi 小道
　[v.] tsuiseki suru 追跡する
train   [n.] ressha 列車, gyōretsu 行列
　[v.] kunren suru 訓練する
trainer   [n.] kunren sha 訓練者, renshū yōgu 練習用具
training   [n.] kunren 訓練, renshū 練習
traitor   [n.] uragiri mono 裏切り者,
　hangyaku sha 反逆者
tram   [n.] romen densha 路面電車
tramcar   [n.] romen densha 路面電車
tramp   [n.] ashi oto 足音, toho ryokō 徒歩旅行
trample   [v.] fumi nijiru 踏みにじる

tranquil   [a.] shizuka na 静かな, odayaka na 穏やかな
trans**fer**   [n.] idō 移動, furikae 振替 [v.] utsusu 移す
trans**form**   [v.] kaeru 変える, henkan suru 変換する
tran**sis**tor   [n.] toranjisuta トランジスタ
transitive   [n.] tadōshi 他動詞
trans**late**   [v.] honyaku suru 翻訳する,
　kaishaku suru 解釈する
trans**la**tion   [n.] honyaku 翻訳, kaishaku 解釈
trans**pa**rent   [a.] tōmei na 透明な
trans**port**   [n.] yusō 輸送 [v.] yusō suru 輸送する
transpor**ta**tion   [n.] yusō 輸送, kōtsū shudan 交通手段
trap   [n.] wana 罠
　[v.] wana ni kakaru yōni suru 罠にかかるようにする
travel   [n.] ryokō 旅行
　[v.] ryokō suru 旅行する, idō suru 移動する
traveler   [n.] ryokō sha 旅行者
traveling   [n.] ryokō 旅行 [a.] ryokō no 旅行の
tra**verse**   [n.] ōdan 横断 [v.] yokogiru 横切る
tray   [n.] bon 盆, shorui seiri bako 書類整理箱
treacherous   [a.] uragiru 裏切る,
　hangyaku suru 反逆する
treachery   [n.] uragiri 裏切り, hangyaku 反逆
tread   [n.] fumu koto 踏むこと, aruki 歩き
　[v.] fumu 踏む
treason   [n.] hangyaku 反逆, hangyaku zai 反逆罪
treasure   [n.] takara 宝 [v.] taisetsu ni suru 大切にする
treasurer   [n.] kaikei tantō sha 会計担当者,
　suitō tantō sha 出納担当者
treasury   [n.] kokko 国庫, zaimushō 財務省
treat   [n.] motenashi もてなし [v.] atsukau 扱う
treatment   [n.] shogū 処遇, shochi 処置, chiryō 治療
treaty   [n.] jōyaku 条約
tree   [n.] ki 木
tremble   [n.] furue 震え, senritsu 戦慄

[v.] furueru 震える
tremendous [a.] bakudai na 莫大な, kyodai na 巨大な
trench [n.] zangō 塹壕
trend [n.] keikō 傾向, sūsei 趨勢, ryūkō 流行
trial [n.] saiban 裁判, shiken 試験, shiren 試練
tribe [n.] shuzoku 種族, buzoku 部族
tributary [n.] shiryū 支流 [a.] shiryū no 支流の
tribute [n.] okurimono 贈り物, zōtei butsu 贈呈物,
  sanji 賛辞
trick [n.] keisaku 計策, jussaku 術策
tricycle [n.] sanrinsha 三輪車
tried [a.] shiken o heta 試験を経た, kakujitsu na 確実な
trifle [n.] sasai na koto 些細なこと, kozeni 小銭
trifling [a.] tsumaranai つまらない,
  yakunitata nai 役に立たない
trim [n.] seiton 整頓, seibi 整備 [v.] totonoeru 整える
trip [n.] shō ryokō 小旅行, fumi hazushi 踏み外し
triple [n.] sanbai sū 三倍数
  [a.] sanjū no 三重の, sanbai no 三倍の
triumph [n.] shōri 勝利, dai seikō 大成功
triumphant [a.] shōri o eta 勝利を得た,
  ikiyōyō no 意気揚々の
triumphantly [ad.] ikiyōyō to 意気揚々と
trivial [a.] tsumaranai つまらない, sasai na 些細な
troops [n.] guntai 軍隊
trophy [n.] kyōgi nyūshō torofī 競技入賞トロフィー,
  senri hin 戦利品
tropical [a.] nettai chihō no 熱帯地方の
tropics [n.] nettai chihō 熱帯地方
trot [n.] uma no sokuho 馬の速歩
trouble [n.] shinpai no tane 心配の種
  [v.] kurushimeru 苦しめる
troublesome [a.] atama no itai 頭の痛い,
  mendō na 面倒な

trousers [n.] yōfuku no zubon 洋服のズボン
trout [n.] masu マス
truck [n.] torakku トラック,
  kamotsu jidōsha 貨物自動車
true [a.] shin no 真の, shinjitsu no 真実の
  [n.] shinjitsu 真実
truly [ad.] shin'ni 真に, majime ni まじめに
trump [n.] toranpu トランプ
trumpet [n.] rappa ラッパ, toranpetto トランペット
trunk [n.] ki no miki 木の幹,
  kuruma no toranku 車のトランク
trunks [n.] dansei yō suiei pantsu 男性用水泳パンツ
trust [n.] shinyō 信用, shinrai 信頼
  [v.] shinrai suru 信頼する
truth [n.] shinjitsu 真実, shinri 真理
try [v.] kokoro miru 試みる
  [n.] kokoromi 試み, doryoku 努力
trying [a.] taegatai 耐えがたい, mendō na 面倒な
tub [n.] oke 桶, mizu oke 水桶, yokusō 浴槽
tuck [n.] nui'age 縫揚げ [v.] tsume komu 詰め込む
Tuesday [n.] kayōbi 火曜日
tug [v.] tsuyoku hikiyoseru 強く引き寄せる
tulip [n.] chūrippu チューリップ
tumble [n.] tentō 転倒, tonbo kaeri とんぼ返り
  [v.] nekorobu 寝転ぶ
tumult [n.] dai sōdō 大騒動, bōdō 暴動
tune [n.] kyoku 曲, kyoku chō 曲調
  [v.] gakki o chōritsu suru 楽器を調律する
tunnel [n.] ton'neru トンネル
turf [n.] shibafu 芝生 [v.] shibafu o ueru 芝生を植える
Turkey [n.] toruko トルコ
turkey [n.] shichimen chō 七面鳥
Turkish [n.] toruko go トルコ語
  [a.] toruko no トルコの, toruko jin no トルコ人の

turn   [v.] kaiten saseru 回転させる
    [n.] kaiten 回転, tenkan 転換
turning   [n.] kaiten 回転, henka 変化, kado 角, kiro 岐路
turtle   [n.] umi game 海亀
tutor   [n.] katei kyōshi 家庭教師
    [v.] kojin shidō suru 個人指導する
twelfth   [n.] dai jūni 第12 [a.] dai jūni no 第12の
twelve   [n.] jūni 12 [a.] jūni no 12の
twentieth   [n.] dai nijū 第20 [a.] dai nijū no 第20の
twenty   [n.] nijū 20 [a.] nijū no 20の
twice   [ad.] ni kai 二回, ni bai ni 二倍に
twig   [n.] koeda 小枝
twilight   [n.] yūgure 夕暮れ
    [v.] kasuka ni terasu かすかに照らす
twin   [n.] futago 双子
twine   [n.] himo ひも
    [v.] yoru よる, karami au 絡み合う
twinkle   [n.] kirameki きらめき, senkō 閃光
    [v.] kirameku きらめく
twinkling   [n.] kirameki きらめき [a.] kagayaku 輝く
twist   [n.] hito yori ひとより, kaiten 回転
    [v.] yoru よる, yojiru よじる
two   [n.] ni 二 [a.] ni no 二の
tying   [n.] musubu koto 結ぶこと, shibaru koto 縛ること
    [a.] musubu 結ぶ
type   [n.] gata 型, taipu タイプ, tenkei 典型
typewriter   [n.] taipuraitā タイプライター
typhoon   [n.] taifū 台風
typical   [a.] tenkei tekina 典型的な
typically   [ad.] tenkei tekini 典型的に
typist   [n.] taipisuto タイピスト
tyranny   [n.] bōsei 暴政, bōaku 暴悪
tyrant   [n.] bōkun 暴君

U

ugly [a.] minikui 醜い, busaiku na 不細工な,
　ja'aku na 邪悪な
ultimate [a.] saigo no 最後の, kyūkyoku tekina 究極的な,
　konpon tekina 根本的な
ultimately [ad.] saigo ni 最後に, kyūkyoku tekini 究極的
umbrella [n.] kasa 傘
umpire [n.] shinpan 審判
unable [a.] ~ suru koto ga deki nai ~することができない
unaccountable [a.] setsumei deki nai 説明できない,
　sekinin no nai 責任のない
unanimous [a.] icchi shita 一致した,
　manjōicchi no 満場一致の
unanimously [ad.] manjō icchi de 満場一致で
unaware [a.] wakara nai 分からない,
　kizuite inai 気づいていない
uncertain [a.] fu kakujitsu na 不確実な
uncertainty [n.] fuantei 不安定, fukakujitsu sei 不確実性,
　utagai 疑い
unchanged [a.] fuhen no 不変の
uncle [n.] ojisan おじさん
uncomfortable [a.] kimochi warui 気持ち悪い,
　fukai na 不快な
uncommon [a.] mezurashii 珍しい, kimyō na 奇妙な
unconscious [a.] kanji nai 感じない,
　ishiki fumei no 意識不明の
uncover [v.] bakuro suru 暴露する,
　futa o akeru 蓋を開ける
under [prep.] ~ no shita ni ~の下に,
　~ yori otoru ~より劣る
undergo [v.] taeru 耐える, keiken suru 経験する
underground [n.] chika 地下, chika soshiki 地下組織
　[a.] chika no 地下の

underline [v.] kasen o hiku 下線を引く,
　kyōchō suru 強調する
underneath [n.] shita 下
　[prep.] ~ no shita ni ~の下に [ad.] shita ni 下に
understand [v.] rikai suru 理解する
understanding [n.] rikai 理解, rikai ryoku 理解力,
　chisei 知性
understood [a.] ryōshō sareta 了承された
undertake [v.] hikiukeru 引き受ける,
　hoshō suru 保証する
undertaker [n.] sōgi ya 葬儀屋, hikiuke jin 引き受け人
undertaking [n.] jigyō 事業, hikiuke 引き受け,
　yakusoku 約束
underwear [n.] shitagi 下着, shitagi rui 下着類
undo [v.] genjō ni modosu 原状に戻す
undoubted [a.] utagau yochi ga nai 疑う余地がない
undoubtedly [ad.] utagai mo naku 疑いもなく,
　machigai naku 間違いなく
uneasily [ad.] fuan ni 不安に, gikochi naku ぎこちなく
uneasiness [n.] fuan 不安, shinpai 心配
uneasy [a.] fuan na 不安な, ki ni kakaru 気にかかる
unemployment [n.] shitsugyō 失業
unequal [a.] fukōhei na 不公平な,
　hitoshiku nai 等しくない
unexpected [a.] yoki shinai 予期しない,
　totsuzen no 突然の
unexpectedly [ad.] igai ni 意外に, totsuzen 突然
unfold [v.] hirogeru 広げる, arawasu 現わす
unfortunate [a.] fu'un na 不運な, kuyashii 悔しい
unfortunately [ad.] fu'un na koto ni 不運なことに
ungrateful [a.] onshirazu no 恩知らずの
unhappily [ad.] fukō nimo 不幸にも, ainiku あいにく
unhappy [a.] fukō na 不幸な
uniform [a.] ichi yō no 一様の [n.] seifuku 制服

union [n.] ketsugō 結合, gōdō 合同,
　rōdō kumiai 労働組合
unique [a.] yui'itsu no 唯一の
　[n.] yui'itsu no mono 唯一の物
unit [n.] tan'I 単位, hitori 一人
unite [v.] hitotsu ni suru 一つにする,
　kyōdō suru 協同する
united [a.] rengō shita 連合した, renkei shita 連携した,
　kyōryoku shita 協力した
United Kingdom [n.] igirisu イギリス
United Nations [n.] kokuren 国連,
　kokusai rengō 国際連合
United States [n.] amerika gasshū koku アメリカ合衆国
unity [n.] tan'itsu sei 単一性, tōitsu 統一
universal [a.] fuhen tekina 普遍的な, uchū no 宇宙の
universally [ad.] fuhen tekini 普遍的に,
　ippan tekini 一般的に
universe [n.] uchū 宇宙, zen sekai 全世界
university [n.] sōgō daigaku 総合大学
unjust [a.] tadashiku nai 正しくない, futō na 不当な
unkind [a.] fu shinsetsu na 不親切な, reikoku na 冷酷な
unkindly [ad.] fu shinsetsu ni 不親切に
unknown [a.] shirarete inai 知られていない,
　michi no 未知の
unlawful [a.] fuhō no 不法の, ihō no 違法の
unless [conj.] moshi ~ de nakereba もし~でなければ
unlike [a.] nite inai 似ていない, hoka no 他の
unlikely [a.] arisō mo nai ありそうもない
unlimited [a.] mu seigen no 無制限の
unlock [v.] jō o akeru 錠を開ける, akeru 開ける
unlucky [a.] fu'un na 不運な
unnatural [a.] fushizen na 不自然な, fushigi na 不思議な
unnecessarily [ad.] fuyō ni 不要に, muda ni 無駄に
unnecessary [a.] fuyō na 不要な

unnoticed [a.] chūi o hika nai 注意を引かない
unpleasant [a.] fukai na 不快な
unreasonable [a.] fugōri na 不合理な,
　hirisei tekina 非理性的な
unselfish [a.] riko tekide nai 利己的でない,
　rita tekina 利他的な
until [conj.] ~ suru made ~するまで, made まで
unto [prep.] ~ ni ~に, ~ e ~へ, ~ made ~まで
unusual [a.] seijōde nai 正常でない, irei no 異例の
unusually [ad.] tsuneni naku 常になく,
　kakubetsu ni 格別に
unwelcome [a.] kangei sare nai 歓迎されない
unwilling [a.] ki ga susuma nai 気が進まない
unworthy [a.] kachi no nai 価値のない
up [ad.] ue e 上へ [prep.] ~ no ue ni ~の上に
　[n.] jōshō 上昇
uphold [v.] mochi ageru 持ち上げる, shiji suru 支持する
upper [a.] yori ue ni aru より上にある, jōi no 上位の
upright [a.] suichoku no 垂直の, shōjiki na 正直な,
　tadashii 正しい
upset [n.] tenpuku 転覆 [v.] kutsugaesu 覆す
upside [n.] jōbu 上部, uwa gawa 上側
upstairs [n.] ni kai 二階 [ad.] ni kai ni 二階に
up-to-date [a.] saishin no 最新の
upward [a.] ue o muketa 上を向けた
　[ad.] uwamuki ni 上向きに
urge [n.] shōdō 衝動
　[v.] saisoku suru 催促する, kyōyō suru 強要する
urgent [a.] kinkyū no 緊急の
us [pron.] watashi tachi o 私達を,
　watashi tachi ni 私達に
usage [n.] shūkan 習慣, kanyō go 慣用語, yōgo 用語
use [v.] tsukau 使う, shiyō suru 使用する,
　riyō suru 利用する

use [n.] shiyō 使用, shiyō hō 使用法,
　shiyō mokuteki 使用目的

used [a.] ~ ni narete ~に慣れて,
　shiyō sareta 使用された, chūko no 中古の

use**ful** [a.] yūeki na 有益な, benri na 便利な

use**less** [a.] mueki na 無益な

u**ser** [n.] shiyō sha 使用者, yūzā ユーザー

u**sual** [a.] fudan no 普段の
　[n.] itsumo no koto いつもの事

u**sually** [ad.] futsū wa 普通は, fudan wa 普段は

u**ten**sil [n.] daidokoro dōgu 台所道具

u**til**ity [n.] riben sei 利便性, jitsuyō sei 実用性,
　kōeki jigyō 公益事業

u**til**ize [v.] riyō suru 利用する

ut**most** [n.] saidaigen 最大限, saizen 最善
　[a.] kyokudo no 極度の

u**to**pia [n.] yūtopia ユートピア, risō kyō 理想郷

u**to**pian [a.] yūtopia no ユートピアの,
　risō kyō no 理想郷の

u**tter** [v.] hanasu
　[a.] mattaku no 全くの, kanzen na 完全な

u**tterance** [n.] hatsugen 発言, hassei 発声,
　kotoba zukai 言葉遣い, hyōgen ryoku 表現力

u**tterly** [ad.] mattaku 全く, zenzen 全然

V

vacant [a.] kūkyo na 空虚な, sora no 空の, kūseki no 空席の
vacation [n.] kyūka 休暇, yasumi 休み
vacuum [n.] shinkū 真空
vague [a.] aimai na あいまいな, hakkiri shinai はっきりしない
vaguely [ad.] bakuzento 漠然と, aimai ni あいまいに
vain [a.] kūkyo na 空虚な, yakuni tata nai 役に立たない, munashii むなしい
vainly [ad.] muda ni 無駄に, kōka naku 効果なく
vale [n.] tanima 谷間, tani 谷, gense 現世
valiant [a.] yūkan na 勇敢な
valley [n.] tani 谷, tanima 谷間
valor [n.] yūki 勇気, yūkan 勇敢
valuable [a.] kichō na 貴重な, kachi no aru 価値のある
value [n.] kachi 価値, kakaku 価格 [v.] hyōka suru 評価する
valueless [a.] mu kachi na 無価値な, tsumara nai つまらない
valve [n.] barubu バルブ
van [n.] kogata torakku 小型トラック, ban バン
vanish [v.] kieru 消える
vanity [n.] kyoei shin 虚栄心, kyoshoku 虚飾, kyomu 虚無
vapor [n.] jōki 蒸気 [v.] jōhatsu suru 蒸発する
variation [n.] henkei 変形, henka 変化
varied [a.] iro toridori no 色とりどりの, henka shita 変化した
variety [n.] tayō sei 多様性, henka 変化, tashu tayō na mono 多種多様な物
various [a.] iroiro no いろいろの
vary [v.] kaeru 変える, tayō ni suru 多様にする

vase [n.] bin 瓶, kame 甕
vast [a.] kōdai na 広大な, bakudai na 莫大な
vault [n.] marui tenjō 丸い天井, chika sōko 地下倉庫
vegetable [n.] yasai 野菜 [a.] yasai no 野菜の
vegetation [n.] shoku butsu no seichō 植物の生長
vehicle [n.] kuruma 車, norimono 乗物, baikai butsu 媒介物
veil [n.] bēru ベール, ōi おおい
vein [n.] jōmyaku 静脈
velvet [n.] berubetto ベルベット
Venezuela [n.] benezuera ベネズエラ
vengeance [n.] fukushū 復讐
ventilate [v.] kanki suru 換気する
ventilation [n.] kanki 換気, tsūfū 通風
ventilator [n.] kanki sōchi 換気装置
venture [n.] bōken 冒険, tōki 投機
veranda [n.] beranda ベランダ
verb [n.] dōshi 動詞
verse [n.] shi 詩, shi no ichi gyō 詩の一行
versed [a.] seitsū shita 精通した, jukuchi shita 熟知した
version [n.] yakusho 訳書, henkei 変形, ~ han ~版
vertical [a.] suichoku no 垂直の, tate no 縦の
very [ad.] totemo とても, sugoku すごく
vessel [n.] senpaku 船舶, yōki 容器, kekkan 血管
vest [n.] chokki チョッキ [v.] ataeru 与える
veteran [n.] rōren na 老練な, taieki gunjin 退役軍人
vex [v.] iraira saseru いらいらさせる
via [prep.] ~ o hete ~を経て, ~ o keiyu shite ~を経由して
vibrate [v.] yureru 揺れる, shindō suru 振動する
vice [n.] akutoku 悪徳, akugyō 悪行, ketten 欠点
vicinity [n.] chikaku 近く, fukin 付近
vicious [a.] fudōtoku na 不道徳な, akui no aru 悪意のある

victim [n.] gisei sha 犠牲者, higai sha 被害者
victor [n.] shōri sha 勝利者
victorious [a.] shōri o eta 勝利を得た, katta 勝った
victory [n.] shōri 勝利
Vietnam [n.] betonamu ベトナム
view [n.] miru koto 見ること, tenbō 展望, shikai 視界
viewpoint [n.] kenchi 見地, kanten 観点, kenkai 見解
vigor [n.] chikara 力, katsuryoku 活力
vigorous [a.] kakki ni michita 活気に満ちた,
　kyōryoku na 強力な
vile [a.] sugoku warui すごく悪い,
　daraku shita 堕落した, hiretsu na 卑劣な
village [n.] machi 町
villager [n.] murabito 村人
vine [n.] budō no ki ブドウの木,
　tsuru shoku butsu つる植物
vinegar [n.] su 酢
violate [v.] yaburu 破る, ihan suru 違反する
violence [n.] bōryoku 暴力, bōkō 暴行
violent [a.] ranbō na 乱暴な, bōryoku tekina 暴力的な
violently [ad.] ranbō ni 乱暴に, mōretsu ni 猛烈に
violet [a.] sumire iro no すみれ色の [n.] sumire すみれ
virgin [vəːrdʒən] [n.] shojo 処女, ojōsan お嬢さん
virtue [n.] toku 徳, bitoku 美徳, chōsho 長所
virtuous [a.] toku no aru 徳のある, kōhei na 公平な,
　seijaku na 静寂な
visible [a.] me ni mieru 目に見える, akiraka na 明らかな
vision [n.] bijon ビジョン, shiryoku 視力,
　tōsatsu ryoku 洞察力
visit [v.] hōmon suru 訪問する [n.] hōmon 訪問
visitor [n.] hōmon kyaku 訪問客
vital [a.] seimei no 生命の, kakki no aru 活気のある,
　fukaketsu na 不可欠な
vitamin [n.] bitamin ビタミン

vivid [a.] shinsen na 新鮮な, kibikibi shita きびきびした,
　azayaka na 鮮やかな
vocabulary [n.] goi 語彙, tango shū 単語集
vocal [a.] goe no 声の, seigaku no 声楽の
voice [n.] onsei 音声
　[v.] kotoba de hyōgen suru 言葉で表現する
void [n.] kūkan 空間, kūkyo 空虚 [a.] kūkyo na 空虚な
volcano [n.] kazan 火山
volleyball [n.] barēbōru バレーボール
volume [n.] hon 本, bunryō 分量, onryō 音量
voluntarily [ad.] jihatsu tekini 自発的に
voluntary [a.] jihatsu tekina 自発的な,
　shien sareta 支援された, shigan shita 志願した
volunteer [n.] shigan sha 志願者
　[v.] shigan suru 志願する
vote [v.] tōhyō suru 投票する
　[n.] tōhyō 投票, tōhyō ken 投票権
voter [n.] yūken sha 有権者
vow [n.] seiyaku 誓約 [v.] chikau 誓う
vowel [n.] boin 母音
voyage [n.] kōkai 航海
　[v.] kōkai suru 航海する, ryokō suru 旅行する
vulgar [a.] iyashii 卑しい, gehin na 下品な

W

wade [v.] kawa o aruite wataru 川を歩いて渡る
wag [v.] shippo o furu しっぽを振る
wage [v.] tōsō o suru 闘争をする
wages [n.] chingin 賃金, kyūryō 給料
wagon [n.] wagon ワゴン, yatai 屋台
wail [n.] hitan 悲嘆 [v.] hitan suru 悲嘆する
waist [n.] koshi 腰
wait [v.] matsu 待つ, sewa o suru 世話をする
waiter [n.] weitā ウエイター, kyūji 給仕
waiting [n.] matsu koto 待つこと
waitress [n.] weitoresu ウエイトレス, jo kyūji 女給仕
wake [v.] mezameru 目覚める [n.] tetsuya 徹夜
waken [v.] me o samaseru 目を覚ませる
walk [v.] aruku 歩く [n.] hokō 歩行, hodō 歩道
wall [n.] kabe 壁
wallet [n.] saifu 財布
walnut [n.] kurumi no mi クルミの実, kurumi クルミ
wand [n.] mahō no tsue 魔法の杖
wander [v.] samayō さまよう, sasurau さすらう, uneru うねる
wandering [a.] mayou 迷う, magari kunetta 曲がりくねった
want [v.] negau 願う [n.] hitsuyō 必要, fusoku 不足
wanting [a.] ~ ga nai ~がない, ~ ga fusoku shite iru ~が不足している
war [n.] sensō 戦争, tatakai 戦い
ward [n.] byōtō 病棟, hi kōken nin 被後見人, hogo 保護
ware [a.] chūi bukai 注意深い [v.] ki o tsukeru 気をつける
warehouse [n.] sōko 倉庫, tonya 問屋
warfare [n.] sensō 戦争, kōsen 交戦
warm [a.] atatakai 温かい [v.] atatameru 温める

warmly [ad.] atatakaku 温かく
warmth [n.] atataka sa 温かさ, onjō 温情
warn [v.] keikoku suru 警告する, imashimeru 戒める, chūkoku suru 忠告する
warning [n.] keikoku 警告, chūkoku 忠告
warp [n.] yugami ゆがみ, higami ひがみ [v.] mageru 曲げる
warrant [n.] kengen 権限, hoshō 保証 [v.] hoshō suru 保証する
warrior [n.] gunjin 軍人, yūshi 勇士, tōshi 闘士
warship [n.] gunkan 軍艦
wash [v.] arau 洗う, sentaku suru 洗濯する
washing [n.] sentaku 洗濯, sentaku butsu 洗濯物
waste [v.] rōhi suru 浪費する [n.] rōhi 浪費
wasted [a.] kōhai shita 荒廃した, munashii むなしい
watch [n.] ude dokei 腕時計, keikai 警戒 [v.] keikai suru 警戒する
water [n.] mizu 水, inryō sui 飲料水 [v.] mizu o nomaseru 水を飲ませる
waterfall [n.] taki 滝
wave [n.] nami 波
waver [n.] dōyō 動揺 [v.] yureru 揺れる, dōyō suru 動揺する
wax [n.] wakkusu ワックス [v.] wakkusu o nuru ワックスを塗る
way [n.] michi 道, hōkō 方向, hōhō 方法
we [pron.] watashi tachi 私達, warera 我ら
weak [a.] yowai 弱い, suitai shita 衰退した, oroka na 愚かな
weaken [v.] jakka saseru 弱化させる, yowaku naru 弱くなる
weakness [n.] yowa sa 弱さ, ketten 欠点
wealth [n.] tomi 富, zaisan 財産
wealthy [a.] hōfu na 豊富な, yūfuku na 裕福な

weapon [n.] buki 武器
wear [v.] kite iru 着ている
 [n.] ifuku 衣服, chakuyō 着用
wearily [ad.] tsukarete 疲れて, akite 飽きて
weary [a.] tsukare kitta 疲れきった,
 kutabireta くたびれた
weather [n.] tenki 天気
weave [v.] amu 編む
web [n.] orimono 織物, kumono su クモの巣
website [n.] webu saito ウェブサイト
wedding [n.] kekkon shiki 結婚式
wedge [n.] kusabi くさび
 [v.] kusabi de wareru くさびで割る
Wednesday [n.] suiyōbi 水曜日
weed [n.] zassō 雑草 [v.] josō suru 除草する
week [n.] shū 週, it'shūkan 一週間
weekday [n.] heijitsu 平日
weekend [n.] shūmatsu 週末
weekly [a.] maishū no 毎週の [ad.] maishū 毎週
 [n.] shūkan shi 週刊誌
weep [v.] naku 泣く, nageku 嘆く
weigh [v.] hakari ni kakeru 秤にかける,
 jukkō suru 熟考する
weight [n.] omo sa 重さ, jūryō 重量
welcome [v.] kangei suru 歓迎する
 [n.] kangei 歓迎 [a.] kangei sareru 歓迎される
welfare [n.] fukushi 福祉, fukuri 福利,
 seikatsu hogo 生活保護
well [n.] ido 井戸 [ad.] yoku よく,
 manzoku no iku 満足のいく
well-known [a.] yūmei na 有名な,
 yoku shirarete iru よく知られている
west [n.] nishi 西, seihō 西方, seibu 西部
western [a.] seihō no 西方の, nishimuki no 西向きの

westward [ad.] nishi ni 西に [n.] seibu 西部
 [a.] nishimuki no 西向きの
wet [a.] nureta ぬれた, ame ga furu 雨が降る
 [n.] shikke 湿気, suibun 水分
whale [n.] kujira 鯨
wharf [n.] hatoba 波止場, futō 埠頭
what [pron.] nani 何, nani goto 何事 [a.] nan no 何の
whatever [pron.] ~ wa nan demo ~は何でも
 [a.] nan demo 何でも
wheat [n.] komugi 小麦
wheel [n.] kuruma 車, sharin 車輪
 [v.] kaiten saseru 回転させる
when [pron.] itsu いつ [conj.] ~ suru toki ~するとき
 [ad.] itsu いつ
whence [n.] yurai 由来 [pron.] doko どこ
 [ad.] doko de どこで
whenever [conj.] ~ suru toki wa itsumo
 ~するときはいつも
where [pron.] doko どこ [ad.] doko ni どこに
 [n.] basho 場所
whereabouts [n.] shozai 所在, yukue 行方, basho 場所
whereas [conj.] ~ ni han shite ~に反して,
 ~ de aru tame ~であるため
whereby [ad.] nan de 何で,
 dono yōni shite どのようにして
wherefore [ad.] nan no tame ni 何のために,
 don'na riyū de どんな理由で
wherein [ad.] doko ni どこに,
 dono yōna ten de どのような点で
wherever [conj.] doko demo どこでも
 [ad.] doko ni demo どこにでも
whether [conj.] ~ aruka dōka ~あるかどうか,
 ~ ka dōka wa ~かどうかは
which [pron.] dochira no hito どちらの人,

dochira no mono どちらの物 [a.] aru ある
whichever [pron.] izure mo いずれも
while [conj.] ~ suru aida ni ~する間に
　[n.] chotto no aida ちょっとの間
whip [n.] muchi むち, muchi uchi むち打ち
　[v.] muchi utsu むち打つ
whirl [n.] kaiten 回転, senkai 旋回
　[v.] senkai suru 旋回する
whiskey [n.] uisukī ウイスキー
whisper [n.] sasayaki ささやき [v.] sasayaku ささやく
whistle [n.] kuchi bue 口笛
　[v.] kuchi bue o fuku 口笛を吹く
white [a.] shiro 白, aojiroi 青白い, hakujin 白人
　[n.] haku shoku 白色
whither [ad.] doko ni どこに, dono hōkō ni どの方向に
who [pron.] dare 誰, darera 誰ら
whoever [pron.] dare demo 誰でも
whole [a.] zenbu no 全部の, subete no すべての
wholesome [a.] kenzen na 健全な,
　kenkō ni yoi 健康に良い
wholly [ad.] zenzen 全然, kanzen ni 完全に,
　zentai tekini 全体的に
whom [pron.] dare ni 誰に, dare o 誰を
whose [pron.] dare no 誰の, dare no mono 誰のもの
why [ad.] naze 誰の, dōshite どうして
wicked [a.] warui 悪い, fudōtoku na 不道徳な,
　iji no warui 意地の悪い
wide [a.] haba ga hiroi 幅が広い, kōdai na 広大な
widely [ad.] hiroku 広く, tōku 遠く
widen [v.] hirogeru 広げる, hirogaru 広がる
wide-open [a.] kanzen ni hiraita 完全に開いた
widespread [a.] hiromatta 広まった
widow [n.] yamome やもめ, mibōjin 未亡人
width [n.] haba 幅, habahiro sa 幅広さ

wife [n.] tsuma 妻, okusan 奥さん
wild [a.] yasei no 野性の, kewashii 険しい,
　yaban no 野蛮の
wilderness [n.] kōya 荒野, kōbu chi 荒蕪地
wildly [ad.] yasei de 野生で, ranbō ni 乱暴に
will [aux. v.] ~ suru tsumori da ~するつもりだ
　[n.] ishi 意志, ishi 意思
willing [a.] yorokon de ~ suru 喜んで~する,
　jihatsu tekina 自発的な
willingly [ad.] yorokon de 喜んで, kokoro yoku 快く
willow [n.] yanagi 柳
wilt [v.] shioreru しおれる
　[n.] shoku butsu no ao kare byō 植物の青枯れ病
win [v.] katsu 勝つ, kakutoku suru 獲得する
　[n.] shōri 勝利
wind [n.] kaze 風 [v.] kaze ni ateru 風に当てる
wind [v.] uneru うねる, karami tsuku 絡み付く
windmill [n.] fūsha 風車
　[v.] fūsha no yōni mawaru 風車のように回る
window [n.] mado 窓, mado guchi 窓口
windy [a.] kaze ga tsuyoi 風が強い
wine [n.] wain ワイン, budō shu 葡萄酒
wing [n.] tsubasa 翼 [v.] tsubasa o tsukeru 翼をつける
wink [n.] uinku ウインク
　[v.] mekubase suru 目配せする
winner [n.] shōsha 勝者
winning [n.] shōri 勝利, seikō 成功
　[a.] kesshō no 決勝の
winter [n.] fuyu 冬 [v.] fuyu o sugosu 冬を過ごす
wipe [v.] arau 洗う, fuku ふく
wire [n.] harigane 針金, densen 電線,
　denwa sen 電話線
wireless [a.] musen no 無線の
　[n.] musen denshin 無線電信

wisdom [n.] chie 知恵, kenmei sa 賢明さ
wise [a.] kashikoi 賢い, sōmei na 聡明な,
　kenmei na 賢明な
wisely [ad.] kenmei ni 賢明に
wish [v.] negau 願う [n.] negai 願い
wit [n.] kichi 機知, kiten 機転, rinki ōhen 臨機応変
witch [n.] majo 魔女 [v.] mahō o kakeru 魔法をかける
with [prep.] ~ to issho ni ~と一緒に, ~ to ~と
with**draw** [v.] sukumeru すくめる,
　tesshū saseru 撤収させる
wi**ther** [v.] shioreru しおれる
with**in** [ad.] naibu de 内部で [n.] naibu 内部
with**out** [prep.] ~ ga naku ~がなく, ~ ga nai ~がない
with**stand** [v.] kōkyo suru 抗拒する
wit**ness** [n.] mokugeki sha 目撃者, shōnin 証人
woe [n.] hiai 悲哀, kunō 苦悩
wolf [n.] ōkami オオカミ
wo**man** [n.] joshi 女子, josei 女性
won**der** [v.] utagau 疑う [n.] odoroki 驚き, kiseki 奇跡
won**derful** [a.] odoroku beki 驚くべき,
　subarashii 素晴らしい
won**drous** [a.] odoroku beki 驚くべき,
　fushigi na 不思議な
wont [n.] shūkan 習慣
　[a.] ~ ni narete iru ~に慣れている
woo [v.] eyōto suru 得ようとする,
　kyūkon suru 求婚する
wood [n.] mokuzai 木材
woo**den** [a.] mokusei no 木製の
wood**land** [n.] shinrin chitai 森林地帯
wool [n.] yōmō 羊毛, keori mono 毛織物
woo**len** [a.] keori mono no 毛織物の
　[n.] keito 毛糸, keori mono 毛織物
word [n.] tango 単語

word**less** [a.] ii arawase nai 言い表せない
work [v.] hataraku 働く [n.] shigoto 仕事, kōi 行為
wor**ker** [n.] rōdō sha 労働者
wor**king** [n.] shigoto 仕事, sayō 作用, sōsa 操作,
　katsudō 活動
work**man** [n.] kōin 工員, rōdō sha 労働者
world [n.] sekai 世界, yono naka 世の中, bunya 分野
world**ly** [a.] sezoku tekina 世俗的な
　[ad.] sezoku tekini 世俗的に
world-wide [a.] sekai tekina 世界的な
worm [n.] mushi 虫
worn [a.] furui 古い, tsukareta 疲れた
worn-out [a.] suri kireta 擦り切れた, tsukareta 疲れた
worry [v.] shinpai suru 心配する
　[n.] shinpai 心配, nayami 悩み
worse [a.] issō warui 一層悪い, akka shita 悪化した
wor**ship** [v.] sūhai suru 崇拝する
　[n.] sūhai 崇拝, reihai 礼拝
worst [a.] saiaku no 最悪の [n.] saiaku 最悪
worth [a.] ~ suru kachi ga aru ~する価値がある
　[n.] kachi 価値
worth**less** [a.] kachi no nai 価値のない,
　tsumara nai つまらない
wor**thy** [a.] kachi no aru 価値のある,
　subarashii 素晴らしい
would [aux. v.] ~ shitari shita ~したりした
wound [n.] kizu 傷 [v.] kizu tsukeru 傷つける
woun**ded** [a.] fushō shita 負傷した
wrap [v.] tsutsumu 包む, hōsō suru 包装する
wrath [n.] ikari 怒り, gekido 激怒
wreath [n.] hanawa 花輪, kakan 花冠
wreck [n.] zangai 残骸, nanpa sen 難破船
wre**tched** [a.] aware na 哀れな, kino doku na 気の毒な,
　gehin na 下品な

wring   [v.] oru 織る, hineru ひねる

wrinkle   [n.] hada no shiwa 肌のしわ

  [v.] shiwa o yoseru しわを寄せる

wrist   [n.] tekubi 手首

write   [v.] bunshō o kaku 文章を書く,

  tegami o kaku 手紙を書く

writer   [n.] sakka 作家, chosha 著者

writing   [n.] shippitsu 執筆, hisseki 筆跡, shorui 書類,

  chosaku katsudō 著作活動

written   [a.] kakareta 書かれた

wrong   [a.] warui 悪い, machigatta 間違った

  [n.] fusei 不正, aku 悪

wrought   [a.] tsutomete tsuku rareta 努めて作られた,

  saiku shita 細工した

X

X-ray [n.] ekkusu sen エックス線

Y

yacht [n.] yotto ヨット [v.] yotto ni noru ヨットに乗る
Yankee [n.] amerika jin アメリカ人
yard [n.] yādo ヤード, niwa 庭
yarn [n.] ito 糸, bōseki ito 紡績糸, bōken dan 冒険談
yawn [n.] akubi あくび [v.] akubi o suru あくびをする
ye [pron.] omae tachi お前達, anata tachi 貴方達
yea [ad.] hai, sō da はい, そうだ [n.] sansei 賛成
year [n.] toshi 年, nendo 年度
yearly [a.] nenkan no 年間の, maitoshi no 毎年の
  [ad.] maitoshi 毎年
yearn [v.] akogareru 憧れる,
  natsukashiku omou 懐かしく思う
yell [n.] sakebi 叫び [v.] sakebu 叫ぶ
yellow [a.] kiiro no 黄色の,
  hada no iro ga kiiroi 肌の色が黄色い
yes [ad.] hai, sō desu はい, そうです。
yesterday [ad.] kinō 昨日
yet [ad.] mada ~ nai まだ~ない
yield [n.] shūkaku 収穫 [v.] umu 産む, yuzuru 譲る
yoke [n.] kubi kase 首かせ
  [v.] kubi kase o kakeru 首かせをかける
yonder [a.] yori tōi より遠い, achira no あちらの
  [ad.] achira ni あちらに
you [pron.] anata 貴方, anata tachi 貴方達
young [a.] wakai 若い, osanai 幼い, mijuku na 未熟な
youngster [n.] wakamono 若者, kodomo 子供
your [pron.] anata no 貴方の, anata tachi no 貴方達の

yours [pron.] anata no mono 貴方の物,
  anata tachi no mono 貴方達の物
your**self** [pron.] anata jishin 貴方自身,
  kimi jishin 君自身
youth [n.] waka sa 若さ, seishun jidai 青春時代,
  wakamono 若者
youthful [a.] wakai 若い, seinen no 青年の,
  wakamono no 若者の
Yugo**sla**via [n.] yūgosurabia ユーゴスラビア

Z

zeal [n.] netsui 熱意, nesshin 熱心

zealous [a.] nesshin na 熱心な, nekkyō tekina 熱狂的な

zero [n.] zero ゼロ, rei 零, saitei ten 最低点

zinc [n.] aen 亜鉛

zip [n.] jippā ジッパー, genki 元気

zone [n.] chitai 地帯, chiiki 地域 [v.] shikiru 仕切る

zoo [n.] dōbutsu en 動物園

zoo**lo**gical [a.] dōbutsu gaku no 動物学の, dōbutsu ni kansuru 動物に関する

Printed in Great Britain
by Amazon